KB068025

고고학의 역사

A Little History of Archaeology by Brian Fagan

A LITTLE
HISTORY
of
ARCHAEOLOGY

인류 역사의
발자취를 찾다

고고학의
역사

브라이언 페이건 지음 | 성춘택 옮김

연대표로 보는 고고학의 역사

서기전

440만 년 370만 년 250만 년 175만 년 70만~25만 년 30만~20만 년	• 에티오피아에서 아르디피테쿠스 라미두스 등장 • 탄자니아 라에톨리에서 오스트랄로피테쿠스 활동 • 호모 하빌리스 등장 • 탄자니아 올두바이 고지에서 진잔트로푸스(파란트로푸스) 등장 • 중국 저우커우뎬에서 북경원인 등장과 진화 • 아프리카에서 호모 사피엔스 등장
2만 7000년 1만 7000~1만 5000년 1만 7000년 1만 2000년 1만 800년	• 네안데르탈인 사라짐 • 동아시아에서 토기 제작 시작 • 크로마뇽인, 알타미라 동굴에 벽화 그림 • 현생인류, 아메리카 대륙으로 확산 • 영거 드라이어스기 가뭄 시작 · 서아시아에 수렵채집 마을 형성
9500년 9000년 7500~5000년	• 서아시아에서 밀, 호밀, 보리 등 재배 • 서아시아에서 양과 염소 사육 • 터키 차탈회위크 마을 존속
3400~3100년 3300년 3000년 2560년 2500년	• 알프스 산에서 아이스맨 외치 죽음 • 수메르에서 우르 도시국가 등장 • 수메르에서 우루크 도시 등장 · 길가메시 왕 치세(서기전 2600년경) · 이집트 고왕국 시대 • 기자의 피라미드 건립 • 파키스탄 모헨조다로 건립 · 중국 하 왕조 시대
1600~1000년 1549~1069년 1332~1323년 1279~1213년 1046~256년 1000~200년	• 중국 상 왕조 시대 • 이집트 신왕국 시대 • 이집트 파라오 투탕카멘 치세 • 람세스 2세 치세 • 중국 주나라 시대 • 북아메리카 동부의 아데나 문화 존속
556~539년 476~221년 210년 100~서기 500년	• 신바빌로니아 나보니두스 왕 재위 • 중국 전국시대 • 중국 시황제 사망 • 북아메리카 동부의 호프웰 문화 존속

서기

100~700년 200년경 250~900년 1200~1450년경 1113년 1300~1521년 1607년	• 페루 모체 문화 • 테오티우아칸에서 태양의 신전 건설 • 고전기 마야 문명 • 그레이트 짐바브웨 건설 • 캄보디아 앙코르와트 건립 시작 • 아즈텍 문명 • 북아메리카 최초의 백인 정착 마을 제임스타운 건설

고고학의 중요 사건들

1797년	• 영국 혹슨에서 주먹도끼와 매머드 뼈 출토
1798년	• 나폴레옹 군대의 이집트 원정
1799년	• 나폴레옹 원정군, 로제타석 발견
1815년	• 지오반니 벨조니, 이집트에서 약탈 시작
1816년	• 크리스티안 톰센, 덴마크의 선사시대를 삼시대로 구분
1822년	• 장 프랑수아 샹폴리옹, 이집트 문자 해독
1830~1833년	• 찰스 라이엘, 『지질학 원론』 출간
1836년	• 크리스티안 톰센, 『북유럽 고대 문화 안내서』 출간
1840년	• 존 스티븐스와 프레더릭 캐더우드, 코판의 마야 유적 탐사
1842년	• 폴 보타와 오스틴 레이어드, 아시리아의 도시 니네베 발굴·칼 렙시우스, 나일 강에서 조사 시작
1856년	• 독일 네안더 계곡에서 네안데르탈 화석 발견
1859년	• 찰스 다윈, 『종의 기원』 출간
1865년	• 존 러복, 『선사시대』에서 구석기시대와 신석기시대 구분
1867년	• 가브리엘 드 모르티예, 프랑스의 구석기시대를 4시기로 구분
1868년	• 스페인 알타미라 동굴 발견
1870년	• 하인리히 슐리만, 히살리크 발굴 시작
1879~1884년	• 프랭크 쿠싱, 주니족 마을에 머물면서 조사
1880년대	• 피트 리버스, 자신의 대지에서 발굴 조사
1881년	• 스미스소니언 연구소에 마운드 조사과 설치·사이러스 토머스 조사 시작
1881~1892년	• 아돌프 반델리어, 애리조나와 뉴멕시코 주 여행
1885년	• 오스카 몬텔리우스, 『청동기시대 편년에 대하여』 출간·플린더스 페트리, 이집트에서 조사 시작
1891년	• 외젠 뒤부아, 자바원인(피테칸트로푸스 에렉투스) 화석 발견
1900년	• 아서 에번스, 미노스 발굴 시작
1902년	• 막스 울, 에머리빌 패총 조사
1912년	• 레너드 울리, 카르케미시의 히타이트 유적 발굴 시작
1915년	• 앨프리드 키더, 페코스 푸에블로 유적 조사 시작
1918~1928년	• 더글러스, 나이테연대측정법 개발
1922년	• 하워드 카터, 투탕카멘 무덤 발굴
1924년	• 레이먼드 다트, 오스트랄로피테쿠스 아프리카누스 화석(타웅의 아이) 발견
1925년	• 고든 차일드, 『유럽 문명의 여명』 출간
1929년	• 중국 저우커우뎬에서 북경원인 발굴·거트루드 케이튼톰슨, 그레이트 짐바브웨 조사 시작
1940년	• 프랑스에서 소년들이 라스코 동굴벽화 발견
1947년	• 모티머 휠러, 인더스 강 유역의 모헨조다로 조사
1948년	• 로버트 브레이드우드, 이라크의 자르모 발굴 시작
1949년	• 윌러드 리비, 방사성탄소연대측정법 개발
1952년	• 그레이엄 클라크, 『선사시대 유럽 : 경제적 토대』 출간·캐슬린 케넌, 요르단의 예리코 발굴 시작
1953년	• 고든 윌리, 페루의 비루 밸리 조사보고서 발간
1959년	• 루이스와 메리 리키 부부, 탄자니아의 올두바이 고지에서 진잔트로푸스 화석 발견
1960년	• 조지 배스, 터키의 케이프 겔리도냐 난파선 발굴(수중고고학의 시작)
1961~1963년	• 제임스 멜라트, 터키 차탈회위크 발굴
1962년	• 루이스 빈포드, 신고고학의 등장을 알리는 「인류학으로서의 고고학」 논문 발표
1972~1973년	• 앤드루 무어, 시리아의 아부후레이라 발굴
1974년	• 진시황릉 병마용 발견
1980년대	• 이안 호더, 탈과정고고학 제창·다윈진화고고학과 행위고고학 등장
1987년	• 모체 시판의 무덤 발견
1991년	• 알프스 산에서 아이스맨 외치 발견
2003년	• 테오티우아칸의 지하 통로 발견

● 일러두기

1. 본문에 나오는 각주는 모두 옮긴이가 독자들의 이해를 돕기 위해 달았습니다.

2. 책 뒷부분의 '참고문헌'은 옮긴이가 별도로 정리한 것입니다.

3. 원어는 괄호 없이 병기하는 것을 원칙으로 삼고 영문 책명과 학명, 프로그램명, 정기간행물 등은 이 탤릭체로 병기했습니다.

4. 이 책에 나오는 경전(바이블)의 제목 앞뒤에는 부호를 생략했습니다.

5. 일반적인 책명에는 '『 』'를, 작품명이나 방송 프로그램, 영화 제목에는 '「 」'를, 정기간행물(신문, 잡지 등)에는 '〈 〉'를 붙였습니다.

고고학은 아주 비범한 역사를 지니고 있다. 어떤 면에서 고
고학의 역사는 고고학이 말해주는 엄청나게 긴 인류의 역사만큼
이나 매력이 있다. 아주 멀고, 당시엔 위험하기까지 했던 외딴곳
으로 여행했던 여러 인물은 흔히 무모하고 저돌적인 성격이었다.
존 스티븐스 같은 다채로운 탐험가 사람들이 깜짝 놀랄 만한
책을 써서 고대 마야 문명을 밝혀냈다. 오스틴 헨리 레이어드는
메소포타미아의 티그리스 강 연안 사막의 부족들 속에서 왕처럼
살면서 아시리아 궁전을 발굴했다. 19세기의 발굴가 중에서 학문
적으로 고고학자라고 부를 만한 사람은 별로 없었다. 그러나 그
들은 경이로운 유적을 발견하고 베스트셀러를 출간하여 오늘날
고고학의 기초를 다졌다. 이 책은 그런 탐험가, 그리고 오늘날 고
고학을 국제적으로 상당한 전문 분야로 만들어놓은 여러 재능 있
는 사람들의 이야기를 담았다. 새로운 방법을 개발했거나 오랫동
안 잊힌 과거 사회를 찾았고, 300만 년이 넘는 인류의 뿌리를 밝

혀낸 사람들에 초점을 맞추었다. 다시 말해 모험과 발견, 그리고 재능 있는 사람들의 이야기를 하고 있으며, 거기서 더 나아가 훨씬 더 많은 내용을 담고 있다. 그들과 동료 연구자, 이 책에 나오는 많은 고고학자들 덕분에 오늘날 엄격한 지표조사와 발굴법이 확립되었다. 피트리버스 장군은 학문적 발굴을 개척했다. 시카고 대학의 물리화학자 윌러드 리비는 방사성탄소연대측정법을 개발했다. 루이스와 메리 리키 부부는 동아프리카에서 인류 사회의 시작을 탐구했다.

사실 오늘날의 고고학은 무턱대고 이루어진 보물 사냥에서 연원을 찾을 수 있다. 심지어 하루 동안 궁전 두 개를 발견하기도 했고, 수에즈 운하를 팠던 토목기사를 고용해 고대 트로이를 팠으며, ‘왕가의 계곡’에서 파라오의 무덤을 모조리 들어냈던 사람들도 있었다. 하워드 카터가 투탕카멘의 무덤을 발견한 것은 그중 가장 경이로운 일로 꼽힐지도 모른다. 그러나 이러한 발견은 고고학이 발굴하여 밝혀낸 엄청난 인류의 역사에서 아주 작은 퍼즐 조각 중 하나일 뿐이다. 한 세기 전 소수의 고고학자들은 주로 유럽과 지중해, 중앙아메리카와 북아메리카에서 일했다. 오늘날에는 수만 명의 고고학자가 전 세계에서 활동하고 있다. 불과 50여 년 만에 진정한 세계 선사시대의 골격을 세웠으며, 그보다 더 늦은 시기의 문명을 연구하고, 심지어 삽으로 산업혁명의 유적을 발굴하여 새로운 역사를 밝혀내고 있다. 그리고 고도로 정밀한 항공사진과 인공위성을 이용해 선사시대와 고대의 지형경관 전체를 연구하고 있다. 무엇보다도 우리의 주요한 관심은 인류의

고고학의 역사

생물학적이고 문화적인 다양성을 밝힘으로써 서로를 더 잘 이해
하도록 하는 일이다.

매력적인 고고학의 세계에 들어온 것을 환영한다!

브라이언 페이건

| 차례 |

CHAPTER 1

과거를 향한 호기심

서기 79년 8월 24일, 거대한 대포를 쏘듯 이탈리아의 베수비오Vesuvius 산이 분출한다. 화산에서 엄청난 양의 화산재와 뜨거운 용암, 돌과 연기가 뿜어져 나온다. 환한 낮은 어둠에 묻힌다. 화산재가 눈 내리듯 쏟아져 근처의 도시 헤르쿨라네움과 폼페이까지 덮친다.

자정이 가까워지자 뜨거운 가스와 흙, 돌무더기가 경사면을 따라 쏟아져 로마의 두 도시를 덮쳤다. 헤르쿨라네움은 완전히 사라졌다. 폼페이는 화산쇄설물로 덮여 큰 건물의 지붕만 드러나 있을 뿐이었다. 수많은 사람들이 끔찍하게 삶을 마쳤다. 목격자 소플리니우스Pliny the Younger는 '여자의 비명이 들리고, 어린아이가 울고, 남자들도 소리를 질렀다'고 썼다.* 그러고는 정적이 흘렀다.

얼마 지나지 않아 폼페이는 거대한 초원으로 덮인 언덕이 되었다. 이로부터 1,600년 넘는 세월이 흘러서야 화산재에 덮인 두 도시가 모습을 드러냈다. 1709년, 한 농부가 헤르쿨라네움 위를 덮은 땅에서 우물을 파다가 대리석 조각을 발견했다. 그 지역의 귀족은 사람을 시켜 땅을 파게 했는데, 여성 조각품 세 개가 나왔다. 이런 우연한 발견으로 흙에 묻힌 도시의 중심부에서 보물 사냥이 시작되었다. 이렇게 화산재에 깊이 묻혀 있던 로마 유물을 도굴하는 일에서 고고학이라는 학문이 자라났던 것이다.

황금으로 싸인 파라오, 잃어버린 문명, 아무도 살지 않는 곳을 탐험하는 사람들, 아직도 많은 사람이 고고학자란 평생을 피라미드와 잃어버린 도시를 찾아 발굴하며 보내는 낭만적 탐험가일 것이라는 생각을 갖고 있다. 그러나 오늘날 고고학은 위태롭기까지 한 여행이나 놀라운 발견과는 거리가 멀다. 보물 사냥에서 시작했다고도 할 수 있지만, 놀랍게도 학문으로서 고고학이 확고히 자리 잡은 오늘날에도 도굴이 이루어지고 있으니 개탄스럽다. 보물 사냥은 결코 고고학이 아니다. 그저 값나가는 물건을 찾아 부유한 수집가에게 팔고자 하는 단 하나의 목적을 가지고 유적을 파는 일은 범죄일 뿐이다. 과거, 지난 300만 년 동안의 인간 행위를 과학적으로 연구하는 고고학과는 너무나 다르다.

그렇다면 고고학은 어떻게 믿기 힘든 발견, 잊힌 사람들을 무턱대고 찾는 일과 절연하고 과거에 대한 학문적 연구로 나아가게

---

* 20여 킬로미터 떨어진 바다 건너편에서 화산 폭발을 목격하고, 훗날 친구인 역사가 타키투스에게 편지를 썼다.

되었을까? 이 책은 매우 유명한 고고학자들의 업적을 바탕으로 400년 전의 우연한 관찰로부터 21세기의 체계적인 연구조사단에 이르기까지 고고학의 역사를 말한다. 고고학을 개척한 많은 초기 연구자들은 외딴곳에서 몇 달간 혼자 작업하곤 했던 파란만장한 인물이었다. 이 사람들은 삶의 어느 순간 과거에 매료되었다. 어느 초기 연구자는 고고학을 '과거를 향한 호기심'이라고 부르기도 했다. 맞는 말이다. 고고학은 우리가 지나온 길에 대한 호기심이다.

나의 첫 고고학 여정은 10대 시절, 비 오는 날 부모님과 함께 잉글랜드 남부의 스톤헨지Stonehenge('챕터 38' 참조)에 갔을 때 시작되었다. 엄청나게 큰 돌들이 둥그렇게 우리 위로 솟아 있었다. 어두운 구름이 낮게 깔린 날 우리는 돌들 사이를 걸으며(그때는 그럴 수 있었다) 가까운 산등성이에 고요히 솟은 봉긋한 무덤을 보았다. 스톤헨지의 이미지는 이렇게 내게 들어왔고, 그렇게 나는 고고학에 매료되고 말았다.

나는 존 오브리John Aubrey(1626~1697)라는 영국인에게 호기심을 느꼈다. 오브리는 스톤헨지를 자주 찾았고, 1649년 그 근처의 에이브버리Avebury에서 여우 사냥을 하다가 놀랄 만한 환상열석stone circle을 찾기도 했다. 오브리는 에이브버리와 스톤헨지에 의문을 가졌다. 두 유적 모두 '고대 브리턴족'이 세운 것이라고 전해졌다. 가죽옷을 걸쳤던 이 야만인은 누구였을까? 오브리는 아마도 '아메리카 원주민보다 두세 단계 덜 야만적이었던 족속'이었으리라 추측한 바 있다.

오브리와 그의 연구를 이어받은 사람들은 로마 시대 이전의 유럽에 대한 지식이 거의 없었다. 분명 봉분이나 환상열석, 또 다른 기념물도 있었다. 또한 밭을 갈다가 수수께끼 같은 석기와 토기, 금속 유물이 나오기도 했고, 도랑 따위를 파다가 무덤이 알려지기도 했다.('챕터 9' 참조) 그러나 이런 유물과 유적은 사료에 정확한 날짜가 기록되어 있는 폼페이 같은 로마 도시의 것이 아니었다. 전혀 알려져 있지 않은 사람들이 남긴 것이었다.

1748년 헤르쿨라네움에서 상당한 규모의 발굴이 시작되었다. 나폴리 왕 카를로 2세Charles II는 스페인의 공학자 알쿠비에레Roque Joaquín de Alcubierre에게 도시의 깊이를 탐침하게 했다. 알쿠비에레는 화약을 터뜨리고, 전문 광산업자를 고용해 화산재 속에 보존된 건물들과 놀라운 조각상들을 찾아냈다. 왕은 발견물을 궁궐에 전시했지만, 발굴 자체에 대해서는 비밀에 부쳤다.

독일의 요한 요하임 빙켈만Johann Joachim Winkelmann(1717~1768)은 최초의 전문 연구자였다. 빙켈만은 1755년 로마에서 알바니Albani 추기경의 사서가 되었다(이로써 가톨릭교도가 되어야 했는데, 이는 당시 개신교도인 친구들에게 혐오스런 일이었다). 사서가 되자 책들과 함께 알쿠비에레가 찾아낸 유물도 접할 수 있게 되었다. 7년이라는 세월이 흘러 빙켈만은 비밀스런 발굴지를 직접 방문할 수 있었다. 이즈음 빙켈만은 로마 미술에 대해 당대의 누구도 대적할 수 없는, 현대의 고고학자들에 견줄 만한 지식을 가지고 있었다. 빙켈만은 출토된 유물을 원래 있던 도시의 그 자리에서 연구한 최초의 연구자였다.

빙켈만은 이런 유물이 그 소유자들과 과거 로마 시대의 일상

생활에 대한 정보를 생생하게 말해준다고 지적했다. 옛사람들에 대한 정보의 원천이라는 것이었다. 도굴이 횡행하는 시기에 이런 생각은 혁명적 전환이었다. 불행히도 빙켈만은 스스로 유적을 발굴하여 자신의 학설을 검증하지는 못했다. 1768년 트리에스테 Trieste에서 배를 기다리던 중 금화 도둑들에게 살해되고 만 것이다. 이 뛰어난 연구자는 처음으로 고고학의 기본 원칙을 세운 선구자였다. 모든 유물은, 아무리 보잘것없어도, 나름의 이야기를 가지고 있는 것이다.

유물이 전하는 이야기는 때로 특별하다. 나는 1850년대에 형성되었다가 버려진 중앙아프리카의 한 마을에 가본 적이 있다. 그저 가축우리가 무너져 있고, 갈돌과 토기 조각이 나뒹구는 곳이었다. 대단한 관심사가 있어 보이지 않는 유적이었다. 그런데 토기 사이에 있는 50만 년 된 주먹도끼가 눈에 들어왔다. 다른 석기는 없고, 근처에 초기 인류의 점유 흔적이 있지도 않았기에 이 유물은 분명 다른 곳에서 마을로 들어온 것이 틀림없었다.

아마도 이때, 나는 과거에서 온 도구야말로 우리에게 이야기를 들려주는 스토리텔러라는 생각을 처음으로 떠올렸다. 나는 8킬로미터 떨어진 강가에서 아름답게 다듬어진 주먹도끼를 들고 마을로 돌아오는 사람, 아마도 어린아이를 상상해보았다. 마을 사람들이 이것을 들여다보면서 무언지 모른 채 던져버린다. 그러나 아마도 어느 나이 많은 사람이 젊은 시절에 그런 도끼를 마주친 적이 있었던 것을 기억하고 몇 년 동안 보관했을 것이다. 그런 이야기가 있었을 것이다. 하지만 아쉽게도 오래전에 사라져버리고 주먹도끼만 남았을 뿐이다.

고고학 이야기는 지주와 여행가의 호기심에서 출발한다. 고전 시대의 미술품에 관심을 갖고 있는 부유한 유럽인들은 종종 지중해의 여러 지역으로 '위대한 여행'을 떠났다. 그러고는 로마, 때로는 그리스 미술품을 싣고 돌아왔다. 집에 머무는 지주들도 소유지에서 무덤을 파기 시작했다. 그리고 집에서 저녁 파티를 열면서 '2,000년 전 세상의 유물'을 자랑스럽게 전시했다. 땅을 판 사람들은 고고학이라는 학문을 전혀 이해하지 못하는 아마추어였다. 그들의 선조는 스톤헨지에 의문을 가졌던 존 오브리와 마찬가지로 고대 유물에 관심을 갖고 수집에 나선 호고가好古家, antiquarian였다.

고고학은 지금으로부터 250년 전에 탄생했다. 대다수의 사람들이 성서에 기록된 창세기를 실제로 믿었던 그때 프랑스의 외교관 폴 에밀 보타Paul-Émile Botta(1802~1870)와 영국의 탐험가 오스틴 헨리 레이어드Austen Henry Layard(1817~1894)는 이라크 북부에서 성서에 기록된 니네베Nineveh를 찾아나섰다. 결국 찾아냈고, 곧 대규모 발굴을 시작했다. 레이어드는 전문 발굴가가 아니었다. 그저 니네베에 있는 거대한 마운드 속으로 굴을 파 들어가서 조각이 가득 새겨진 벽을 따라 지하 깊숙이 아시리아 왕 세나케리브Sennacherib(재위 서기전 705~서기전 681년)의 궁전으로 들어가 (현재 영국박물관에 전시되어 있는) 수많은 유물을 들어냈다. 심지어 궁전 관문 앞에 놓인 석회암 판에서 전차 바퀴의 자국을 찾아내기도 했다.

오스틴 레이어드, 존 로이드 스티븐스, 하인리히 슐리만 등은 이 책에서 앞으로 이야기하게 되는 초기 문명의 흔적들을 발견해낸 놀라운 아마추어였다. 주먹도끼와 멸종된 동물의 뼈, 그리고 원시적으로 보이는 네안데르탈인의 두개골에 의문을 품은 다른 아마추어들도 있었다. 이들은 교회가 성경을 바탕으로 계산한 6,000년보다 인간의 역사가 훨씬 더 오래되었음을 증명했다.('챕터 7' 참조) 19세기 말까지 전문 고고학자는 실제로 거의 알려져 있지 않았다. 그리고 제2차 세계대전 이전까지 전 세계에서 전문 고고학자는 수백 명에 불과했다.

고고학은 인간의 삶을 되돌린다. 1922년 카나번 경Lord Carnarvon 과 하워드 카터Howard Carter(1874~1939)가 발굴한 이집트 파라오 투탕카멘의 무덤만큼 극적인 사례는 드물 것이다. 카터는 아주 조심스럽게 무덤을 발굴하여 3,000여 년 전의 젊은 파라오의 특별한 모습을 마주했다. 그런 작업을 하는 데까지 8년이 걸렸으며, 결국 결과물을 발간하지 못한 채 죽음에 이르렀다. 그 이후 여러 전문가가 이 잘 알려져 있지 않은 파라오의 삶에 대해 많은 연구를 했다.

벨기에 미르Meer 근처의 모래 평원에서는 더 소소한 이야기가 전해진다. 이곳은 서기전 7000년에 작은 사냥꾼 집단이 야영했던 곳이다. 한 사람이 반들반들해진 바위로 다가온다. 쭈그리고 앉아 가져온 플린트* 조각을 떼며 석기를 만든다. 잠시 뒤 다

---

* 유럽의 구석기시대에 뗀석기를 제작할 때 널리 쓰인 암석. 미정질의 매우 단단한 퇴적암이다.

른 사람이 다가와 역시 뗀석기를 만든다. 그리고 오랜 세월이 흘렀다. 벨기에의 고고학자 다니엘 카앵Daniel Cahen은 석기를 만들다 버려진 부스러기 조각들을 조심스럽게 다시 맞추었다. 돌망치를 내려친 방향을 연구한 결과 놀랍도록 세부적인 사항이 드러났다. 두 번째 뗀석기 제작자는 왼손잡이였다!

현대의 과학으로서 고고학은 그저 유적을 탐사하고 발굴하는 일만 하는 것이 아니다. 야외뿐 아니라 실험실에서도 수많은 사실을 찾는다. 이제 고고학자는 이집트의 파라오든, 아니면 공동체 전체이든 과거의 사람들을 연구하기 위해서 많은 경우 전혀 생각지도 못했던 온갖 종류의 작은 실마리로부터 문제를 푸는 탐정이 되기도 한다.

앞으로 살펴보겠지만, 고고학은 유럽과 지중해 세계에서 시작해 이제 전 세계에서 하나의 학문으로 자리 잡았다. 아프리카와 몽골, 파타고니아, 오스트레일리아에서도 고고학자들이 발굴 조사를 하고 있다. 100여 년 전에는 거칠게 땅을 팠지만, 지금은 고도의 방법과 주의 깊은 계획 아래 발굴한다. 오늘날에는 개별 유적만이 아니라 선사시대와 고대의 경관 전체를 조사한다. 원격탐사remote sensing나 레이저, 위성사진, 지표투과레이더ground-penetrating radar를 동원하여 유적을 찾고 제한된 발굴을 계획하기도 한다. 이제는 한 달이 걸려도 예전 발굴에서 하루에 팠던 흙보다 적게 걷어낸다. 영국에서는 아마추어 고고학자들도 전문 연구자와 협력하여 금속탐지기로 훌륭한 발견을 한다. 대표적으로 잉글랜드 중부의 스태퍼드셔Staffordshire에서 서기 700년으로 추정되는

고고학의 역사

앵글로색슨 시대의 금과 은 3,500점이 담긴 저장고를 발견한 사례를 들 수 있다. 이것은 단순한 보물의 발견이 아니다. 현대 과학으로서 고고학이 과거에 대한 정보를 얻기 위해 지표조사와 발굴을 진행한 사례인 것이다.

고고학은 왜 중요할까? 고고학이야말로 수백수천 년, 그리고 엄청나게 오랜 시간 동안 인간 사회의 변화를 연구하는 단 하나의 방법이다. 예컨대 런던 중심부에서 발굴하는 도중에 19세기 소스 제작 공장의 쓰레기 더미가 드러났다. 그 속에서 발견된 것으로부터 놀랍도록 세밀한 정보를 역사에 기록할 수 있었다. 그런데 고고학의 작업은 대부분 문헌 기록 이전의 인류 역사, 곧 선사시대와 관련된 것이다. 고고학자들은 기록에 남아 있지 않은, 유럽인이 들어오기 훨씬 이전의 아프리카에서 번성했던 수많은 사회를 밝혀내고 있다. 또한 태평양의 외딴섬들, 아메리카 대륙에 언제부터 사람이 들어가 살았는지 흔적을 추적하고 있다. 케냐와 같은 곳에서는 고고학자들의 삽이 기록되어 있지 않은 그 나라의 역사를 써내려가기도 한다.

무엇보다도 고고학은 우리 인류를 찾게 해준다. 고고학은 아프리카에서 인류의 공통 조상을 밝히고, 인간의 서로 같은 점과 다른 점을 알려준다. 우리는 놀랍도록 다양한, 모든 곳의 사람들을 연구한다. 고고학은 인간이다.

고고학의 발달은 19세기와 20세기 학문 연구의 위대한 승리이다. 고고학이 출발할 때 사람들은 모두 지구상에서 인류의 역사가 6,000년밖에 되지 않는다고 믿었다. 이제 그 시간의 폭은

300만 년이 넘으며, 더 넓어지고 있다. 그러나 이 모든 학문적 성과에도 우리는 여전히 과거를 다시 살아나게 하는, 예기치 못한 놀라운 고고학 발견에 자주 경이로움을 느낀다. 우물을 파다가 발견한 중국 시황제를 지키는 병마용 군대('챕터 31' 참조), 잉글랜드 동부의 3,000년 된 마을에서 너무 빨리 불길에 휩싸이는 바람에 토기 안에 고스란히 보존된 음식물('챕터 40' 참조), 200만 년 전 몇몇 인류가 왼손잡이였음이 밝혀지는 것과 같은 일이 그러하다. 이런 발견에 우리의 심장은 쿵쿵 뛴다. 우리는 매일 새로운 발견을 한다.

이렇게 무대 위에 배우가 올라서 있고, 이제 막이 오르려 한다. 역사의 공연을 시작해보자!

CHAPTER 2

당나귀와 파라오

오늘날 파라오와 고분, 피라미드를 모르는 사람은 없을 것이다. 그러나 사람들은 200년 전에는 이집트가 알려진 것이 거의 없는 외딴곳이었다는 사실을 잊고 있다. 1798년 프랑스의 장군 나폴레옹 보나파르트Napoléon Bonaparte가 나일 강에 도착했을 때, 마치 다른 세상에 온 것 같았다. 이집트는 그동안 외부인들의 발길이 잘 닿지 않은 곳이었다. 당시 이집트는 콘스탄티노플(오늘날의 이스탄불)을 근거지로 삼은 오스만 제국의 영역이었다. 이슬람 국가여서 접근하기 어려운 곳이었다.

유럽인 몇몇이 카이로의 번잡한 시장을 돌아다녔고, 가까운 기자Giza의 피라미드를 찾기도 했다. 프랑스에서 온 몇 사람이 나일 강을 거슬러 오르는 여행을 하기도 했다(사실 나는 1753년에 프랑스

국왕의 후원을 받은 지리학자 로베르트 드 보공디Robert de Vaugondy가 그린 놀라울 정도로 정확한 지도를 소장하고 있다). 몇몇은 고대 이집트의 미라 가루를 의약품인 양 사들였다. 프랑스 왕도 그랬다. 고대 이집트의 조각품 몇 점이 유럽에 들어오자 상당한 흥미를 불러일으켰다.

하지만 누구도 고대 이집트와 장대한 기념물이 어떤 것인지 알지 못했다. 오랫동안 이곳이 초기 문명의 중심지라는 인식이 있었음에도 그랬다. 외교관들 중에는 진귀한 미술품으로 돈을 벌 수 있다고 생각한 사람도 있었지만, 이집트는 너무 외딴곳이라 엄두를 내지 못했다. 1790년대에 이집트가 무대의 중심에 오르기 전까지는 그러했다. 영국이 인도에서 차지한 것들에 눈을 돌리고 있던 사람들에게는 수에즈 지협(수에즈 운하는 1869년에야 만들어졌다)이 관문이었다.

1797년 당시 스물아홉 살에 불과했던 나폴레옹 보나파르트는 이탈리아를 무찔렀다. 그 결과 고전 시대의 미술품에 관심을 갖게 되었다. 군사 정복을 계속하면서 파라오의 땅에 대한 깊은 호기심도 생겼다. 1798년 7월 1일, 나폴레옹의 병력 3만 8,000명이 배 328척에 나눠 타고 이집트에 닿았다. 그중에는 지도를 그리고 고대와 근대의 이집트를 연구할 임무를 띤 과학자 167명도 포함되어 있었다.

나폴레옹은 학문, 특히 고고학에 대한 열정을 지니고 있었다. 나폴레옹의 학자들도 농업 전문가, 예술가, 식물학자, 공학자 등 유능한 젊은이로 구성되었다. 그러나 당시에 고대 이집트 문명을 연구하는 고고학자는 없었다. 나폴레옹의 군인들은 학자들을 '당나귀'라고 불렀다. 왜냐하면 전투 중 당나귀와 학자들을 보병대의 가운데에 배치해야 했기 때문이다. 학자 집단을 이끄는 사람은 외교관이자 훌륭한 화가인 도미니크 비방 드농 남작Baron Dominique-Vivant Denon이었다. 드농은 알맞은 지도자였다. 그림을 잘 그렸고 글도 잘 썼으며, 열정적으로 자신의 임무를 수행함으로써 고대 이집트를 학문 세계에 올려놓았다.

나폴레옹은 이집트를 재조직하는 일에 골똘하면서도 시간을 내어 피라미드와 스핑크스를 찾았다. 스핑크스는 사자의 몸에 사람의 머리를 한 신화적 창조물을 조각한 것이다. 나폴레옹이 카이로에 이집트 연구소Institut de l'Egypte를 세운 것을 보면 학문적 관심도 진지했음을 알 수 있다. 연구소에서 나폴레옹은 강의와 세미나에 참석하여 '당나귀들'이 하는 일을 살폈다. 1799년 6월, 나일 강 삼각주 로제타Rosetta 근처에서 프랑스군이 방벽을 세우다가 바윗덩어리 사이에서 이상하게 생긴 돌을 발견했다. 나폴레옹은 그것에 큰 흥미를 느꼈다. 돌은 세 가지 양식의 문자로 덮여 있었다. 하나는 고대 이집트의 공식 문자였고, 또 다른 하나는 같은 내용을 속용문자로 쓴 것이었으며, 세 번째 것은 그리스 문자였다. 프랑스 사람들이 나일 강 주변의 신전과 고분에서 마주했던 수수께끼 같은 부호를 해독하는 데 실마리가 될 수 있는 비석이었던 것이다.

군인들은 로제타석을 카이로의 학자들에게 보냈고, 곧이어 그리스 문자의 뜻을 풀어냈다. 돌에는 서기전 196년에 파라오 프톨레마이오스 5세Ptolemy V가 내린 명령이 쓰여 있었다. 명령 자체는 그리 흥미롭지 않았지만, 전문가들은 그리스 문자가 당시 뜻을 알 수 없었던 고대 이집트인의 상형문자인 히에로글리프 hieroglyphs(상형문자를 뜻하는 이 말은 그리스어의 '신성한 상징'에서 왔다)를 해독하는 데 실마리가 될 수 있음을 알아차렸다. 그러나 그로부터 23년이 흘러서야 해독할 수 있었다.('챕터 3' 참조)

그동안 학자들은 작은 무리로 이집트 전역을 여행하면서 조사했다. 군대를 따라갔으며, 때론 보병과 함께 전투를 벌였다. 드농을 비롯한 학자들은 전투 중에 스케치를 했다. 상이집트에 있는 덴데라Dendera의 암소 여신 하토르Hathor의 신전에서 드농은 해가 지고 어둠이 내리는 줄도 모른 채 돌기둥 사이를 돌아다니다가 부대로 복귀하라는 사령관의 명령을 받기도 했다. 드농의 열정은 다른 사람들에게 널리 퍼졌다. 공학자들은 하는 일을 멈추고 신전과 고분을 그리곤 했으며 작은 유물들을 훔쳤다. 연필이 닳으면, 녹은 납 총알로 연필을 더 만들어 그렸다.

건축물은 아주 이국적이어서 그리스나 로마의 신전과 전혀 달랐다. 일개 병사일지라도 경이로움을 느낄 정도였다. 그리고 군대가 상이집트의 카르나크Karnak와 룩소르Luxor에서 태양의 신 아문Amun의 신전을 보았을 때 군인들은 열을 지어 고대 이집트인에게 경의를 표했다.

나폴레옹은 군사전략의 천재였는지도 모르지만, 이집트 정복은 결국 실패로 끝나고 말았다. 1798년 8월 1일, 알렉산드리아 근처의 아부키르 만Abukir Bay에서 영국의 해군 제독 허레이쇼 넬슨 Horatio Nelson이 프랑스 함대를 격파했던 것이다. 나폴레옹은 프랑스로 도주했다.

프랑스군이 영국군에 항복한 1801년, 과학자들은 모두 무사히 귀국할 수 있었다. 영국군은 그들에게 이집트에서 발견한 것을 대부분 가져가도록 허락했지만 로제타석만은 영국박물관으로 가져갔다.

이집트 원정은 군사적으로 실패했지만, 학문적 성취를 이루었다. '당나귀들'이 기자의 피라미드 통로를 조사했으며, 스핑크스를 측량했다. 나일 강을 스케치했을 뿐 아니라 카르나크와 룩소르, 그리고 훨씬 상류의 필레Philae까지 가서 이집트 신전들의 내부를 그렸다. 상형문자를 새긴 기둥과, 신과 파라오를 묘사한 신전 벽화는 오늘날에 보더라도 놀라울 정도로 정확하다. 이들이 펴낸 20개 부분으로 구성된 『이집트 기록Description de l'Egypte』은 스카라브scarabs(고대 이집트인이 신성시한 딱정벌레), 보석, 조각상, 멋진 항아리와 금 장식물을 묘사하고 있다. 이국적이면서도 섬세한 선과 유려한 색상을 지닌 이집트 미술과 건축이 세상에 나온 것이다. 사람들은 놀라워했다. 고대 이집트의 재물 보화를 보고, 그곳에 취할 것이 있음을 알게 되자 너도나도 달려들었다.

이런 흥분은 이국적인 것이라면 무엇이든 굶주려 있던 유럽에서 이집트의 고대 유물에 대한 광적인 경쟁으로 이어졌다. 이로써 수집가와 외교관, 수상한 사람들이 귀중한 발견을 찾아 나일 강으로 몰려갔다. 아무도 지식적인 측면에서 접근하지 않았고, 그저 가장 비싼 값으로 팔 수 있는 진귀한 물건만 찾으려 했다. 나폴레옹의 학자들이 수행했던 진지한 조사가 보물 사냥에 밀리고 말았던 것이다.

이집트는 오스만 제국의 일부로 튀르크 군대의 알바니아 출신 군인 무함마드 알리Muhammad Ali가 다스리고 있었다. 알리는 자신이 다스리는 영역을 상인과 외교관, 그리고 여행가와 고대 유물 상인들에게 개방했다. 잘 보존된 미라와 훌륭한 미술품으로 큰돈을 벌 수 있기에 정부들조차도 유물 수집에 나섰다. 각각 영국과 프랑스의 카이로 최고 외교관이었던 헨리 솔트Henry Salt와 베르나르디노 드로베티Bernardino Drovetti 역시 집 안에 전시해놓을 화려한 유물을 열정적으로 수집했다. 이리하여 서커스의 차력사였다가 고분 도굴자가 된 사람이 이집트학의 창시자 중 한 명이 되었다.

지오반니 바티스타 벨조니Giovanni Battista Belzoni(1778~1823)는 이탈리아의 파두아Padua에서 이발사의 아들로 태어나 곡예사로 전 유럽을 돌아다니며 살았다. 1803년 영국으로 건너간 벨조니는 새들러스웰스 극장Sadler's Wells theatre(당시에는 저급한 음악당이었다)에서 차력사로 계약을 맺었다. 벨조니는 잘생기고 사람들의 이목을 끄는 인물이었다. 2미터에 이르는 큰 키에 엄청난 힘을 가진 사람이었다. 벨조니는 '파타고니안 삼손'이 되어 화려한 의상을 입고 엄청나게 큰 철제 틀에 열두 사람을 들고 무대 위를 걸어 다녔다.

벨조니는 무대에 서는 동안 지렛대와 돌림판, 유압 장치 등에 대한 실제적 경험을 쌓았다. 이 모든 것이 고분 도굴에 유용한 재주가 되었다. 지치지 않는 여행가 벨조니와 아내 세라는 1815년 이집트에 들어갔다. 영국 외교관이었던 헨리 솔트가 룩소르 반대편 나일 강의 서안에 있는 파라오 신전에서 람세스 2세의 거대한 동상을 끌어내고자 벨조니를 초빙한 것이었다. 그 유명한 동상은 그것을 강으로 옮기려는 나폴레옹 군대의 모든 노력을 허사로 만든 터였다. 벨조니는 일꾼 80명을 동원하여 나무 바퀴 네 개로 움직이는 원시적인 나무 마차를 만들었다. 그리고 막대기를 지렛대삼아 남자 수십 명의 무게로 조각상을 들어 올리고 그 하부에 마차를 넣어 바퀴를 굴렸다. 닷새가 걸려 파라오는 강안에 도착했다. 벨조니는 그곳에서 배에 조각상을 실어 하류로 내려 보내고 룩소르로 돌아왔다. 이렇게 해서 오늘날 우리는 람세스 조각상을 영국박물관에서 볼 수 있게 된 것이다.

지방관이 문제 삼을 때마다 벨조니의 큰 키와 힘은 강력한 무기(실제로 필요하다면 총을 쏠 준비도 되어 있었다)가 되었다. 벨조니는 거래에 대한 전문 지식과 함께 투지, 잔혹함까지 갖추어 엄청나게 많은 고대 유물을 손에 넣었다.

이제 벨조니는 나일 강 서안에 있는 공동묘지를 노리고 쿠르나Qurna의 고분 도굴꾼들과 친구가 되었다. 도굴꾼은 벨조니를 절벽 안쪽의 좁은 통로 깊숙이 데리고 들어갔다. 그리고 그곳에서 아마포에 친친 감긴 수백의 미라를 발견했다. 벨조니의 기록에 따르면 미라의 먼지는 '들이켜기엔 불쾌한 편'이었다. 이들은 미라의 손과 발 무더기, 심지어 해골들까지 아랑곳하지 않고 고분 안에서 살았다. 미라의 관, 뼈와 사자死者를 동여맨 누더기를 음식을 요리할 때 땔감으로 쓰기도 했다.

경쟁자라 할 수 있는 프랑스인 베르나르디노 드로베티는 벨조니의 성공에 자극받아 룩소르 근처의 모든 곳에서 고분을 파헤칠 권리를 주장하고 나섰다. 드로베티와의 분란이 심해지자 벨조니는 더 상류에 있는 아부심벨 신전Abu Simbel temple을 노렸다. 벨조니는 일꾼들의 반발과 벼랑에서 모래가 쏟아져 내려오는 조건에서도 영국의 해군 장교 두 명의 도움을 받아 신전의 문을 여는 데 성공했다. 마침내 여덟 개의 람세스 2세의 조각과 기둥이 늘어선 방에 섰지만, 취할 유물은 거의 없었다.

벨조니는 룩소르로 돌아왔고, 드로베티의 사람들이 쿠르나를 파헤치는 모습을 보았다. 벨조니는 일꾼들의 우두머리가 목을 찌르겠다고 협박하자 이집트의 위대한 파라오들의 무덤인 '왕가의 계곡Valley of the Kings'으로 자리를 옮겼다. 그곳은 로마 시대 이래로 사람들이 오갔지만, 놀라운 고고학적 직관을 지닌 벨조니는 무덤 세 개의 위치를 바로 알아차렸다. 그러고는 가장 놀라운 발견을 했다. 람세스 2세의 아버지이자 이집트의 가장 중요한 지배자 중 한 사람, 서기전 1290년부터 서기전 1279년까지의 파라오 세티 1세Seti I의 무덤을 찾아낸 것이었다. 화려한 그림들이 벽을 장식하고 있었다. 무덤방에는 왕의 반투명하지만 비어 있는 설화석고(부드러운 돌) 석관이 몸의 형체대로 놓여 있었다. 불행히도 무덤은 파라오가 죽고 나서 얼마 지나지 않아 도굴되었다.

벨조니는 승승장구했다. 왕릉 넷을 열었다. 그리고 쉬지도 않고 카이로로 돌아와 기자에 있는 카프레Khafre의 거대한 피라미드 내부까지 들어가는 데 성공했다. 중세 이후 처음 있는 일이었다. 무덤방 벽에 숯으로 이름을 써놓기도 했는데, 오늘날까지 남아 있다. 다른 사람에게 보여주기를 좋아했던 벨조니는 세티의 무덤을 런던에 그대로 모사하려 했다. 미술가와 함께 무덤 안에서 여

름을 보내면서 그림과 수많은 상형문자를 모사하고 수백 개의 조
각상을 밀랍으로 형체를 떴다. 이 무렵 드로베티의 시기심은 극
에 달해 부하가 벨조니를 총으로 위협하기까지 했다. 벨조니는
생명의 위협을 느끼자 이집트를 영영 떠나고 말았다.

런던으로 돌아온 벨조니는 오늘날의 피커딜리 서커스Piccadilly
Circus와 가까운 곳에 이집트 홀이라는 이름을 내걸고 무덤과 발견
물을 아주 성공적으로 전시했으며, 자신의 모험을 서술한 베스트
셀러를 출간했다. 이후 방문자가 줄어들고 전시가 중단되었지만
이 서커스 차력사는 줄곧 명성과 부를 갈망했다. 벨조니는 1823년
서아프리카 니제르 강의 연원을 찾아 탐험에 나섰다가 베냉Benin
에서 열병에 걸려 사망했다.

지오반니 벨조니는 허풍쟁이였고 결국은 쇼맨이자 고분 도
굴꾼이었다. 그를 무자비한 보물 사냥꾼으로 치부할 수도 있다.
벨조니는 분명 전리품과 명성, 부를 찾아 떠났다. 그렇다면 벨조
니는 고고학자였을까? 본능적으로 발견하는 재능을 가진 것만은
의심의 여지가 없다. 오늘날이라면 고고학자로 성공했을지도 모
른다. 그러나 당시에는 상형문자를 읽을 수 있는 사람이 없었고
어떻게 발굴하는지, 과거를 어떻게 기록하는지 알지 못했다. 당
시의 다른 사람들과 마찬가지로 벨조니의 성공 여부는 발견물의
가치로 매겨졌다. 그럼에도 이 대담한 이탈리아인이 이집트학의
토대를 놓는 데 거칠지만 어느 정도 일조했다고도 하겠다.

CHAPTER 3

고대 이집트를 읽다

"알아냈어!"

장 프랑수아 샹폴리옹Jean-François Champollion(1790~1832)은 두근 거리는 가슴을 안고 그렇게 외치며 형의 발아래에서 쓰러지고 말았다. 고대 이집트 상형문자의 복잡한 문법을 알아낸 것이다. 100년 동안의 미스터리를 막 풀어낸 순간이었다.

나폴레옹의 학자들과 지오반니 벨조니 등은 모두 로제타석 에 새겨진 문자를 연구했지만 실패하고 말았다. 고대 이집트인과 파라오는 이름도 없고 역사도 없는 사람들이었다. 신전 명문에 묘사되어 있는 왕은 누구란 말인가? 공물을 받고 있는 신과 여신 은 누구인가? 기자의 피라미드 가까이에 있는 화려하게 장식된 고분에는 어떤 중요한 인물이 묻혔을까? 벨조니와 그 시대 사람들은 고고학적으로 안개 속에서 작업했던 것이다.

먼저 전문가들은 글리프glyphs, 곧 '상형문자'라는 것이 그림 상징이라고 잘못 생각하고 있었다. 그런 뒤 1790년대에 외르겐 조에가Jørgen Zoëga라는 덴마크 학자가 그 글자들은 사물이 아니라 소리를 나타내고 있다는 생각에 이르렀다. 즉 사람의 말을 글로 옮긴 표음문자라는 것이다. 1799년에 발견된 로제타석은 두 개의 상형문자를 가지고 있었기에 커다란 진전이었다. 하나는 아무도 풀 수 없는 공식적 문자 체계로 쓰여 있었고, 다른 하나는 일반 사람들이 사용했던 간소화된 문자였다. 이는 상형문자를 알파벳화한 것이 분명하며, 서기들이 널리 사용했다는 사실이 이제는 알려져 있다.

로제타석은 첫 번째 돌파구였다. 두 번째 돌파구는 영국의 의사이자 언어학자, 수학자인 토머스 영Thomas Young의 업적이었다. 영은 고대 그리스어 지식을 바탕으로 명문 하나를 읽어냈다. 이로써 로제타 명문의 여섯 개 카르투슈cartouches(왕의 이름을 나타내는 타원 안의 문자들)에서 파라오 프톨레마이오스 5세의 이름을 확인할 수 있었다. 그러곤 그 상형문자를 그리스 문자로 쓰인 그 파라오의 이름과 맞출 수 있었다. 그러나 불행히도 토머스 영은 대부분의 그 상형문자가 표음이 아니라고 생각했고, 그리하여 그 글자들을 읽어내려는 노력은 결국 실패하고 말았다.

영의 경쟁자는 장 프랑수아 상폴리옹이었다. 상폴리옹은 언어 천재였고, 불같은 성미를 지닌 사람이었다. 가난한 책장수의 아들로 태어나 여덟 살이 되어서야 정규교육을 받았다. 이후 곧 그림과 언어에서 눈부신 재능을 발휘했다. 열일곱 살이 되기까지 영어와 독일어, 이탈리아어뿐 아니라 아라비아어, 히브리어, 산스크리트어까지 습득했다. 젊은 시절 샹폴리옹은 상형문자에 매료되었다. 그리고 기독교 시대 이집트의 언어에 고대 이집트어의 요소가 있을 것이라고 생각하여 콥트어까지 배웠다.

1807년 샹폴리옹과 형 자크 조제프Jacques-Joseph는 파리로 가서 궁핍하게 살았다. 젊은 언어학자는 로제타석에 관심을 가졌다. 그리고 몇 달 동안 연구하며 수많은 이집트 파피루스를 면밀히 검토했다. 연구는 늘 좌절을 겪었고 막다른 길에 내몰렸지만, 샹폴리옹은 토머스 영과 달리 이집트 명문이 표음문자임을 확신하게 되었다. 그러자 조사 범위를 넓혀 여왕 클레오파트라의 카르투슈가 있는 상이집트의 오벨리스크뿐 아니라 이집트와 그리스의 파피루스까지 조사했다.

1822년에는 아부심벨에서 나온 문자의 정확한 사본을 받아보고 람세스 2세, 그리고 투트모세 3세Thutmose III를 나타내는 카르투슈를 확인할 수 있었다. 그리고 상형문자로 쓰인 글에는 모음이 없음을 알았다. 자음 하나를 나타내는 24개의 부호가 있었고, (영어와 같이) 그것이 알파벳 기능을 했던 것이다. 명문은 흔히, 언제나 그렇지는 않지만, 오른쪽에서 왼쪽으로 쓰였다. 단어를 구분해주는 공백이나 칸은 없었다. 샹폴리옹은 마침내 명문을 해독했고, 형의 방으로 뛰어 들어갔다. 그리고 로제타석의 명문을 일컬어 '때론 도상적이고 상징적이며, 표음문자다'라고 전했다.

1822년 9월 27일 샹폴리옹은 자신이 발견한 사실을 프랑스 명문문학회French Academy of Inscriptions and Literature에서 발표했다. 이 발견은 너무나 중요했기 때문에 프랑스 왕에게도 소식이 전해졌다. 하지만 그로부터 몇 년이 지나서야 샹폴리옹의 업적이 널리 받아들여졌다. 1824년 샹폴리옹은 상형문자 해독의 요약본을 출간했는데, 엄청난 비판이 뒤따랐다. 논쟁 지향적이고 비판을 참지 못하는 샹폴리옹의 성품도 이런 어려움을 초래하는 데 한몫했던 것 같다.

샹폴리옹은 루브르 박물관 이집트관의 학예사가 되었고, 상형문자 지식을 토대로 수집품을 올바른 시간 순서로 배열할 수 있었다. 이것은 커다란 진전이었다.

그러나 샹폴리옹은 고대 이집트의 공식 명문을 해독했음에도 나일 강을 방문한 적은 없었다. 1828년 명망 있는 지원자들이 왕을 설득하여 샹폴리옹을 필두로 한 프랑스·투스카나 공동조사단을 후원했다. 나폴레옹의 학자들이 알렉산드리아로 항해한 지 30년 뒤, 샹폴리옹과 이집트학자 이폴리토 로젤리니Ippolito Rosellini, 화가들, 제도사와 건축가들 – 이 모든 사람은 더위에 더 편안한 터키 옷을 입었다 – 이 나일 강으로 여행을 떠났다.

조사는 성공적이었다. 역사상 처음으로 샹폴리옹을 비롯한 조사단은 신전 벽에 새겨진 문자를 읽고 세계에서 가장 오래된 기념물의 중요성을 이해할 수 있었다. 덴데라에 있는 하토르 여신의 신전에서 흥분한 조사단은 달빛이 비치는 밤 강변을 뛰어다녔다. 눈부시게 아름다운 두 시간 동안 조사단은 유적지를 돌아다녔고, 새벽 3시가 되어서야 배로 돌아왔다.

조사단은 룩소르, 카르나크, '왕가의 계곡'에서 잠깐씩 머문 뒤 여름 홍수에 배를 타고 카이로로 무사히 귀환했다. 샹폴리옹은 무덤 주인을 확인하고 파라오가 신에게 공물을 바치는 신전의 벽에 새겨진 문자를 읽어낸 최초의 학자가 되었다. 그리고 1830년 1월 피로에 지쳐 파리로 돌아와 2년 뒤 불과 마흔둘의 나이에 뇌졸중으로 세상을 떠났다. 그러나 샹폴리옹이 죽은 뒤에도 상형문자를 둘러싼 논란은 계속 이어졌다. 그리고 15년이 더 흘러서야 샹폴리옹의 번역이 옳다는 데 모든 사람이 동의했다.

이보다 양심적이지 않은 사람들의 무리도 나일 강을 따라 내려왔다. 보물 사냥꾼들은 벨조니와 드로베티의 성공에 현혹되어 명성과 부를 얻으려 했다. 고대 이집트는 빠르게 돈을 버는 사업이 되었다. 샹폴리옹은 이런 파괴를 자행하는 사람들을 역겨워했다. 사람들은 공개적으로 무덤에 들어가 보물을 훔치고, 조각상을 파고, 신전 벽에서 예술품을 떼어갔다. 그저 모두 돈을 벌기 위해서였다.

샹폴리옹은 무함마드 알리에게 서신을 보내 고대 유물이 거래되거나 훼손되고 있는 실상에 대해 문제를 제기했다. 샹폴리옹의 서신을 받은 알리는 고대 유물의 유출과 기념물 파괴를 막는 법을 통과시키고 박물관 건축을 재가했다. 그러나 행정 관리가 없는 상태에서 법은 무의미했다. 다만 법 제정은 옳은 방향으로 가는 첫걸음이었다. 심지어 알리, 그리고 그 이후의 지도자들도 박물관의 전시품 다수를 유력 외국인에게 팔았지만 말이다. 다행히도 몇몇 방문자가 유물이 아니라 정보를 얻기 위해 나일 강을 찾기 시작했다.

샹폴리옹의 극적인 상형문자 해독으로, 고대 유물은 수집의
대상이 아니라 연구 주제가 되어갔다. 드디어 고대 이집트 문명
의 비밀을 밝히는 길이 열렸다. 고전고고학자이자 여행가인 윌리
엄 겔Sir William Gell 같은 학자들이 젊은 사람들을 격려했다. 어린 시
절 부모를 잃고 그다지 많지는 않은 자금을 물려받은 존 가드너
윌킨슨John Gardner Wilkinson(1797~1875)이 그중 한 사람이었다. 윌킨슨
은 군대에서 장교 임직을 기다리는 동안 지중해 지역으로 여행을
떠났다. 그리고 로마에서 아마도 당시 누구보다 고대 이집트에 대
해 잘 알고 있는 윌리엄 겔을 만났다. 젊은 윌킨슨은 1821년 말 알
렉산드리아에 도착했다. 아랍어를 조금 할 줄 알았으며 무한한 열
정을 가지고 있었다. 샹폴리옹이 이집트 명문을 해독해내기 바로
직전이었다. 그러나 윌킨슨은 토머스 영의 업적, 그리고 이집트 유
물에 대해 누구보다 잘 알고 있을 만큼 충분히 준비되어 있었다.
윌킨슨은 나일 강 상류로 여행하며 이집트학에 뛰어들었다.

여기서 우리는 다른 종류의 고고학자를 만난다. 벨조니 같은
사람들은 예술품과 유물을 획득하기 위해 고분을 팠다. 윌킨슨은
그보다 훨씬 넓은 이집트학을 개척함으로써 당대의 사람들보다
훌쩍 앞서 있었다. 고대 이집트인과 문명은 고고학 발견물과 명
문을 결합해야만 이해할 수 있음을 잘 알고 있었던 것이다.

윌킨슨은 유물을 얻는 데 관심이 없었다. 명문과 기념물, 고
분을 필경했으며 진정으로 과거를 연구하는 사람이었다. 맨손으
로 상형문자를 베껴 그렸지만, 나폴레옹의 학자들보다 더 훌륭했

다. 현대의 기준으로 보더라도 놀랄 만큼 정확했다.

그로부터 12년 동안 윌킨슨은 나일 강 유역을 광범위하게 여행하고 사막에까지 들어갔다. 때로는 혼자였고, 친구인 제임스 버튼James Burton만 동행했다. 같은 생각을 가진 고고학자와 화가들이 여행에 동참하기도 했다. 이 외딴곳에서 안전을 지키기 위해 튀르크 방식을 따라 고용인에게까지 무슬림 행세를 하기도 했다.

애초부터 윌킨슨은 상형문자에 대한 지식이 전혀 없었다. 그런데 1823년에 겔이 샹폴리옹의 요약본을 보내왔다. 이렇게 윌킨슨은 한 젊은 프랑스인이 얼마나 큰 진전을 이루었는지 알게 되었다. 콥트어와 고대 이집트 단어의 비교에 능해지면서 윌킨슨은 샹폴리옹이 그리 세심하지 않았다는 사실도 알았다. 샹폴리옹은 명문을 해독하면서 '끔찍한 실수'도 저질렀던 것이다.

윌킨슨은 샹폴리옹을 만난 적이 없었다. 하지만 샹폴리옹이 비판을 허용하지 않으며 명성만 추구했다는 데 반감을 가졌다. 샹폴리옹은 비밀이 많았고, 다른 학자와 심하게 다투기도 하고 거짓된 주장도 했던 것이다. 그와 달리 한 걸음 물러서 있기를 좋아한 윌킨슨은 조용히 신전과 고분을 그리고, 기록하고, 연구했다.

윌킨슨은 상형문자를 다룰 수 있는 지식을 얻은 뒤 다른 조사로 방향을 돌렸다. 1827년부터는 나일 강 서안에 있는 룩소르에서 대부분의 시간을 보냈다. 이곳에서 '아메추Amechu'(서기전 15세기)라는 고위 관료의 무덤을 차지해 나일 강 유역을 가로지르는 훌륭한 전경을 누리며 여유 있게 살았다. 양탄자를 깔고 가림막을 세워 방을 만들고 개인 서재도 들였다. 친구들을 초대할 때면 미라의 나무 관을 난로에 태워 방을 따뜻하게 했다. 오늘날에는 그러지 않지만 당시에는 모두가 그랬다.

월킨슨은 아침형 인간이 아니라서 오전 10시 30분은 되어야 아침식사를 했다. 월킨슨은 나일 강 서안의 묘지들에 대한 첫 번째 지도를 완성하는 등 많은 업적을 쌓았다. '왕가의 계곡'에 있는 무덤들에 번호를 매겼고, 그 방식은 오늘날에도 여전히 쓰이고 있다. 그리고 이집트인의 생활을 들여다볼 수 있는 단서가 풍부하다는 이유로 높은 지위를 가진 사람의 무덤에 집중했다. 유적들은 마치 과거로 여행하여 사람들 속에 살 수 있는 기회를 주는 듯했다. 마치 벽화에 그려진 일들이 실제로 벌어지는 광경을 바라보고 있는 듯 말이다.

나는 이집트 고분에 그려진 그림을 좋아한다. 물론 지금은 빛이 많이 바랬어도 좋다. 높은 지위의 사람들이 영지에서 어떻게 살았는지 – 기록관이 지켜보는 가운데 노동자들이 수확을 하고, 소를 잡고, 축제에 초대받은 손님이 밝은색 옷을 입고 모이는 장면 – 를 볼 수 있다. 고양이와 함께 귀족이 낚시를 하고 있는 매력적인 그림도 있다.

월킨슨은 1820년대와 1830년대에 이집트학을 탄탄한 토대 위에 올려놓은 이들 중 한 명이었다. 모두 자신의 연구와 그로부터 얻어지는 지식에 열정을 가진 진지한 연구자였다. 함께 일하기도 하고 개인적으로 연구하기도 했다. 1833년 월킨슨은 고대 이집트인의 삶에 대한 책을 머릿속에 그리며 이집트를 떠났다. 1837년에 출간된 『고대 이집트인의 생활 태도와 관습 Manners and

Customs of the Ancient Egypt』은 많이 팔렸다. 중산층 사람들도 살 수 있는 적정한 가격의 책이었다.

윌킨슨의 책은 독자에게 풍부한 정보를 제공함과 동시에 고대 이집트로의 시간 여행을 하게 해주었다. 상세히 묘사되어 있는 그림과 파피루스, 명문 덕분에 마치 당시의 사람들이 살아 있는 듯했다. 윌킨슨은 이 중요하고도 독창적인 연구를 수많은 대중과 나눌 수 있는 드문 재능의 소유자였다. 누구나 들으면 아는 유명인이 되었고, 빅토리아 여왕으로부터 작위도 받았다.

샹폴리옹과 윌킨슨은 새로운 유형의 학자였다. 두 사람은 화려하고 활기찼던 문명을 생생하게 묘사했다. 그리고 고고학만으로 고대 문명을 복원할 수는 없음을 깨달았다. 진지한 연구를 위해서는 발굴자와 명문 및 문헌 기록을 연구하는 사람이 협업해야 한다는 것도 알았다.

윌킨슨은 이집트인의 삶을 대중적으로 잘 설명함으로써 세계 최초의 문명에 대한 연구를 중심 무대에 올려놓았다. 나일 강 유역을 따라 벌어졌던 대규모의 파괴는 점점 사라지고 이제 그 자리를 학술적 연구가 대신했다.

그로부터 60년이 지나서야 새로운 필경사들이 나일 강에 왔다. 그러나 샹폴리옹과 윌킨슨의 업적 덕분에 이미 전문 지식을 가지고 있었다.

CHAPTER 4

니네베 발굴

바빌론과 니네베. 이들 성경의 도시에는 낭만이 가득하다. 구약성서는 고대 바빌론Babylon(오늘날의 이라크 남부)의 위대한 왕 네부카드네자르Nebuchadnezzar(재위 서기전 604~서기전 562년)에 대한 이야기를 기록하고 있다. 무자비한 정복자였고, 수도에 유대교도들을 포로로 붙잡아놓은 것으로 유명하다. 강력한 제국에서 장대한 수도가 만들어졌다. 훗날의 그리스 기록에 따르면 노예 수천 명이 그 꼭대기에 마차가 올라가 달릴 정도로 두꺼운 도시의 방벽을 쌓아올렸다고 한다.

네부카드네자르 왕은 테라스 궁전에 굉장한 공중정원을 만들었다고 전해지며, 이것은 고대 세계의 7대 불가사의 중 하나로 일컬어진다. 정말 공중정원이 있었는지는 논란의 여지가 있다.

도시는 아시리아 문명이 몰락할 때 갑자기 사라져버렸다. 유럽인 여행가 몇 명이 바빌론까지 왔지만, 먼지가 날리는 건조하고 황량한 언덕일 뿐이었다. 그로부터 몇백 년이 지나서야 독일 고고학자들이 그 일부를 복원할 수 있었다.('챕터 20' 참조)

니네베는 현재 이라크 북부의 먼 곳에 있다. 서기전 612년 아시리아의 주요 도시였으며, 성경의 창세기에도 언급되어 있다. 예언자 이사야에 따르면 신은 오만한 니네베 사람들에게 파멸을 주었다. 그렇게 니네베는 황량하고 건조한 거친 사막이 되었다고 한다. 눈에 보이는 건물이나 신전도 남지 않았다. 후대의 유럽인 방문자들은 정말로 신의 분노로 아시리아가 파멸에 이르렀다고 말했다.

바빌론과 니네베는 역사의 그늘에 가려져 성경을 통해서만 알 수 있었다. 그러다 놀라운 고고학 발견이 있고 나서야 기록이 곧 사실로 확인되었다. 1841년 프랑스 아시아학회의 명망 있는 학자들이 프랑스의 지위를 크게 높일 극적인 발굴 기회를 얻고자 니네베에 달려들었다. 1842년 프랑스 정부는 폴 에밀 보타를 모술Mosul의 영사에 임명했다. 보타는 이집트에서 외교관으로 근무했으며, 아랍어에 능숙했기에 이 새로운 직책을 맡았다. 발굴 경험은 전혀 없었지만, 니네베 발굴이 비공식 업무였다.

보타는 유적을 거침없이 파 들어갔지만 별다른 소득이 없었다. 이는 니네베의 쿠윤지크Kuyunjik 마운드에서 유물이 없는 상층부만 파 들어갔기 때문이었다. 뼈도 도구도 나오지 않는 층만 팠던 것이다. 니네베 같은 도시 마운드는 층 위에 층이 쌓여 점진적으로 형성되었기에, 가장 이르고 중요한 층은 바닥에 있게 마련이다. 그러나 보타는 그런 지식이 전혀 없었다. 지표 부근만 파서 명문이 있는 벽돌과 설화석고 조각을 찾았을 뿐, 그리 대단한 발견은 못했다.

그러던 몇 달간의 고생 끝에 행운이 찾아왔다. 쿠윤지크에서 북쪽으로 22킬로미터 떨어져 있는 코르사바드Khorsabad에서 온 어떤 마을 사람이 보타에게 명문이 새겨진 벽돌을 보여주었다. 그러고는 자신의 집 주변에 고대 마운드의 수많은 유물이 있다고 얘기해주었다. 영사는 두 사람을 보내 그곳을 조사하게 했다. 그로부터 1주일 뒤 한 명이 대단히 흥분하여 돌아왔다. 조금 파 들어가자 이상하게 생긴 동물 그림을 새긴 벽이 나왔다는 것이었다.

보타는 바로 말을 타고 코르사바드로 갔다. 그리고 작은 구덩이 속의 벽에서 드러난 정교한 조각품에 놀라움을 감추지 못했다. 낯선 모습의 수염을 기른 남자가 긴 옷을 걸치고 날개 달린 동물, 짐승들과 함께 걷고 있는 모습이었다. 보타는 재빨리 코르사바드로 일꾼을 이동시켜 작업하게 했다. 며칠 만에 고대의 알려지지 않은 왕의 궁전에서 일련의 석회암 판석 조각이 확인되었다.

보타는 의기양양하게 파리에 서신을 보내 성서의 기록이 사실임을 밝혔다고 주장했다. 자랑스럽게 '니네베가 재발견되었다'고 보고한 것이었다. 프랑스 정부는 3,000프랑의 기금을 내주며 더 발굴하도록 했다. 보타는 중요한 발견을 위해서는 대규모로 작업해야 함을 알았기에 300명이 넘는 일꾼을 고용했다. 이로써 메소포타미아(그리스어로 '강 사이의 땅'이라는 뜻이다)에서 대규모 발굴의 전통이 시작되었고, 이는 20세기까지 지속되었다.

　프랑스는 현명하게도 파리에서 경험 많은 고고학 미술가 외젠 플랑댕Eugène Napoléon Flandin을 파견했다. 보타와 플랑댕은 1844년 10월 말까지 마운드에서 발굴 작업을 했는데, 2.5제곱킬로미터에 이르는 궁전의 윤곽이 드러났다. 일꾼들은 그저 궁전 벽을 따라 팠을 뿐이었는데도 전투하는 왕, 도시를 에워싸는 모습, 사냥하고 세련된 종교의식을 거행하는 장면이 드러났다. 사람 머리를 한 사자와 황소가 궁전 문을 지키고 있었다. 지금까지 어느 발굴에서도 이 같은 보물이 드러난 적이 없었다.

　1844년 11월 플랑댕은 프랑스 학자들이 좋아할 그림들을 들고 파리로 돌아왔다. 이것은 아주 새로운 미술 양식이었고 그리스나 나일 강, 로마와는 사뭇 달랐다. 보타도 파리로 돌아왔다. 플랑댕의 그림 네 권을 포함한 발굴 보고서를 완성하여 커다란 반향을 불러일으켰다. 보타는 코르사바드에서 니네베를 재발견했다고 말했는데, 이는 잘못된 주장이었다. 그러나 보타를 비난할 수는 없다. 이집트에서의 벨조니와 마찬가지로 궁전의 명문을 읽을 수 없었기 때문이다. 이제 우리는 보타가 발굴한 유적이 옛 아시리아의 왕이자 공격적이고 성공적인 정복자 사르곤 2세Sargon II(재위 서기전 722~서기전 705년)의 궁전 두르샤루킨Dur-Sharrukin임을 알고 있다. 이른바 '설형문자' 또는 쐐기문자 점토판을 통해 수도의 위치가 밝혀진 것은 그로부터 오랜 시간이 지나서였다.('챕터 5' 참조) 그동안 보타는 관심 밖으로 사라져 레바논의 한직으로 발령이 났으며, 다시는 고고학 활동을 하지 않았다.

1842년 보타가 니네베에서 작업을 시작할 때 오스틴 레이어드라는 젊은 영국인도 메소포타미아 고고학에 매료되었다. 1840년 레이어드는 니네베에서 2주간 머물며 유적을 연구했다. 그러고는 채울 수 없는 호기심과 놀라운 관찰력을 바탕으로 고대 도시 마운드를 발굴하겠다고 마음먹었다. 고고학에 열정을 느낀 것이었다.

다른 위대한 고고학자들과 마찬가지로 레이어드도 언제나 지칠 줄 몰랐다. 레이어드는 1년 동안 바흐티아리Bakhtiari 유목민과 함께 페르시아(현재의 이란)의 산에서 생활하며 부족이 신뢰하는 조언자가 되었다. 지역 정치에 대한 지식도 많아서 바그다드의 영국 사절이 레이어드를 콘스탄티노플에 보내 그곳 대사에게 조언을 하게 하기도 했다. 그즈음, 즉 1842년에 레이어드는 모술에서 보타와 함께 사흘 동안 머물렀다. 보타는 발굴을 격려했다. 하지만 레이어드는 돈을 한 푼도 갖고 있지 않았다.

레이어드는 3년 동안 콘스탄티노플에서 비공식 정보원으로 활동했다. 당시 영국 대사 스트랫퍼드 캐닝Stratford Canning은 마지못해 레이어드가 님루드Nimrud에서 두 달 동안 발굴하는 것을 허락했다. 님루드는 모술에서 하류로 내려오며 연이어진 마운드 유적이었다. 레이어드는 바닥에서부터 도시의 중심부에 닿을 수 있을 것이라는 도박 같은 생각을 했다. 그리하여 마운드를 굴처럼 파들어갔다. 그러자 일꾼들은 설형문자가 새겨진 석판이 열을 지어 놓인 커다란 방을 곧바로 찾아냈다. 오늘날 우리가 알고 있는 아시리아의 왕 아슈르나시르팔 2세Ashurnasirpal II(재위 서기전 883~서기전

859년)의 북궁 North Palace 이었다. 같은 날 레이어드는 남쪽으로 사람을 보내 에사르하돈 Esarhaddon 왕(재위 서기전 681~서기전 669년)이 만든 서남궁 Southwest Palace 을 파게 했다. 이로써 레이어드는 24시간 안에 궁전 두 개를 발굴한 유일한 사람으로 역사에 기록되었다.

레이어드는 그저 궁전 방들의 장식된 벽을 따라 파 들어갔다. 이전의 궁전에는 조각품이 쌓여 있었는데, 전투와 포위 장면도 있었다. 곧이어 이 발견은 코르사바드에서 발굴된 것보다 더 주목받았다.

레이어드는 마음속에 하나의 목적만 품고 있었다. 배편으로 런던에 보낼 숨 막히게 놀라운 예술품과 유물을 찾는 것이었다. 그런 발견물을 영국박물관에 보낸다면 대중의 눈에 자신을 각인시킬 수 있다는 것을 잘 알고 있었다. 굳이 상상의 날개를 펴지 않고도 레이어드가 섬세한 기록을 남기는 작업을 할 수 없었음을 짐작할 수 있다.

레이어드와 아시리아인 조력자 호르무즈드 라삼 Hormuzd Rassam (1826~1910)은 님루드 마운드에 캠프를 세웠는데, 주위의 평원을 대단히 훌륭하게 볼 수 있는 곳이었다. 레이어드는 주변에 사는 부족민이 보물을 얻으려 침입할 수 있기에 방어에도 소홀하지 않았다. 지역 부족장에게 아낌없이 선물을 주는 한편, 필요하다면 폭력도 주저하지 않았다. 결과적으로 스스로 부족장 같은 인물이 되어 다툼이 생기지 않도록 하고 혼인도 중개했다.

엄청난 발견이 뒤를 이었다. 궁전을 지키고 있는, 날개가 셋 달린 황소 조각도 나왔다. 레이어드는 이러한 발굴을 축하하는 뜻에서 일꾼들을 위해 사흘간 잔치를 벌이기도 했다. 북궁에서는 공물을 받는 왕을 묘사하여 새긴 눈부신 기둥도 확인되었다. 살마네세르 3세Shalmaneser III(재위 서기전 859~서기전 824년)의 전승을 기록한 것이었다. 왕은 히타이트를 포함한 주변국과 끊임없이 싸웠다.('챕터 20' 참조) 레이어드는 커다란 수레를 만들어 무거운 유물들을 티그리스 강까지 끌고 갔다. 그리고 아시리아 유적의 부조에 그려진 것과 똑같은 방법으로 염소 가죽에 공기를 불어넣어 떠받친 뗏목에 싣고 강 하류의 바스라Basra로 운반했다. 그런 다음 레이어드는 니네베의 쿠윤지크 마운드를 파기 시작했다. 굴을 파고 들어가자 곧 얕은 돋을새김으로 치장된 방 아홉 개가 드러났다.

1847년 6월 22일 님루드의 조각품을 처음으로 실은 배가 영국박물관에 이르렀고, 이때 레이어드도 의기양양하게 영국으로 돌아왔다. 1849년 레이어드는 자신의 조사를 개괄한 『니네베와 그 유적들Nineveh and Its Remains』을 출간했다. 책은 베스트셀러가 되었다.

쿠윤지크 발굴은 1849년에 재개되었다. 레이어드는 장식된 궁전 벽을 따라 미로 같은 굴을 뚫었고, 방 안의 진귀한 물건들은 무시했다. 또다시 며칠 동안 땅속에 머물며 환기를 위한 수직 통로에서 들어오는 빛과 촛불에 의지해 부조들이 나타날 때마다 그것을 스케치했다. 어둑한 굴에서 궁전 문을 지키는 사자 상이 흐릿하게 드러났다. 입구의 석회암 석판에는 아시리아 마차의 바퀴 자국이 남아 있었다. 일꾼들이 세나케리브 왕의 궁전 동남쪽의 정면 전체를 노출시켰다. 왕은 메소포타미아, 시리아, 이스라엘,

고대 유대 지역에 출정했다.

궁전의 명문에는 적지의 포위와 정복의 연대기, 그리고 왕의 업적이 쓰여 있었다. 왕들과 신들의 생생한 모습이 마치 침입자에게 다가와 꾸짖는 듯이 부조로 표현해놓았다. 쿠윤지크의 많은 부조는 현재 영국박물관에 전시되어 있으며, 나는 이곳을 자주 찾는다. 조각품들은 놀랍다. 한 무리의 부조는 거의 300명의 노동자가 사람 머리를 한 커다란 황소를 뗏목에서 궁전으로 끄는 광경을 묘사하고 있다. 한 남자가 황소에 올라타고 작업을 지휘하고 있다. 그러는 동안 마차에 탄 왕이 파라솔 그늘 아래에서 지켜보고 있다.

레이어드의 가장 놀라운 발견은 바로 미지의 도시를 포위하고 정복한 증거를 찾은 것이었다. 사실 1850년대에 설형문자가 해독('챕터 5' 참조)되기 전까지는 알려지지 않은 도시였다. 레이어드가 가장 관심을 기울인 것은 부조였다. 작은 유물들은 귀중한 것이 아니라면 별다른 관심을 갖지 않았다.

발굴 도중에 가끔 설형문자가 새겨진 점토판도 나왔다. 그런데 불에 구워지지 않아 손상되기 쉬운 것이어서, 거친 발굴 작업 도중에 많은 유물이 부서져 사라졌다. 레이어드는 노다지를 캤지만, 나중에야 그런 사실을 깨달았다. 발굴이 끝나갈 무렵에는 점토판 수백 개를 여섯 개의 상자에 담았다. 말하자면 유적은 왕이 세운 기록관의 일부였으며, 이는 훗날 레이어드의 가장 중요한 발견 중 하나였음이 드러났다. 1850년의 발굴 이후 수백 개의 상자를 티그리스 강으로 실어 날랐다.

레이어드는 바빌론과 다른 남쪽 도시에서 발굴 작업에 나섰지만, 별다른 성과를 거두지 못한 채 돌아갔다. 사실 발굴 방법이 불에 굽지 않은 벽돌을 다루기엔 너무 거칠었기 때문에 실패한 것이었다.

영국박물관은 레이어드의 스케치를 많이 소장하고 있다. 배에 싣지 못한 유물에 대한 유일한 자료이기도 하다. 레이어드는 사소한 것이 아니라 중요한 유물을 찾는 대단한 고고학적 직관을 가지고 있었다. 지오반니 벨조니처럼 본능적인 재능으로 궁전과 눈부신 발견물을 찾아냈다. 그러나 끔찍하게 거친 방법으로 유적을 발굴했고, 많은 것이 소실되었다. 독일의 학자들이 그리스와 메소포타미아에서 고고학 발굴을 과학적 학문의 영역으로 올려놓은 것은 그로부터 반세기가 지나서였다.('챕터 20' 참조)

레이어드는 참으로 이해하기 힘든 사람이었다. 그 어떤 기준으로 보더라도, 흥미로운 발견과 보물을 찾으려고 무자비하게 서둘러 유적을 판 사람이었다. 유럽의 조력자 한두 사람, 그리고 지역 일꾼 수백 명을 동원해 도시 전체를 팠다. 궁극적으로 레이어드가 신경 쓴 것이라곤 자신의 명성과, 영국박물관에 전시할 깜짝 놀랄 만한 아시리아 유물이었다. 다만 현지인들을 대하는 능력은 뛰어나서 많은 지역민과 친하게 지냈다. 이는 초기 고고학자에게서 찾기 힘든 재주였다.

레이어드는 유창한 글 솜씨와 능란한 묘사의 재능을 보인 고고학자였지만 궁극적으로는 한 사람의 탐험가였다. 그러나 성경 속의 아시리아에 관심을 집중시켰고, 구약성서의 상당 부분이 역사적 사건에 근거한 기록임을 보여주었다. 곧이어 설형문자가 해독되자 레이어드의 발견은 더욱 중요해졌다.('챕터 5' 참조) 레이어드는 힘든 발굴 작업에 지친데다 재정 지원까지 받지 못하자 서른여섯의 나이에 고고학을 포기하고 말았다. 그러곤 마음을 바꿔 정치인, 그리고 외교관이 되었다. 다른 문화의 사람들을 잘 다루는 자신의 전문 기술을 활용한 직업이었다. 나중에는 당시 유럽에서 가장 중요한 외교직이었던 콘스탄티노플의 영국 대사가 되었다. 고고학자이자 탐험가로서 나쁘지 않은 생애를 보냈다.

고고학의 역사

CHAPTER 5

점토판과 땅굴 파기

    1840년대에도 고고학은 그저 잃어버린 문명을 찾아 유적을 파는 것 이상이었다. 레이어드는 님루드와 니네베에서 놀라운 발견을 했다. 그러나 레이어드는, 이를테면 양손 가운데 하나를 등 뒤로 묶은 채 일한 셈이었다. 아시리아 궁전 벽의 눈부신 조각들과 같이 확인된 설형문자를 읽을 줄 몰랐다. 전투에 나가 도시를 포위하고 사람 머리를 한 사자를 궁전 문 앞에 세운 강력한 왕은 누구였는가? 젊은 발굴가는 그 질문을 알고 있었지만 고대 언어에 대한 전문 지식이 전혀 없었다. 벽에 있는 명문과 발굴 트렌치에서 나오는 점토판에 새겨진 작은 글씨를 읽을 수 있는 사람이 필요했다. 처음 출간한 책 『니네베와 그 유적들』에서는 님루드가 고대의 니네베라고 생각했다. 그러나 그것은 상상일 뿐이었고,

곧 잘못임이 드러났다.

바그다드의 영국 외교관 헨리 롤린슨Henry Creswicke Rawlinson
(1810~1895)은 레이어드와 함께 쿠윤지크와 님루드를 조사하는 데
마음을 쏟은 사람이었다. 롤린슨은 놀라운 기수이자 사격의 명
수, 그리고 재능 있는 언어학자였다. 열일곱 살 때 인도군에 들어
가 뭄바이의 근위병 장교로 근무했으며, 힌디어와 페르시아어 등
여러 외국어를 열심히 익혔다.

1833년 롤린슨은 케르만샤Kermanshah라는 쿠르드족의 소도시
에 있는 군사기지에 배속되었다. 그리고 여기서 시간을 내어 말을
타고 베히스툰Behistun에 있는 '위대한 바위Great Rock'로 갔다. 페르
시아의 다리우스Darius 대왕(서기전 550~서기전 486)은 베히스툰의 부드
럽게 닳은 암벽 111제곱미터에 거대한 부조를 조각하게 했다. 그
리하여 서기전 522년 왕위를 넘본 경쟁자 가우마타Gaumata와 싸워
승리를 거둔 다리우스 왕이 땅 위에서 90미터 높이로 웅장하게
서 있다. 고대 페르시아어, 엘람어(이란 동남부에서 쓰였던 언어), 바빌로
니아어 등 세 가지 언어의 명문이 조각되어 다리우스 왕의 승리
를 알리고 있는 것이다.

이전 사람들처럼 롤린슨도 석회암 벼랑에 새겨져 실제로 접
근하기가 매우 어려운 이 명문이 메소포타미아의 로제타석임을
알고 있었다. 고대 페르시아어 문자는 음소문자였고, 1802년에
해독되었다. 롤린슨은 가파른 벽을 올라가 페르시아어로 새겨진
부분을 모사했다. 그러나 바빌로니아어와 엘람어 문자는 깊이 파
인 곳에 있었다. 롤린슨은 임시변통으로 발판을 만들어 죽음을

무릅쓰고 공중 높은 곳에서 엘람어 문자를 베꼈다.

　그러나 롤린슨이 맡은 군사 임무는 막중해서 문자에 매달릴 시간이 많지 않았다. 1843년 바그다드에서 외교관직을 얻을 때까지 조사는 지체되었다. 새로운 직책을 맡은 뒤에야 롤린슨은 설형문자를 연구하고, 더 정확한 베히스툰 사본을 만들 수 있었다. 설형문자에 관심을 갖고 있는 사람들과도 교류했다. 이 가운데 주목할 만한 사람으로는 아일랜드의 시골 성직자 에드워드 힝크스Edward Hincks와 프랑스어-독일어 언어학자 율스 오페르Jules Oppert가 있었다. 이들 셋이 설형문자 해독의 토대를 마련했다.

　1847년에 돌파구가 열렸다. 롤린슨은 베히스툰에 세 번째로 들어가 접근할 수 없는 곳에 있던 바빌로니아어 문자의 사본을 떴다. 산양과도 같이 민첩한 어린 쿠르드인이 고정못에 연결한 밧줄에 매달려 암벽을 타고 들어갔다. 소년은 마침내 걸터앉을 자리를 만들고, 젖은 종이를 문자 위에 조심스럽게 눌렀다. 종이가 마르면서 굴곡이 생겼고, 그것으로 부호를 모사할 수 있었다. 이렇게 하여 롤린슨은 그곳에 새겨진 문자 전체를 확보하고 페르시아어로 쓰인 부분을 이용하여 바빌로니아 문자를 해독할 수 있게 되었다.

　롤린슨의 연구는 쿠윤지크와 니네베에서 레이어드가 찾은 명문으로까지 확장되었다. 롤린슨은 쿠윤지크의 세나케리브 왕의 궁전 벽에 있는 부조를 자세히 들여다보고, 성을 둘러싸고 도시를 정복하는 장면을 확인했다. 거대한 아시리아 군대가 성벽 앞에 진을 치고 있다. 군사들은 요새를 뚫기 위해 공격한다. 격렬한 저항에도 도시는 무너진다. 세나케리브 왕은 싸움에 진 사람들의 운명을 판결하고, 패배자들은 노예가 된다. 롤린슨은 딸려 있는 명문을 '세나케리브, 전능한 왕, 아시리아의 왕, 옥좌에 앉아 있는 때 라키시Lachish의 전리품이 들어온다'라고 읽을 수 있었다. 이것은 놀라운 일이었다. 서기전 700년의 라키시 포위는 성경의 열왕기에 수록되어 있었던 것이다.

아시리아 궁전의 부조된 벽들이 영국박물관에 도착하자 런던 시민이 모여들었다. 그 벽들은 아직도 박물관에 전시되어 있어 가볼 만하다. 이 모든 발견으로 성서가 학교에서 주된 가르침이던 시절 고고학에 대한 대중의 관심이 아주 높아졌다.

롤린슨은 다른 사람들에게도 메소포타미아 남부에서 발굴을 해보라고 격려했다. 그 사람들 중에 남부 바스라의 외교관이었던 테일러J. E. Taylor도 있었다. 롤린슨은 성서에 나온 도시일 가능성이 있는 곳으로 테일러를 보냈다. 그중 하나가 유프라테스 강이 자주 범람하는 안나시리야An Nasiriyah라는 소도시 근처의 낮은 마운드였다. 테일러는 여기서 명문이 새겨진 원기둥을 찾았고, 롤린슨은 그 지역 사람들이 무카이야르Muqayyar라고 부르는 그곳이 창세기의 아브라함과 연관되어 있는 칼데아 왕조의 도시 우르Ur임을 알아보았다.('챕터 20' 참조) 북부의 도시와 비교하여 메소포타미아 남부의 도시에서는 발굴법이 극적으로 진전되기까지 그리 놀라운 발견이 이루어지지 않았다. 불에 굽지 않은 흙벽돌은 쉽게 바스러져서 유적을 파는 사람들이 다루기 힘들었다.

1852년 영국박물관은 롤린슨의 감독 아래 발굴 현장 관리자

고고학의 역사

로 호르무즈드 라삼을 임명했다. 라삼은 그 지역에 연고가 있는 아시리아인으로, 레이어드의 조수로 일한 적이 있었다.('챕터 4' 참조) 라삼은 야심만만했고, 무자비했으며, 교활했고, 자주 다투었다. 위대한 고고학자로 명성을 쌓고 싶어 한 라삼은 훌륭한 발견을 통해 성공의 길로 가고자 했다. 쿠윤지크에서 작업을 재개할 때는 프랑스에 할당된 지역을 발굴하기 위해 비밀스럽게 밤에 작업하기도 했다. 결국 굴을 파서 아시리아 왕이 마차 위에서 사자를 사냥하는 부조를 찾아냈다. 마침내 관중이 환호하고 암사자가 죽는, 세심하게 계획된 왕의 사자 사냥의 전모가 드러났다. 라키시 포위 장면과 마찬가지로 오늘날 우리는 영국박물관에서 이 사냥 장면을 바로 가까이에서 볼 수 있다.

불행히도 라삼의 궁전 발굴은 너무 거칠고 성급했다. 건물의 그림들 중 몇 개만 살아남았다. 그림은 재능 있는 화가 윌리엄 부처William Boutcher가 그렸다. 롤린슨은 부조들을 프랑스와 프로이센의 왕 프리드리히 빌헬름 4세Friedrich Wilhelm IV에게 보내도록 나누었다. 프랑스인들은 유물 상자 235개를 파리의 루브르 박물관으로 가도록 꾸렸다. 프랑스로 향하는 상자와 베를린으로 가는 것은 염소 가죽으로 떠받친 뗏목에 실려 강 하류로 내려갔다. 그런데 바그다드 남쪽에서 부족민이 뗏목을 습격하여 약탈하고 상자들을 티그리스 강에 빠뜨리고 뱃사람 몇 명을 살해했다. 결국 니네베의 상류 코르사바드에서 프랑스가 발굴한 유물 중 상자 두 개만 파리에 도착했다. 다행히도 사자를 사냥하는 부분은 다른 배에 실려 안전하게 런던에 도착했다.

헨리 롤린슨은 1855년에 바그다드를 떠났다. 그 뒤 인도 문제에 활발히 관여하고 영국박물관을 자주 찾았다. 박물관은 아시리아 유적 발굴을 더 이상 후원하지 않기로 결정했다. 너무나 많은 부조가 발견되었고, 런던에는 이미 너무 많은 아시리아 왕이 들어와 있었던 것이다. 영국과 프랑스, 러시아 간에 벌어진 크림 전쟁(1853~1856년)을 거치면서 대중의 관심도 가라앉았다. 몇몇 학자만 레이어드와 라삼 등이 메소포타미아에서 실어왔거나 불법적인 발굴에서 구입한 수백 개의 점토판에 관심을 가질 뿐이었다.

라삼이 쿠윤지크에서 사자 방의 바닥에 있는 유물을 들어냈을 때 거대한 점토판 저장고가 드러났다. 그런데 별로 중요하게 여기지 않고 성급히 상자에 담아놓았다. 도대체 얼마나 많은 잘못을 저질렀는가? 이미 3년 전에 레이어드가 작은 방 두 개에서 아슈르바니팔Ashurbanipal 왕의 기록관을 발견한 적이 있었다.('챕터 4' 참조) 라삼이 그 나머지를 찾아낸 것이었다. 사자 방의 천장이 무너지면서 점토판들이 바닥으로 떨어져 있었다. 거기에는 행정과 종교에 관련된 자료뿐 아니라 전쟁 기록까지 망라되어 있었다. 점토판 하나에는 왕이 어떻게 관리에게 명령하여 왕국 전역에서 점토판을 수집하게 했는지가 기록되어 있다. 150년이 지난 지금도 아슈르바니팔의 기록관에서 나온 무려 18만 개의 점토판이 해독되고 있는 중이다. 점토판에는 고대 아시리아 전체에 대한 사전을 엮을 수 있을 만큼 충분한 정보가 담겨 있다.

아시리아 연구는 야외 현장에서 시작되었고, 이제 박물관과 도서관으로 중심이 옮겨졌다. 설형문자를 연구하는 몇몇 학자는 아슈르바니팔 기록관에서 나온 점토판을 세세히 살폈다. 사전이나 문법도 없이 비좁은 방에서 연구한 사람들 중에 조지 스미스 George Smith(1840~1876)도 있었다. 스미스는 어린 시절 롤린슨의 연구기록을 읽고 설형문자에 열정을 가진, 조용하고 수줍음 많은 판화 견습생이었다.

1872년이 되자 스미스는 많은 점토판을 범주에 따라 분류할 수 있었다. 그중 하나는 '신화'였다. 어느 날 마주한 반쪽짜리 점토판에 산 위의 배가 언급되고, 비둘기를 날려 영원히 잠들 자리를 찾고 다시 돌아오게 한다는 내용이 있었다. 스미스는 단번에 창세기의 홍수 이야기를 떠올렸다. 성서를 읽은 사람이라면 낯익은 이야기였다. 방주에 동물을 싣고 대홍수에서 살아남은 노아는 땅을 찾아 비둘기 한 마리와 까마귀 한 마리를 보냈다. 그렇게 노아와 방주는 인류를 파멸로부터 구했다는 것이다. 침착한 성격이었지만 스미스는 방 안을 뛰어다니며 기뻐했다.

1872년 12월 3일, 조지 스미스는 당시 성서를 연구하기 위해 고대 유적 발굴에 관심을 가졌던 단체인 성서고고학회에서 발굴 결과를 발표했다. 윌리엄 글래드스턴William Gladstone 총리도 참석한 자리였다. 이 발표는 대성공이었다. 스미스는 성경 기록과 놀랍도록 비슷한 이야기의 중요한 부분을 번역하여 보여주었다. 그리고 훨씬 이전의 신화까지 거슬러 올라갈 수 있을 거라고 생각했다. 이야기는 『길가메시 서사시The Epic of Gilgamesh』라는 초기 메소포타미아의 고전 문헌 중 일부였다. 성서보다 훨씬 앞선 서기전 2600년 즈음 우르크Uruk라는 도시의 왕이었던 길가메시는 영생을 찾아 장대한 여행을 떠났지만, 결국 찾지 못하고 말았다.

홍수 이야기를 담은 점토판은 성서가 사실임을 증명하는 듯했다. 〈데일리 텔레그래프 *Daily Telegraph*〉는 이야기의 공백을 메우기 위해 니네베에서 스미스의 주도 아래 새로운 발굴 조사가 이루어지도록 영국박물관에 1,000기니를 제공했다. 놀랍게도 스미스는 쿠윤지크에서 발굴을 시작한 지 1주일 만에 레이어드가 버린 쓰레기 더미에서 홍수의 시작을 언급한 열일곱 줄의 중요한 기록을 찾아냈다.

한 달 만에 스미스가 돌아왔다. 그러나 넉 달 뒤 영국박물관은 스미스를 다시 보내 아시리아 궁전의 기록관에서 더 많은 유물을 찾게 했다. 스미스는 석 달 만에 점토판을 3,000점이나 수습했다. 주로 레이어드가 벽을 따라 굴을 팠던 방들의 내용물을 발굴한 결과였다. 때때로 이 작업에 600명을 동원했다. 그러다 스미스는 1876년 세 번째 여행에서 돌아오다가 위장 감염으로 세상을 떠났다. 영국박물관으로서는 커다란 손실이었다.

쿠윤지크 발굴은 호르무즈드 라삼의 지도하에 재개되었다. 조사단은 궁전 방들의 바닥을 정리하면서 더 많은 점토판을 수습했다. 점토 원통 하나에는 아슈르바니팔 왕의 정복 기록이 1,300줄이나 되었다. 라삼은 바빌론으로 자리를 옮겼으나 레이어드와 마찬가지로 너무 거친 방법으로 팠기 때문에 불에 굽지 않은 벽돌로 지어진 궁전의 벽을 찾기는 힘들었다.

라삼은 유적에서 유적으로 바쁘게 돌아다니다가 결국 아부하바 Abu Habbah로 향했다. 그곳은 과거에 시파르 Sippar라고 불린 고대 도시로, 대략 170개의 방에서 무려 7만 개의 점토판이 수습되었다. 점토판 하나에는 나보니두스Nabonidus라는 바빌론의 왕이 어떻게 고고학에 관심을 가지고 이전 왕들의 도시를 발굴했는지도 기록되어 있었다. 그런데 라삼이 영국으로 떠난 후 장사치들이 들어와 유럽 전역의 박물관들이 점토판을 사기 위해 서로 경쟁하듯 다투는 꼴사나운 혼돈 상태를 만들었다. 이로써 점토판들은 헤아릴 수 없을 만큼 훼손되었다.

레이어드, 라삼, 롤린슨은 외딴곳에서 부족들 사이에 불안한 정쟁이 벌어지는 상황에서 일한 선구자였다. 그러나 이는 주의 깊은 계획 없이 서로 난투를 벌이는 보물 찾기의 고고학이었을 뿐이다. 다만 그 결과 구약성서의 기록 중 상당 부분이 검증되었고, 고대 도시들을 역사 기록 안에 확고히 집어넣기도 했다. 당시 고고학은 걸음마 단계였고, 여러 고고학자가 발굴자였던 만큼 또한 기회주의자였다. 그럼에도 몇몇은 해당 분야에서 큰 자취를 남겼다. 이후 세대의 전문 고고학자들은 이 사람들의 드넓은 어깨 위에 올라서 있다고 할 수 있다.

CHAPTER 6

마야 문명이 드러나다

1840년, 온두라스 코판Copán. 원숭이들이 나무를 탄다. 나뭇가지가 부러지면서 날카로운 소리가 조용한 숲을 가르고 강 건너 버려진 도시의 적막을 깬다. 과거에 이 수수께끼 같은 폐허에 살았던 미지의 사람들의 영혼과도 같이 원숭이 40~50마리가 열을 지어 움직인다. 숲 너머로 높은 피라미드가 솟아 있다.

미국의 여행가이자 변호사인 존 로이드 스티븐스John Lloyd Stephens(1805~1852)와 재능 있는 영국 화가 프레더릭 캐더우드Frederick Catherwood(1799~1854)는 고대 마야의 건축물을 처음 본 순간 얼어붙었다. 둘은 덤불숲을 헤치고 잘 깎아 세워진 돌들 사이를 비틀거리며 걸었다. 이런 건축과 예술품은 어디에서도 본 적이 없었다.

두 사람 모두 탐험을 한 적이 있었다. 미국 뉴저지 주에서 태어난 스티븐스는 열세 살 때 컬럼비아 대학에 들어가 1822년에 최우등생으로 졸업했다. 전공은 법학이었지만, 정치와 여행을 좋아했다.

스티븐스는 경험을 쌓으려고 피츠버그, 그리고 그 너머까지 여행을 떠났다. 1834년에는 2년간 탐험을 떠났는데 유럽을 가로질러 폴란드와 러시아까지 들어갔다. 그런 다음 나일 강 유역과 예루살렘까지 탐험했다. 또한 당시 아주 외지고 위험한 지역이었던 페트라Petra를 찾아갔다. 그러고는 바위를 깎아 만든 신전과 낙타 캐러밴의 도시에 열광했다. 페트라에서 보낸 경험으로 스티븐스는 하룻밤 사이 고대 문명에 열정을 갖게 되었다.

타고난 이야기꾼이었던 스티븐스는 가족에게 여행 편지를 썼다. 그중 몇몇은 뉴욕의 신문에 실렸고, 많은 사람이 즐겨 읽었다. 그리고『여행에서 마주친 일들 Incidents of Travel』이라는 책 두 권을 출간했다. 한 권은 이집트와 성스러운 땅에 대해, 다른 한 권은 폴란드, 터키, 러시아에 대해 쓴 것이었다. 스티븐스는 직설적이고 흥미롭게 글을 썼으며, 사람들과 장소를 통찰력 있게 관찰했다. 두 책 모두 베스트셀러가 되었고, 스티븐스는 일급 여행 작가의 반열에 올랐다.

스티븐스는 동료 작가의 소개로 프레더릭 캐더우드를 만났다. 런던에서 태어난 캐더우드는 훌륭한 예술적 재능을 갖고 있었다. 특히 1821년 이탈리아를 방문했을 때 이런 재능이 주목을 받았다. 캐더우드는 스티븐스와 마찬가지로 지칠 줄 모르는 방랑자였다. 1822년에서 1835년 사이에 캐더우드는 서아시아를 폭넓게 여행했다. 이집트에서 수많은 유적을 답사하고 연구한 적이 있는 여행가 로버트 헤이Robert Hay와 같이 일했다. 예루살렘을 방문해서 그동안 거의 접근할 수 없었던 11세기 이슬람 바위 사원의 장식 지붕을 그리기도 했다. 이때 캐더우드는 기본적으로 지붕의 이미지를 비춰 화판에 반사해주는 거울이라고 할 수 있는 카메라 루시다(반투명이사기)를 사용했다.

런던으로 돌아온 캐더우드는 예루살렘의 거대한 파노라마 전경을 만들었는데, 사람들에게 인기가 있었다. 스티븐스와 캐더우드는 1836년 이 전시회에서 처음으로 만났다. 그해 후반 캐더우드는 파노라마 전경을 뉴욕으로 가져와 건축가로서 사업을 시작했다. 그 무렵부터 두 사람은 친구가 되어 모험과 고대 문명에 대한 열정을 나누었다. 냉정해 보이는 캐더우드는 스티븐스와 전혀 다른 성품을 갖고 있었다.

새로운 기회를 끊임없이 찾던 화가 캐더우드는 두 권의 잘 알려져 있지 않은 발간물에서 중앙아메리카의 밀림 속 미스터리 같은 유허를 묘사한 것을 보고 스티븐스와 함께 흥미를 느꼈다. 두 사람은 나중에 같이 가보기로 했다. 다행히도 스티븐스의 발간이 성공적이었듯 캐더우드는 건축과 전시로 여행을 할 수 있을 만큼 큰돈을 벌었다. 좀 더 수월하게 여행하기 위해 스티븐스는 중앙아메리카의 미국 외교관직을 얻어냈다. 1839년 10월 3일, 두 사람은 뉴욕을 떠나 벨리즈라는 작고 외딴 해안 도시로 갔다(지금은 같은 이름의 나라다). 거기서 코판이라는 곳에 있는 폐허를 향해 내륙 여행을 시작했다.

유카탄 반도의 빽빽한 숲을 여행하기는 힘들었다. 정치적 상황도 혼란스러웠다. 노새는 좁은 길에서 진흙탕에 빠졌다. 코판의 한 마을에 마침내 도착했을 때는 무너져가는 오두막 여섯 채 정도만 남아 있었다. 다음 날 두 사람은 안내자의 도움을 받아 들판과 밀림을 가로질러 강안으로 향했다. 두 여행자의 눈에 강 반대편에 있는 마야 도시의 벽이 들어왔다.

스티븐스와 캐더우드는 무엇이 있을지 모르는 채로 이곳에 왔다. 두 사람은 말을 타고 강을 건너 테라스와 피라미드가 단지를 이루고 있는 곳에 서게 되었다. 예기치 않게 정교한 상형문자가 뚜렷이 부조되어 있는 네모난 돌기둥을 마주했다. 코판의 건축과 미술 양식은 틀림없이 지중해 세계의 그 어떤 것과도 달랐다. 잡초와 나무가 무성했지만, 피라미드도 있고 중간에 구획된 공간과 광장도 있었다. 스투코(회반죽 같은 화장 도료)로 정교한 상형문자를 새겨 건물을 덮었고, 풍부하게 장식된 기둥(석주)도 줄지어 있었다. 코판의 중앙 광장에는 (지배자의 초상이 묘사되어 있는) 돌기둥들이 행진을 하듯 서 있었다. 서로 중첩된 계단식 피라미드와 광장, 궁전이 도시의 핵심을 형성하고 있었다. 오늘날 '신전 16'이라 불리는 가장 높은 피라미드는 예전에 30미터 높이로 솟아 있었다고 한다.

스티븐스는 유적지를 뒤덮은 숲과 그 어느 로마의 원형경기장만큼 완벽한 광장에 감격하여 이렇게 썼다. '도시는 황량했다. 모든 것이 그저 미스터리다. 어둡고 불가해한 미스터리.' 이런 놀라운 기념물을 누가 세웠을까? 상형문자는 이집트 것과 사뭇 달랐으며, 지역 원주민은 코판을 누가 건설했는지 전혀 알지 못했다. 스티븐스는 난파선과도 비교했다. '그것은 부서진 나무껍질처럼 우리 앞에 놓여 있었다.' 두 사람은 나침반과 줄자를 이용해 고대 숲을 가로지르는 선과 함께 도시의 지도를 그렸다. 이것이 마야 유적의 첫 평면도였다. 메소포타미아에 갔던 레이어드와 달리 두 사람은 발굴을 하지 않았다. 다만 측량과 주의 깊은 관찰에 의지해 코판의 이야기를 전했다.

캐더우드는 자리를 잡고 정교하게 장식된 돌기둥과 부조를 스케치했다. 이는 사실 화가의 능력을 시험할 만한 복잡한 일이었다. 그러는 동안 스티븐스는 누가 코판을 건설했을지 곰곰이 생각했다. 곧 고대 이집트인이 한 일도 아니고, 몇 세기 전 대서양을 건넌 사람들의 것도 아님을 깨달았다. 아주 이국적이고 독특한 도시였던 것이다. 만약 유적 중 아주 일부만이라도 뉴욕으로 옮길 수 있다면, 대단한 전시를 할 수 있을 것이었다. 그런 생각을 한 스티븐스는 지역 소유자와 상당한 흥정 끝에 코판을 50달러에 샀다. 그러나 강에 바지선을 띄울 상황이 되지 못하는 바람에 실제로는 아무것도 옮기지 못하고 말았다. 미래의 고고학자들에게는 다행스러운 일이었다.

스티븐스는 코판에서 겨우 13일을 보냈지만, 캐더우드는 그보다 훨씬 오랫동안 머물렀다. 폭우 속에서도, 진흙에 무릎까지 빠지면서, 모기와 싸움을 벌이며 일했다. 강한 햇살이 비치지 않으면 부조가 잘 보이지도 않았다. 작업은 보통 일이 아니었다. 코판은 거의 3킬로미터까지 뻗어 있었고 세 곳의 주요 구획 공간과 피라미드, 신전들이 있었다.

스티븐스와 캐더우드는 과테말라시티에서 다시 만났다. 스티븐스는 외교관 경력을 쌓으려는 생각을 버렸다. 두 사람은 팔렌케Palenque로 알려진, 또 하나의 나무와 잡초가 무성한 도시를 탐사해보기로 했다. 멕시코 남부에 있는 팔렌케는 코판만큼 대단한 곳이라고 알려져 있었다. 두 사람은 아주 험난한 땅을 가로질러 여행을 떠났다. 이제 둘은 지역민들처럼 챙이 넓은 모자를 쓰고 낙낙한 옷을 입었다.

원주민 짐꾼 40명의 도움을 받았지만 여행의 마지막 단계는 끔찍했다. 밀림을 뚫고 들어가기가 너무나 어려웠다. 그렇게 마침내 팔렌케가 어렴풋이 눈에 들어왔다. 중심지는 코판보다 훨씬 작았다. 팔렌케는 서기 615년부터 683년까지 파칼Pacal 왕이 지배했고, 장례 기념관은 웅장한 명문의 신전Temple of the Inscriptions이었다. 왕은 신전 피라미드에 묻혔고, 1952년이 되어서야 발굴되었다.

스티븐스와 캐더우드는 파칼의 궁전에 캠프를 차렸다. 초를 켤 수 없을 만큼 습한 기후에서도 스티븐스는 반딧불에 비춰가며 신문을 읽고 그 시간을 즐겼다. 모기와 폭우에 시달리면서도 두 사람은 무성한 덤불에 가려 거의 보이지 않는 건물 사이를 더듬어가며 걸었다. 캐더우드가 스케치하는 동안 스티븐스는 엉성하게나마 사다리를 만들어 화가를 위해 궁전 벽을 깨끗이 치웠다. 두꺼운 벽과 잘 장식된 구조물이 몇 개의 구획 공간을 둘러싸고 있었으며, 길이는 91미터 정도였다. 둘은 몇 주에 걸쳐 거칠게나마 그림을 그렸지만, 습도와 벌레 때문에 하루빨리 떠나고 싶었다.

스티븐스는 팔렌케의 학술적 잠재력과 함께 돈도 벌 수 있을 것임을 잘 알고 있었다. 그래서 유적을 1,500달러 - 더 외딴곳이었던 코판의 50달러보다 엄청나게 많은 액수였다 - 에 사들이려 했다. 그러나 거래를 성사시키려면 지역 여성과 결혼해야 한다는 사실을 알고는 곧바로 포기해버렸다. 두 사람은 또 다른 마야의 도시인 욱스말Uxmal을 찾아 떠났다. 불행히도 이때 캐더우드는 심각한 열병을 앓았고, 그 훌륭한 유적에서 단 하루만 머물렀다.

1840년 7월, 두 사람은 뉴욕으로 돌아왔다. 스티븐스는 『중앙아메리카, 치아파스와 유카탄 여행에서 마주친 일들Incidents of Travel in Central America, Chiapas and Yucatan』이라는 책을 썼으며, 1년 뒤 베스트셀러가 되었다. 이야기를 쉽게 풀어쓰는 스티븐스의 글쓰기 재능이 잘 드러난 책이었다. 물론 여행기였지만, 스티븐스는 마야의 세 유적을 지역 원주민에 정통한 사람의 시각으로 묘사했다. 코판과 팔렌케, 욱스말을 건설한 사람들이 공통된 문화를 가졌음도 인지했다. 마야의 예술은 지중해 문명의 가장 훌륭한 작품과 비교해도 손색이 없었으며, 중앙아메리카 지역의 고유한 것이었다. 스티븐스는 원주민을 관찰하고 대화한 내용을 바탕으로 '내가 보았던 유적은 지역 마야인의 조상이 건설한 것이었다'고 분명하게 언급하며 책을 마무리했다.

스티븐스만 마야에 대한 글을 쓴 것은 아니었다. 스티븐스의 책이 출간되고 2년이 지난 1843년에 보스턴의 역사가 윌리엄 프레스콧William H. Prescott의 고전적 연구물인 『멕시코 정복Conquest of Mexico』이 출간되었다. 프레스콧은 스티븐스의 저술에 상당히 의

지했는데, 그만큼 스티븐스의 책이 많은 학자에게 널리 읽혔다.

캐더우드와 스티븐스는 뉴욕에 돌아온 지 불과 15개월이 지난 뒤 중앙아메리카로 돌아가 욱스말에서 더 많은 시간을 보내기로 했다. 두 사람은 1841년 11월부터 1842년 1월까지 그 유적에 머물면서 지도를 그리고, 지표를 조사하고, 아마도 마야의 가장 아름다운 중심지를 그렸다. 욱스말은 신전 피라미드와 긴 궁전 건물로 유명하고, 서기 850년부터 925년까지 그 지역을 지배한 국가였다. 여전히 두 사람은 발굴을 하지 않았다. 지상에 드러난 유적의 주 건물에 집중할 뿐이었다. 캐더우드는 뉴욕에 돌아와 복제품을 만들 수 있을 정도로 가능한 한 정확한 기록을 남기기 위해 애썼다.

스티븐스는 열병을 앓았는데도 카바Kabah 같은 가까운 유적을 찾아갔다. 거기서 상형문자가 새겨진 몇 개의 나무 문틀을 수습하여 나중에 뉴욕으로 가져오기도 했다. 그리고 가벼운 짐만 꾸려 유카탄을 가로질러 말을 타고 여행했다. '위대한 성El Castillo'이라 불리는 계단식 피라미드와 거대한 경기장으로 유명한 치첸이트사Chichén Itzá에서는 18일간 머물렀다. 그동안 지역 학자들과 만나 귀중한 역사적 정보를 얻었다.

캐더우드와 스티븐스는 최초의 스페인 탐험가들이 주목했던 코수멜Cozumel과 툴룸Tulum에도 가보았는데, 모기떼 말고는 별다른 것이 없었다. 그리고 나서 두 여행가는 1842년 6월에 뉴욕으로 돌아왔다. 스티븐스의 『유카탄 여행에서 마주친 일 Incidents of Travel in Yucatan』이라는 또 하나의 베스트셀러는 그로부터 9개월 뒤에 출간되었다. 이 책의 마지막 장에서 스티븐스는 지역 원주민이 마야 유적을 세웠고, 스페인 정복 때까지 번성했다고 다시 한 번 확신했다. 이후 모든 마야 연구는 스티븐스의 솔직담백한 결론에 토대를 둔 것이다.

이것으로 두 사람의 고고학 탐험은 끝이 났다. 이들은 중앙아메리카에 돌아와 철도 건설에도 기여했다. 그런 뒤 말라리아에 걸려 그곳을 떠났다. 스티븐스는 오랫동안 열대지방의 열병에 시달리다가 1852년 뉴욕에서 숨을 거두었다. 캐더우드는 2년 뒤 뉴펀들랜드 앞바다에서 선박 충돌 사고로 세상을 떠났다.

두 사람이 글과 스케치로 기록을 남긴 뒤 40년이 지나서야 탐사했던 유적에 대해 학문적 작업이 이루어졌다. 오스틴 레이어드처럼 존 스티븐스도 그저 묘사하고 기록하는 데 만족했으며, 발굴은 후세의 일로 놓아두었다. 여행에 어려움을 겪은 것은 차치하고라도, 유적을 발굴할 재원도 없었지만 어쨌든 여행기를 썼다.

고대 마야 문명은 15세기에 스페인 사람들이 들어온 이후 덤불 속에 묻혔다. 하지만 팔렌케 등 위대한 도시를 건설한 사람들의 후손들은 오늘날에도 여전히 고대의 전통 의례 같은 마야 문화의 많은 요소를 유지하고 있다. 캐더우드와 스티븐스는 스케치와 출판물로 마야 문명이 결코 다시 한 번 역사적 망각 속으로 사라지지 않도록 했던 것이다.

CHAPTER 7

주먹도끼와 코끼리

창세기에 따르면 '태초에 신은 하늘과 땅을 만들었다'. 여섯 날 만에 이 일을 마친 다음 '살아 있는 존재'로 사람을 만들었다. 신은 맨 처음 만든 인간을 에덴의 동산에 살게 했다. 에덴에는 네 강이 흘렀는데, 그중 두 개가 '강 사이의 땅'이라는 뜻을 가진 메소포타미아의 유프라테스와 티그리스다.

그렇다면 인간은 얼마나 오래되었을까? 세상은 또 얼마나 오랫동안 존재했을까?

200년 전 기독교의 가르침은 구약성서에 나오는 창조 신화를 실제 역사로 간주했으며, 기록을 계산하여 서기전 4004년에 창조가 일어났다고 보았다. 이와 다른 생각을 말하는 것은 기독교 신앙에 도전하는, 심각한 공격으로 치부되었다.

그러나 이런 계산에는 커다란 문제가 있었다. 정말 인류의 역사는 기껏 6,000년이라는 시간밖에 되지 않았을까?

16세기에 들어서면서 학자들은 인류의 기원에 대한 역사에 문제가 있음을 점점 인지했다. 유럽 전역의 호고가들은 가끔씩 경작 도중 발견되는 석기들에 흥미를 느꼈다. 그렇지만 많은 이는 벼락을 맞아 생긴 자연물이라고 생각했다. 그런 뒤 존 프레어 John Frere(1740~1807)가 나타나 모든 것을 바꿔놓았다.

영국의 지주 존 프레어는 케임브리지 대학 출신으로 본래 수학을 공부하여 어느 정도 성공을 거둔 사람이었다. 서픽Suffolk의 주 장관을 지냈고 1799년부터 1802년까지 의회의원으로도 활동했다. 그렇지만 나중에는 지질학(돌과 흙에 대한 연구)과 고고학에 주된 관심을 가졌다. 정치 및 사회관계가 훌륭했기에 왕립학회Royal Society와 런던 호고가협회Society of Antiquaries of London의 회원으로 선출되기도 했다. 둘 다 당시로서는 영향력 있는 지식인들의 모임이었다. 프레어는 모든 면에서 매력이 넘쳤다. 그리고 자신의 집이 있는 영국 동부 노픽의 로이던홀Roydon Hall 주변의 땅에 깊은 호기심을 가지고 있었다.

1797년 프레어의 집에서 8킬로미터쯤 떨어진 작은 마을 혹슨Hoxne에서 벽돌을 만들려고 구덩이를 파고 점토를 채취하던 일꾼들이 돌도끼와 커다란 동물의 뼈를 발견했다. 프레어는 말을 타고 가 조심스럽게 땅을 파 들어가 메마른 흙의 층 사이에서 더 많은 (주먹)도끼, 그리고 오래전에 멸종된 '코끼리'*의 뼈를 찾아냈다.

고고학의 역사

이것이 아주 특별한 발견임을 직감한 프레어는 대부분의 호고가들이 그러했듯이 런던 호고가협회에 짧은 서신을 보냈다. 당시 협회 회원들은 과거에 대한 관심이 지대했다. 관습대로 1797년 6월 22일 프레어의 짧은 보고서는 회원들 앞에서 큰 소리로 낭독되었으며, 3년 뒤 발간되었다. 그저 하찮은 일이라고 여길 수도 있지만, 프레어가 쓴 내용은 가히 기념비적인 일이었다. 프레어는 유물을 '금속을 사용하지 않은 사람들이 만들고 사용한 전쟁 무기'라고 묘사했다. 당시 대부분의 동료 회원들도 고대 영국인이 금속을 사용하지 않았다고 믿었기 때문에 그 정도로는 그리 놀랄 만한 일이 아니었을지도 모른다. 그런데 보고서의 다음 내용은 무척 주목할 만했다. '이런 무기들이 발견된 정황을 보면 우리는 아주 먼 시기, 심지어 현세를 넘어가는 시기까지 그 기원을 추적해볼 수 있다는 유혹을 느낀다.'

프레어의 기록은 당시의 종교적 가르침과 근본적으로 어긋나는 것이었다. 호고가협회에는 날벼락과도 같은 것임에 틀림없었다. 많은 이가 성직자이기도 했던 회원들은 신중하고 존경받는 사람들이었다. 그리하여 아무 일 없이 프레어의 서신을 발간했고, 그냥 접어두었다. 그리고 존 프레어의 발견은 60년 동안이나 사장되고 말았다.

혹슨에서의 발견 전에도 유럽에서 사람이 만든 석기와 함께 코끼리의 뼈가 나온 적이 몇 번 있었다. 19세기에 유럽에서 코끼

---

* 실제로는 매머드의 뼈로, 당시에는 멸종된 코끼리로 여겼다.

리가 살았을 리가 없었기 때문에 그런 발견은 놀라운 일이었다. 더 많은 코끼리 뼈와 석기가 발견되면서 유럽에서는 금속기를 사용하기 오래전부터 사람이 살았으며 이미 멸종한 동물들과 함께 살았음이 점점 더 명확해졌다. 사람들이 멸종된 동물들을 사냥했음도 분명했다. 그렇다면 성서에 기록된 6,000년 전의 창조 시점 이전에 사람이 살았단 말인가?

6,000년이라는 시간 동안 그 모든 일이 일어났다고 보기엔 너무 빡빡해졌다. 예를 들어 에이브버리와 스톤헨지에서 보이는 수수께끼 같은 환상열석은 어떻게 설명할 수 있단 말인가? 환상열석은 2,000년 전 로마 장군 율리우스 카이사르Julius Caesar가 영국을 침략했을 때도 이미 그 자리에 있었다. 사람들은 당시까지 상상해보지 못한 문제를 생각하게 되었다. '신의 창조 이전에 사람이 살지 않았을까?' 기독교의 가르침에 따르면 이런 생각은 무책임하면서도 죄악시되는 것이었다.

우리는 고고학을 단순히 오래전 인간 사회에 대한 연구라고 생각하는 경향이 있다. 하지만 이토록 좁은 시각은 잘못된 것이다. 그저 고고학 발굴과 유물만으로 과거를 복원할 수는 없다. 고고학은 생물학이나 지질학 같은 다른 학문과 함께 발달했다. 인간의 기원 같은 어려운 주제를 마주할 때는 여러 학문의 연구자들이 머리를 맞댔다. 동물 화석과 지질학을 모른 채 인류의 기원을 이해할 방도는 없었다. 서기전 4004년 이전에도 사람이 살았음을 보여주려면 돌과 흙층에서 오래전 멸종동물과 사람이 같이 살았다는 증거가 필요했던 것이다.

지질학과 종교는 날카롭게 충돌했다. 기독교의 가르침에 따르면 신은 일련의 신성한 행위를 통해 지층들을 창조했다. 몇 번의 창조가 있었고, 그사이에 카타스트로프(대재앙)도 있었다. 그런 대재앙 중에서 어떤 것은 동물의 멸종을 불러왔으며, 그중 가장 나중에 일어난 사건이 노아의 홍수였다. 성서에 따르면 사람과 멸종동물은 서로 아무런 관계도 없다. 그럼에도 고고학이 성장하면서 아주 오래된 지질층에서 사람과 멸종동물이 공존했다는 증거가 적지 않게 나온 것이다.

존 프레어가 혹슨에서 주먹도끼와 '코끼리' 뼈를 발견한 때는 영국이 급변하는 시기였다. 도시가 급속히 성장했다. 운하를 비롯한 대규모 건설 작업으로 여기저기에서 아주 깊은 지질 퇴적층이 노출되었다. 호고가협회는 프레어의 업적을 외면했지만, 윌리엄 스미스William Smith(1769~1839)라는 평범한 운하 전문가는 전원지역을 관통하는 물길을 계획하면서 세심하게 땅을 관찰했다. 그러곤 지질학에 커다란 변화를 몰고 왔다. 스미스는 아주 긴 거리에 걸쳐 퇴적층의 지도를 그렸다. 그리하여 퇴적층의 연쇄를 판단했다. 이로써 아주 오랜 시간 동안 형성된 것임이 분명해졌다. 스미스의 지질층 형성에 대한 열정은 다른 사람에게도 퍼졌다. 그리고 이내 '스트라타 스미스Strata Smith'('strata'는 흙의 층이나 단을 뜻하는 지질 용어다)라는 별명으로 불렸다.

이 주목할 만한 지질학자는 열정적인 화석 수집가이기도 했다. 지질 퇴적에 대한 광범위한 경험을 바탕으로 많은 퇴적층에는 서로 다른 독특한 화석이 있음을 깨달았으며, 화석의 변화가 시간의 흐름에 따른 변화를 비추어주고 있음도 알았다. 이것이야말로 세상을 보는 전혀 다른 방법이었다. 갑작스런 카타스트로프도, 극적인 신의 행위가 있었다는 증거도 없었다. 신이 갑자기 아주 복잡한 층을 만들었다고 생각하기에는 갈수록 더 어려워졌다. 비가 오고, 홍수가 나고, 바람에 모래가 날리는, 또는 지진 같은 자연 과정으로 형성된 것이 점점 확실해졌다.

이로써 새로운 과학적 학설, 곧 '동일과정설uniformitarianism'이 등장한다. 새로운 학설은 과거에 지구를 만들었던 점진적 지질 요인과 동일한 과정이 지금도 작동하고 있다고 본다. 우리가 알고 있는 이 땅은 아주 오랜 과거로부터 일정한 변화의 과정이 연속되어 형성되었다는 것이다.

영국의 유명한 지질학자 찰스 라이엘Sir Charles Lyell(1797~1875)은 스미스의 유산에서 더 나아갔다. 라이엘은 유럽 전역에서 지질 연쇄를 연구하고, 19세기의 과학 고전 중 하나를 집필했다. 1830년에 출간한 『지질학 원론Principles of Geology』은 지질 변화를 현재에도 그대로 작용하고 있는 자연 과정으로 형성되었다고 설명했다. 이로써 사람이 6,000년보다 훨씬 더 오래전에 기원했다는 주장이 가능해졌다. 그러나 교회는 여전히 강력했고, 라이엘은 책에서 인간의 기원이라는 가시 돋친 이슈를 건드리지 않으려고 조심했다.

다른 많은 위대한 과학적 발전과 마찬가지로 라이엘의 눈부신 연구는 다른 분야의 현장 연구자들에게 영향을 주었다. 그중에는 젊은 생물학자 찰스 다윈Charles Darwin(1809~1882)도 있었다. 다윈은 1831년부터 1836년까지 5년간 과학 연구 조사를 위해 비글호를 타고 여행하면서 『지질학 원론』을 읽었다. 다윈은 남아메리카에서 지각이 아주 오랜 시간 동안 형성되었음을 관찰했다. 화석을 수집하고 현대의 동물, 특히 새를 관찰하면서 '생물 종'이 점진적으로 변화했다는 생각을 하게 되었다. 이런 관찰을 바탕으로 진화와 자연선택이라는 혁명적 이론을 제시한 것이다.

동굴의 퇴적층에서도 동물 뼈가 발견되면서 멸종동물에 대한 관심이 높아졌다. 동굴 퇴적층 발굴은 오래전 멸종된 동물을 찾는 방법으로 유행하기도 했다. 벨기에와 프랑스에서는 멸종동물의 뼈와 함께 석기가 출토되기 시작했다. 가톨릭 신부 존 맥케너리John MacEnery(1797~1841)는 1825년과 1826년에 영국 서남부의 토키Torquay 근처에서 켄츠캐번Kents Cavern이라는 아주 큰 동굴을 발굴했다. 여기에서는 석기와 멸종된 하마 뼈가 석순층 아래의 층에 같이 묻혀 있었다. 맥케너리는 성직자임에도 6,000년보다 훨씬 이전부터 사람과 멸종된 동물이 같이 살았다는 확신을 갖게 되었다. 그러나 교회의 지도층 사람들은 동의하지 않았고, 심지어 후대 사람들이 깊은 층에 구덩이를 파서 동물 화석 옆에 석기를 두었다고 주장하는 사람도 있었다.

그럼에도 켄츠캐번 유물 덕분에 학계의 지도자들은 인간이 만든 유물과 멸종동물의 뼈가 같이 나온다는 사실에 주목하기 시작했다. 특히 프랑스 북부 솜Somme 강 계곡에 있는 아베빌Abbeville의 세관에 근무하던 하급 관리 자크 부셰르 드 페르드Jacques Boucher de Perthes(1788~1868)의 발견에 관심을 가졌다. 거의 매일 근처의 자갈층을 찾은 부셰르 드 페르드는 멸종된 코끼리, 다른 멸종동물의 뼈와 같은 층에서 잘 만들어진 주먹도끼를 발굴했다. 그러면서 주먹도끼에 사로잡혔고, 그것이 성서에 기록된 홍수 이전의 사람들이 만든 유물이라고 말했다.

불행히도 부셰르 드 페르드는 발견물에 대해 길고도 따분한 강의를 할 기회만 얻었다. 그리고 1841년에 『창조에 대해서De la Creation』라는 책을 썼다. 인류의 기원을 다섯 권에 걸쳐 이야기한 탓에 과학자들은 그를 괴짜로 여겼다. 1847년에 또 한 권의 긴 에세이를 출간하면서 부셰르 드 페르드는 솜 강에서 찾은 주먹도끼가 아주 오래된 것임을 확신했다. 결국 인내는 결실을 거두었다. 프랑스의 전문가 몇 명이 찾아와 발굴지를 보고 그의 주장이 옳다는 결론을 내렸다. 전문가들의 영향력 있는 의견은 파리와 런던에도 이르렀다. 만약 부셰르 드 페르드가 그렇게 지루한 논설을 펴지 않았다면, 그보다 훨씬 이전에 인정을 받았을지도 모른다.*

1846년 토키 자연사학회Torquay Natural History Society는 켄츠캐번을 새로이 조사하고자 위원회를 발족시켰다. 그리고 교사이자 유능한 지질학자인 윌리엄 펜젤리William Pengelly를 고용해 새로운 발굴을 이끌게 했다. 펜젤리의 발굴로 맥케너리의 결론은 재확인되었다. 1858년 토키에서 만을 가로질러 브릭섬Brixham 마을 위에서 채굴하던 도중 또 다른 동굴이 빛을 보게 되었다. 왕립학회의 저명한 위원회가 이 동굴에 대한 펜젤리의 조사를 검토했다. 동굴

---

* 고고학사 연구에 따르면 이처럼 확실한 증거에도 불구하고 부셰르 드 페르드가 신뢰를 주지 못한 것은 아마추어로서 학계에서 인정받지 못했기 때문이다.(그레이슨 1983·트리거 2019)

바닥의 두꺼운 석순층 아래에서 수많은 멸종동물의 뼈가 발견되었다. 동굴사자, 매머드(긴 털을 가진 추운 지방의 코끼리), 하마, 순록 등의 뼈와 사람이 만든 석기가 같이 나온 것이었다. 사람의 도구와 멸종동물의 공반은 이제 의심할 여지가 없는 사실이 되었다.

1859년 찰스 다윈이 『종의 기원On the Origin of Species』을 출간하기 바로 전에 지질학자 조지프 프레스트위치Joseph Prestwich와 호고가 존 에번스John Evans라는 당시 학계를 이끄는 인사 두 명이 잠시 솜 강 유역의 유적을 찾았다. 권위 있는 석기 전문가이기도 했던 에번스는 멸종된 '코끼리' 뼈가 나온 층에서 주먹도끼를 직접 발굴해냈다. 두 학자는 사람이 성서에 기록된 것보다 훨씬 전부터 존재했음을 확신하고 런던으로 돌아왔다. 그리고 자신들의 발견을 논문으로 작성하여 왕립학회와 호고가협회에서 낭독했다. 존 프레어가 이미 60년 전 혹슨에서의 발견물에 대해 짧게 쓴 서신을 발표한 곳이었다. 긴 시간이 흐르고 드디어 변화가 일어났다. 과학적 증거는 논란의 여지가 없었다. 이제 인간이 아주 오랜 역사를 가졌다는 데 아무런 의심도 갖지 않았다.

브릭섬과 솜 강에서 발견한 유물로 인간의 조상에 관한 심각한 문제가 생기게 되었다. 분명 인간은 6,000년 전보다 훨씬 이전에 등장했을 것이다. 그렇다면 얼마나 오래전인가? 찰스 다윈의 유명한 자연선택 이론과 독일에서 발견된 이상하게 생긴 두개골이 인류의 기원 연구에 무대를 마련하게 된다.

CHAPTER 8

거대한 전환점

존 에번스와 조지프 프레스트위치가 솜 강변에서 주먹도끼와 매머드 뼈를 보고 돌아온 몇 달 뒤 폭탄선언이 있었다. 찰스 다윈의 『종의 기원』은 인류의 기원에 대한 논란에서 고고학을 중심 무대에 올려놓았다. 고고학자와 지질학자들은 인간이 지구상에서 멸종동물과 함께 살았음을 확인시켜주었다. 그리고 이제 다윈의 자연선택과 진화 이론은 동물과 다른 생명체가 시간이 흐르면서 어떻게 변화해왔는지를 설명해주었다.

다윈이 제시한 새로운 이론은 현대 세계와 멸종동물이 살았던 이전 세계 사이에 있던 장벽을 무너뜨렸다. 그 어떤 끔찍한 홍수나 거대한 멸종도 19세기 과학자들을 이전에 동물과 인간이 살던 지형경관에서 떼어놓지 못했다. 멸종된 동물과 사람이 지구상에 동시에 살았다는 데 더 이상 의심의 여지는 없었다.

1859년은 과학계 일반이나 고고학에서 거대한 전환점이었다. 고고학자와 생물학자들은 모두 새로운 문제에 직면했다. 우리가 살기 전에 어떤 형태의 인류가 있었을까? 만약 그러하다면 그 사람들은 언제 살았을까? 현재의 인류 사회와 이전에 살았던 조상 세대의 차이를 어떻게 설명할 수 있을까? 다윈이 던진 폭탄 선언으로 고고학자들은 이런 문제에 대한 답, 그리고 초기 인류와 이들이 남긴 도구를 찾는 일에 나섰다.

찰스 다윈은 케임브리지 대학의 학부생 시절부터 열정적인 생물학자였다. 1831년부터 1836년까지 비글 호를 타고 긴 항해에 나서 수없이 많은 식물과 동물 자료를 수집했다. 그러고는 생물의 변화 양상을 시간의 흐름에 따라 기록하기 시작했다. 남아메리카에서는 지질 퇴적층을 관찰하여 찰스 라이엘의 동일과정설이 옳았음을 확신했다. 그러나 1798년에 출간된 토머스 맬서스 Thomas Malthus의 『인구론 Essay on the Principle of Population』을 접한 것이 결정적이었다. 맬서스는 사람을 포함한 동물 개체군, 곧 인구는 식량 공급 한계선까지 팽창한다고 주장했다. 다윈은 이 주장에서 더 나아가 인간의 진보란 자연 과정의 일부이며, 그 기제는 자연선택이라는 점진적 과정이라고 보았다.

자연선택은 세대와 세대를 이어 생명체의 특성이 변화하는 원인이다. 동물은 몸집의 크기와 자손의 수 등 생김새와 행동에서 개체들 사이에 차이가 있다. 어떤 특질은 유전, 곧 부모로부터 자손에게 전달된다. 환경조건의 영향을 받아 자손에게 잘 전달되지 않는 특질도 있다. 서식지의 자원을 두고 벌이는 경쟁, 곧 다윈의 '생존을 위한 경쟁'에서 살아남기 위한 특질을 잘 갖춘 개체는 존속한다. 상이한 종의 구성원이 자손에게 물려주는 작지만 호의적인 변이는 자연선택이라는 기제를 통해 보존된다. 그런 특질을 가진 개체가 살아남고 더 많은 자손을 가지며, 그렇지 못한 개체는 경쟁에서 밀려 사라진다. 자연선택은 사람을 비롯해 모든 동물과 식물에 적용된다.

찰스 다윈은 자연선택이라는 기제를 논의의 장에 올려놓았다. 그러나 인류의 진화라는 이슈를 들고 나오지는 않았다. 만약 인류의 진화를 말하면 책이 정당한 평가를 받지 못할 것이라고 느꼈기 때문이다. 다만 인간의 발달에도 '실마리'를 줄 수 있다는 말을 했을 뿐이다. 그리고 12년이 흐른 뒤 『인간의 유래*The Descent of Man*』를 출간하여 자연선택의 시각에서 인류의 진화를 탐색했다.*

다윈은 또한 유인원이 번성하고 있는 열대 아프리카에서 인류의 기원을 찾을 수 있을 것이라는 설을 제시했다. 오늘날 우리는 다윈이 옳았음을 잘 알고 있다. 다윈의 눈부신 업적은 초기 인류에 대한 고고학 조사와 연구의 길을 열어주었다. 진화 이론은 인간이 유인원과 같은 계통임을 분명히 했다. 이 사실에 빅토리아 시대의 고상한 집안들은 충격에 휩싸였다. 엄마는 아이를 가까이 데려가 그런 소문은 사실이 아닐 것이라고 속삭였다. 풍자적인 잡지는 침팬지의 몸을 한 다윈과 그의 주장에 화를 내는 고

---

* 다윈은 『인간의 유래』에서 자연선택만으로 설명하기 어려운 수컷 사슴의 긴 뿔이나 사자의 갈기, 공작의 화려한 꼬리 등을 성선택sexual selection의 측면에서 설명했다.

릴라를 그려 인간의 조상을 유인원에서 찾는 것을 비웃었다. 성직자들은 설교를 통해 진화 이론에 반대했다.

다행히도 다윈에겐 학계에서 영향력이 큰 동료들이 있었다. 이 가운데 한 명인 토머스 헨리 헉슬리Thomas Henry Huxley(1825~1895)는 19세기의 위대한 생물학자였다. 헉슬리는 검은 머리에 구레나룻을 기른, 사자같이 빼어난 인물이었다. 대중 연설도 뛰어났는데, 자연선택과 진화 이론을 강력히 지지했기에 '다윈의 불도그'라는 별명도 얻었다. 기독교 교리에 충실한 사람을 제외하고는 다윈의 생각에 반대하는 사람이 점차 사라졌다.

그러나 인간의 조상이 어떻게 생겼는지 아무도 알 수 없었다. 다윈의 『종의 기원』이 출간되기 3년 전에 독일 뒤셀도르프 근처의 네안더Neander 계곡에서 일하던 채석공이 동굴에서 두꺼운 두개골과 팔다리뼈를 발견했다. 이 원시적인 두개골의 눈두덩은 크고 울퉁불퉁했으며, 현대인의 부드럽고 둥근 머리보다 훨씬 더 납작한 모양이었다. 두개골을 본 전문가들은 어리둥절할 수밖에 없었다. 유명한 생물학자인 헤르만 샤프하우젠Hermann Schaaffhausen은 이 두개골이 오래전 유럽에 살았던 야만인의 것이라고 주장했다. 샤프하우젠의 동료이자 유명한 외과 의사인 루돌프 피르호 Rudolf Virchow 역시 기형인의 뼈라고 말했다.

그러나 '다윈의 불도그'는 다른 생각을 가지고 있었다. 네안더의 두개골이 현생인류 이전에 살았던 원시 인간의 것임을 알아차린 헉슬리는 두개골을 침팬지 뼈와 하나하나 대조하며 상세하게 연구했다. 그러자 놀라울 정도로 유사했다. 이런 사실을 바탕

으로 헉슬리는 인류 진화의 고전을 집필했다. 1863년에 출판된
『자연에서 인간의 위치*Man's Place in Nature*』에서 헉슬리는 네안데르
탈 두개골은 당시까지 발견된 것들 중에서 가장 원시적인 인류의
것이며, 유인원과 비슷한 우리의 조상과 분명히 연결되어 있다고
선언했다. 다윈이 시사했듯이 사람이 유인원과 같은 계통에서 진
화했다는 증거였던 것이다. 초기 인류 화석에 대한 현대의 모든
연구는 이 짧지만 아름답고도 분명하게 쓰인 책으로부터 기인했
다. 헉슬리는 진화 이론뿐 아니라 지질학과 고고학에서 이루어진
발견에 크게 영향을 받았다.

1860년대와 1870년대에 프랑스 서남부의 동굴과 바위그늘
에서 더 많은 네안데르탈 해골이 나왔다. 튀어나온 아래턱, 두꺼
운 눈두덩과 비스듬하게 누운 이마, 단단한 체구의 네안데르탈인
은 원시적이고도 유인원같이 생겼다고 생각되었다. 네안데르탈
인은 동굴에 사는 사람의 대명사가 되어 만화가들은 무거운 몽둥
이로 무장한 원시인으로 그렸다. 인류 진화에 대한 세부 사항이
아주 초보적으로라도 수립되기 위해서는 많은 화석이 더 나와야
만 했다.

유인원과 사람 사이의 '잃어버린 고리'에 대한 이야기가 많
아졌다. 그 고리는 바로 인류의 조상일 것이라고 여겨졌다. 많은
사람은 열대 아프리카에서 잃어버린 고리를 찾을 수 있다는 다윈
의 생각을 믿었다. 유인원은 대부분 아프리카에 서식지가 있었기
때문에 인간도 그곳에서 기원했다고 여기는 것이 타당했다. 그런
데 네안데르탈인을 뒤이은 중요한 인류 화석은 다른 지역에서 발

견되었다.

외젠 뒤부아Eugène Dubois(1858~1940)는 네덜란드의 의사로, 인류의 기원 문제에 매료되었다. 뒤부아는 우리의 조상이 동남아시아에서 왔을 것이라고 생각했다. 동남아시아에도 많은 유인원의 서식지가 있었기 때문이다. 뒤부아는 인류 화석을 찾으려는 의도로 1887년 정부의 의료 관리 자리를 얻어내어 자바 섬으로 떠났다. 이후 2년 동안 끈기 있게 트리닐이라는 소도시 근처의 솔로Solo 강 주변을 찾아다녔다. 그리고 이곳에서 유인원같이 생긴 인간의 두개골 윗부분과 허벅지 뼈, 어금니를 수습했다. 그리고 그것을 '곧바로 섰던 유인원 인간'이라는 뜻을 가진 피테칸트로푸스 에렉투스Pithecanthropus erectus라고 명명했는데, 일반적으로는 '자바원인Java Man'이라고 불렸다. 뒤부아는 유인원과 인간 사이의 잃어버린 고리를 찾았다고 주장했다. 오늘날 이 화석은 호모 에렉투스Homo erectus로 알려져 있다.

유럽의 학계에서는 뒤부아의 주장을 무시했다. 당시까지 부분적으로 모든 초기 인류 화석이 유럽에서만 출토되었기 때문이었다. 학자들은 뒤부아를 비웃었다. 모두 원시적으로 '보였던' 네안데르탈 화석에 최면이 걸려 있었다. 이에 뒤부아는 실의에 빠져 유럽으로 돌아온 뒤 침대 밑에 화석을 숨겨놓았다고 한다.

20세기에 들어서면서 대부분의 사람들은 신문 만화에 묘사되었듯이 네안데르탈인이 어슬렁거리며 동굴에서 야만적으로 살았다고 생각했다. 그런데 학자들은 찰스 도슨Charles Dawson이라는 법률가이자 화석 수집가가 1912년에 영국 남부 필트다운

Piltdown 자갈 채석장에서 찾았다는 놀라운 '발견'에 사로잡혔다.

도슨은 '잃어버린 고리'를 찾았다고 주장했지만, 사실 위조한 것이었다. 중세의 두개골과 500년 정도 된 사람의 아래턱, 그리고 침팬지의 이빨 화석을 결합하고, 오래된 것인 양 모두 철분 용액을 발라놓은 것이었다. 도슨은 학계의 명성을 얻기 위해 이런 충격적인 위조 사건을 저질렀음이 거의 확실하다. 도슨은 당시 학자들이 현생인류가 광범위한 식량 자원을 이용하기 전에 먼저 대용량의 두뇌가 발달했을 것이라 믿고 있음을 잘 알고 있었다. 그리하여 조심스럽게 해부학적 현생인류의 대용량 두개골에 침팬지 이빨을 변형시켜 원시적인 모습의 '필트다운인'을 만들었을 것이다.

믿기 힘든 일이었지만, 아무도 문제를 제기하지 않았다. 당시로서는 연대를 검증할 만한 분석 장치도 없었다. 1953년 뼈에 대한 화학 분석을 실시하고서야 위조된 사실이 드러난 것이다. 하지만 그때는 이미 아프리카와 중국 등지에서 나온 다른 화석 자료 덕분에 필트다운에서 나왔다는 인골에 의문이 제기되고 있었다. 실제 화석 증거와 너무나 달랐던 것이다.

뒤부아의 피테칸트로푸스 에렉투스는 사실 1920년대에 중국 지질조사에서 베이징 서남부 저우커우뎬周口店의 깊은 동굴 층을 발굴할 때까지 거의 잊혀 있었다. 스웨덴의 야외조사가 요한 안데르손Johan Andersson과 중국의 학자 페이원중裴文中이 저우커우뎬에서 인류 화석을 발굴했는데, 뒤부아가 트리닐에서 발견한 것과 흡사했다. 얼마 지나지 않아 자바와 중국의 두 피테칸트로푸스 형태는 '두 발로 선 인간'이라는 뜻의 호모 에렉투스라는 이름으로 통합되어 불린다.

네안데르탈과 호모 에렉투스를 발견했음에도 불구하고 과거를 이야기하는 데는 엄청난 공백이 남아 있었다. 혹슨과 솜 강 유역에서 나온 주먹도끼, 그보다 더 늦은 시기의 인류 화석, 그리고 스톤헨지 같은 더 늦은 고고학 유적 사이에는 오랜 시간의 장벽이 있었던 것이다. 누구도 뒤부아의 화석과 네안더 계곡에서 나온 화석의 연대를 알지 못했다. 결국 자바원인과 네안데르탈인 사이의 공백을 메워주는 것은 박물관 수장고의 석기들이었다. 석기는 그저 시간이 흐르면서 기술이 더 발전했다는 정도만 보여줄 뿐이었다.

당장 시급히 풀어야 할 문제는 최초의 인간이 누구였는지에 관한 것이었다. 또 다른 하나는 확연히 다른 인간 사회가 과거에 어떻게 같이 지낼 수 있었는지를 밝히는 것이었다.

이렇게 해서 인간의 사회진화론이 등장했다. 특히 허버트 스펜서Herbert Spencer(1820~1903)라는 사회과학자가 이 분야를 개척했다. 당시는 급격한 산업화와 커다란 기술 변화의 시기였다. 그렇기에 스펜서가 인간 사회는 단순한 것에서 복잡한 사회로, 점차 고도로 다양한 사회로 발달했다고 주장한 것은 그리 놀랄 일이 아니다. 그런 이론을 바탕으로 고고학자는 인류 사회가 단순한 사회에서 현대의 복합사회로 질서 있게 진보했다고 생각하게 되었다.

그렇지만 고대 사회는 어떤 모습이었을까? 스펜서가 활동한 시기에는 아프리카와 아메리카 대륙, 아시아, 태평양 군도의 사회들에 대한 지식이 풍부하게 쌓이고 있었다. 당시까지 알려지지 않은 부족에 대한 캐더우드와 스티븐스 등의 기록과 함께 여러 탐험가의 묘사로 진보의 계보를 그릴 수 있었다. 가장 밑에는 오스트레일리아와 태즈메이니아 원주민 같은 사냥꾼과 함께 네안데르탈인을 배치했다. 그 위로는 아즈텍과 마야, 캄보디아 등지에서 보이는 좀 더 세련된 문명이 자리했다. 물론 그 꼭대기에 있는 것은 빅토리아 시대의 문명이었다.

사람들은 인류 화석과 고고학 발견물을 쉽게 이해할 수 있고 타당하다고 여기는 진보의 틀에 집어넣었다. 단일한 선상의 인류 사회진화론은 고고학이 제시하는, 잘 알려져 있지 않은 과거를 설명하는 편리한 틀이 되었다. 그러나 여기서 더 나아간 이들도 있었다.

영국의 사회과학자 에드워드 타일러Sir Edward Tylor(1832~1917)는 인간 사회가 야만(수렵채집 사회), 미개(단순 농경 사회), 문명이라는 세 단계를 거친다고 생각했다. 이렇게 과거를 단순한 계단 형태로 보는 시각은 기술 진보가 문명의 표상이라고 굳게 믿은 빅토리아 시대의 사람들에게 잘 통했다. 누가 그들을 비난할 수 있겠는가? 당시 비좁은 유럽 대륙의 경계를 넘어 다른 지역에 대한 고고학은 거의 알려진 바가 없었다. 19세기의 문명이야말로 인류의 기나긴 역사의 정점이라는 생각이 이런 단순한 학설을 낳았다. 1860년대와 1870년대에 제시된 것들을 토대로 인류의 진화는 사다리와 같은 정연한 양상으로 전개되었다고 생각했던 것이다.

그러나 아프리카와 아메리카, 그리고 아시아에서 훨씬 더 다양하고 매력적인 선사시대의 세상이 드러나면서 그런 생각은 변할 수밖에 없었다.

CHAPTER 9

세 개의 시대

　19세기 초 유럽의 고고학은 혼란스러웠다. 대부분의 사람들은 유럽의 진정한 역사는 율리우스 카이사르와 로마 시대에서 시작한다고 생각했다. 물론 이는 이전의 여러 고고학 유적이 있었기 때문에 터무니없는 생각이었다. 그러나 간돌도끼(마제석부)나 청동 검, 그리고 정교한 장식품 등 카이사르 이전의 모든 것은 박물관의 수장고에 뒤죽박죽 섞여 있거나 개인이 소장하고 있었다. 유물들과 고고학 유적들은 혼란스럽게 뒤섞여 전혀 역사적 의미를 알 수 없었다.

　역사의 원천으로 가장 널리 이용되었던 성서의 기록은 그런 자료에 대해 아무런 답도 주지 않았다. 어떻게 먼 과거를 이해하는 틀을 마련할 수 있을까? 서로 다른 여러 족속은 석기를 사용했을까, 아니면 발달된 금속 검을 만들었을까? 그것들은 어떻게 생겼을까? 존 오브리가 말했듯이('챕터 1' 참조) 영국이나 유럽의 다른 나라에 살았던 사람들은 아메리카 원주민과 비슷했을까? 로마 시대 이전의 유럽에 있었던 인간 사회에 대해 알고 있는 사람은 아무도 없었다.

유럽에서 덴마크 사람들만큼 고고학을 진지하게 고민한 이들도 없었을 것이다. 로마는 덴마크를 정복한 적이 없었는데, 이 사실 덕분에 그곳 사람들은 지난날 자기네 땅에 살았던 사람들과 강한 유대를 느꼈다. 고고학이야말로 그 사람들을 연구하는 단 하나의 길이었다. 덴마크에서 고고학은 기독교 이전의 유물에 대한 강한 애국주의적 관심 속에서 발달했다. 그러나 덴마크에서 유적을 발굴하던 사람들은 영국·프랑스 사람들과 마찬가지로 발견물을 두고 혼란을 겪고 있었다. 그런 혼란 속에서 처음으로 시간 순서를 찾으려는 시도가 벌어진 곳이 스칸디나비아인 것도 우연이 아니었다.

1806년 덴마크 정부는 고고학 유적을 보호하고 국립박물관을 세우려는 목적으로 고대유물위원회를 조직했다. 1817년 위원회는 크리스티안 위르겐센 톰센Christian Jürgensen Thomsen(1788~1865)을 초빙하여 수집품(당시 유물을 교회의 다락방에 쌓아놓고 있었다고 한다)을 질서 있게 전시하도록 했다. 톰센은 부유한 상인의 아들로 태어나 고대의 동전을 열광적으로 수집하기도 했다. 깔끔하면서도 정확한 성품이어서 박물관 수집품을 질서 있게 전시하는 데 어울리는 사람이었다. 동전을 수집하는 사람이라면 누구나 분류를 하

게 되고, 유물을 양식에 따라 연쇄적으로* 배열하는 데 익숙하게
마련이다. 톰센은 사람들을 만나고 대화하기를 좋아했다고 한다.
게다가 글을 잘 썼기에 덴마크 내외에서 많은 사람과 접촉했다.
박물관 직원으로는 아주 이상적인 사람이었던 것이다.

　근면하기까지 했던 톰센은 마치 상품인 것처럼 수집품을 일
일이 목록화하기 시작했다. 유물마다 고유 번호를 매겼다. 새로
들어온 유물도 목록화해 번호를 매겼다. 몇 달 만에 500개의 유
물을 목록으로 만들었다. 이런 지루한 목록 작업을 통해 선사시
대의 많은 유물에 더욱 친숙해졌다. 코펜하겐의 수집품에는 초기
사냥 유적부터 목공에 쓰였음직한 돌도끼에 이르기까지 수천 점
의 석기도 포함되어 있었다. 아름답게 만들어진 돌칼도 있고 청
동제 검과 브로치도 있었다.

　사실 이 같은 목록 작업과 돌도끼, 작은 칼, 청동 도끼, 방패,
그리고 금 장식품이 뒤섞인 수집품에서 어떤 의미를 찾는 일은
다르다. 톰센은 대부분의 수집품이 무덤에서 나온 것이라는 점에
주목했다. 무덤에는 시신과 함께 토기나 돌도끼, 아마도 브로치
나 핀 같은 것을 같이 매장한다는 사실도 인지했다. 무덤마다 부
장품(껴묻거리)이 달랐고, 부장된 유물에서도 변화가 있었다. 톰센
은 많은 무덤을 검토한 뒤 뼈나 돌밖에 없는 무덤이 있는가 하면
금속기가 묻힌 무덤도 있음을 알게 되었다. 그래서 도구를 만들
때 사용한 재료를 분류의 토대로 삼기로 했다.

-----

* 다시 말해 주조된 시간 순서에 따라.

1816년 톰센은 덴마크의 역사를 세 시대로 나누었다. 가장 첫 시대는 우리가 오늘날 선사시대라고 부르는 것으로, 문헌 기록의 역사가 시작되기 전의 '야만의 시대Heathen Period'다. 톰센은 이 시대를 다시 석기시대, 청동기시대, 철기시대의 세 시대로 나누었다. 이렇게 탄생한 삼시대체계는 선사시대에 대한 인식을 바꿔놓았다.

이처럼 삼시대체계는 전적으로 톰센이 박물관 수집품에 근거하여 제시한 것이다. 석기시대란 돌과 뿔, 뼈, 나무만으로 도구와 무기를 만들었던 때를 말한다. 이후 청동과 구리 유물의 청동기시대가 뒤따른다. 그리고 철기가 사용되기 시작한 철기시대가 이어진다. 톰센은 이 세 시대를 과거 선사시대의 시간 틀로 생각했다. 그대로 보존된 무덤과 생활 유적에서 나온 유물을 분류하여 조심스럽게 삼시대체계를 고안한 것이다.*

톰센은 유물에만 집착한 박물관 학예관이었다고 생각하는 사람이 있을지도 모른다. 그렇지 않았다. 박물관이 세 시대에 따라 유물을 전시한 것은 사실이다. 그러나 그보다 훨씬 더 많은 정보를 주었다. 톰센은 방문객들에게 고고학이 단지 유물에 대한 것이 아니라 사람에 대한 것임을 분명히 알려주고자 했다.

톰센은 박물관을 찾는 사람들에게 과거의 사람들이 묻힌 무덤과 여성의 옷가슴 쪽에 박혀 있거나 오래전 잊힌 전쟁터에서

---

* 그렇지만 톰센은 삼시대 구분이 기계적인 것이 아니어서 석기시대에는 석기, 청동기시대에는 청동기, 철기시대에는 철기만 쓰인 것이 아님을 알고 있었다. 사실 청동기시대 유적에서 석기도 나왔고, 철기시대 유구에서는 석기와 청동기가 공반되었다. 이를 바탕으로 더 세부적으로 편년 체계를 고안했다.(트리거, 2019, pp. 130-136 참조)

햇볕에 반짝였을 금과 청동 장식품에 대해 이야기했다. 박물관은 1주일에 이틀 동안 문을 열었고, 나중에는 더 자주 개방했다. 매주 목요일 2시에 톰센은 방문객과 함께 전시실을 돌면서 열정적인 설명을 곁들여 젊은 여자의 목에 고대의 금목걸이를 걸어 보이기도 했다. 그렇게 살아 있는 과거를 만들고자 했던 것이다.

그런데 톰센은 짧은 책 한 권만 썼을 뿐이다. 1836년에 출간되어 유럽 전역에서 읽힌 『북유럽 고대 문화 안내서Guidebook to Northern Antiquity』다. 안내서에서는 박물관 소장품을 근거로 삼시대체계를 알기 쉽게 이야기했다. 톰센의 삼시대체계는 당시 유럽의 고고학이 겪고 있던 혼란을 잠재웠다. 놀라우리만치 짧은 시간 동안 삼시대체계는 과거 선사시대를 나누는 틀로 자리 잡았던 것이다.

고고학은 발굴과 야외조사에 바탕을 두는 학문이다. 그런데 실험실 내 연구 역시 똑같이 중요하다. 아무도 톰센을 야외조사가라고 부르지 않을 것이다. 실제로 톰센은 박물관 사람이었다. 내내 박물관 전시실에서 일했다. 단지 한 번만 현장에서 발굴했는데, 1845년에 동료와 함께 청동기시대의 무덤을 조사했다. 당시 시신은 화장 처리되어 있었고, 검과 잘 만들어진 브로치는 황소가죽 위에 놓여 있었다. 톰센은 놀라울 정도로 정확하게 발굴 내용을 기록했다. 섬세하고 열정적인 사람이었음을 잘 보여준다.

톰센은 작은 유물을 들여다보며 오랜 세월을 보냈다. 그러나 과거에 대한 큰 그림을 그려 고고학에 혁명적인 변화를 몰고 왔다. 삼시대체계의 발달과 더불어 현대의 고고학, 그리고 고고학

분류체계가 탄생했던 것이다.

그럼에도 세 시대가 서로 계승 관계인지는 검증되어야 하는 일이었다. 여전히 삼시대의 연대도 알 수 없었다. 1838년, 젊은 대학생 옌스 보르소에Jens Jacob Worsaae(1821~1885)가 톰센을 만나러 찾아왔다. 보르소에는 오랫동안 고고학에 관심을 가지고 많은 고대 유물을 수집한 터였다. 이미 상당한 지식을 가지고 있었고 곧 박물관의 자원봉사자가 되었다. 보르소에는 거침없이 자기 의견을 표현했고 능숙한 집필가였기에 얼마 지나지 않아 톰센은 그를 불쾌하게 여기기도 했다.

다행히도 당시 덴마크 왕 크리스티안 8세Christian VIII는 보르소에의 작업을 인정하고 조사를 지원했다. 보르소에의 첫 번째 책인 『덴마크의 선사시대와 고대The Primeval Antiquities of Denmark』는 1843년에 출간되었고, 1849년에 영어로 번역되었다. 이 책은 삼시대체계를 훌륭하게 풀어냈다. 보르소에는 고고학 유적을 발굴하는 일이야말로 덴마크의 초기 역사를 쓰는 단 하나의 방법이며, 역사가들이 문헌을 이용하듯이 고고학도 유물을 이용한다고 주장했다. 덴마크 왕은 젊은 보르소에를 인상 깊게 보았다. 그리고 보르소에를 영국제도에 파견해, 8세기부터 11세기까지 스칸디나비아의 항해 민족이자 교역자였던 바이킹의 흔적을 연구하게 했다. 이것은 또 다른 책의 출간으로 이어졌다. 크리스티안 8세는 흡족해하면서 보르소에를 고대 유물 보존관으로 임명했다.

보르소에는 끊임없이 여행하면서 유적을 기록하여 많은 자료가 파괴되는 것을 막았다. 무엇보다도 석기시대와 청동기시대의 수많은 무덤을 발굴하여 시신뿐 아니라 부장되어 있는 검과 방패, 토기, 가죽옷 등을 비롯한 유물을 수습했다. 이러한 발견으로 서로 다른 족속들과 상이한 기술에 대해 과거의 스냅사진과도 같은 자료를 얻을 수 있었다. 이로써 삼시대체계는 검증되었다. 보르소에의 발굴은 매우 중요한 역할을 했다. 보르소에의 발굴이 있기까지 삼시대체계는 전적으로 박물관 소장품에 입각한 것일 뿐이었는데 이제 발굴을 통해 입증된 것이었다. 보르소에는 주의 깊은 관찰을 바탕으로 톰센의 삼시대가 올바른 시간 순서임을 밝혔다.

또한 보르소에는 고고학 조사를 통해 과거에 대한 사실을 밝힐 수 있음을 보여주었다. 덴마크 남부의 습지에서 잘 보존된 여성의 시신이 드러났을 때 전설을 믿는 전통을 따르는 사람들은 중세 초기의 전설적인 여왕 군힐드Gunnhild의 시신이라고 주장했다. 보르소에는 공개적으로 반대하면서 철기시대의 사람임을 밝혔다.

보르소에는 주로 무덤을 발굴 조사했다. 그런데 덴마크의 잃어버린 과거가 선사시대와 고대 무덤에 보존되어 있었던 것도 사실이지만, 그것이 전부는 아니었다. 덴마크의 해안에는 오래전 시기의 조개더미가 수백 개나 있었다. 굴을 비롯한 여러 조개껍데기가 거대하게 쌓여 있었다. 어떤 것은 그저 쓰레기 더미였지만 사람들이 살고 집을 지은 흔적도 있었다. 처음으로 이 조개더미를 연구한 사람은 코펜하겐 대학의 동물학 교수 야페투스 스틴스트룹Japetus Steenstrup(1813~1897)이었다. 스틴스트룹은 조개더미를 패총kitchen middens이라 불렀다.

패총을 이해하는 단 하나의 방법은 여전히 조개를 식량으로 삼고 있는, 현존하는 사회를 연구하는 것이었다. 스틴스트룹과 영국의 고고학자 존 러복John Lubbock(1834~1913) 같은 연구자들은 특히 남아프리카 남단에 살고 있는 푸에고 원주민에 관심이 많았다. 찰스 다윈은 비글 호 항해 도중에 마주친 푸에고 사람들을 묘사한 적이 있었다. 다윈, 그리고 러복과 스틴스트룹은 푸에고 사람들의 능력을 낮게 평가했다. 그리고 조개를 채집하는 원시적 생활 방식에 대해 이야기했다.

덴마크 정부는 스틴스트룹과 보르소에가 포함된 3인 학술위원회를 조직해 패총을 조사하게 했다. 조개를 동정하는 동물학자를 포함한 다른 과학자도 초빙했다. 보르소에는 수많은 조개더미를 조사했다. 가장 큰 조사는 메일고르Meilgaard에서 도로 공사 중에 발견된 패총이었다. 패총의 커다란 단면에서는 굴과 홍합으로 이루어진 두꺼운 층이 드러났다. 뿔로 만든 찌르개, 석기, 불땐자리(노지) 등을 비롯해 장기간 거주한 증거가 확인되었다. 보르소에는 메일고르 패총을 일종의 '식사를 하는 공간'이었다고 이해했다.

스틴스트룹과 보르소에는 시대를 앞서가고 있었다. 유물을 연구했을 뿐만 아니라 패총에서 나오는 조개의 종을 동정했다. 이는 사람들이 과거에 어떻게 살았는지에 대한 연구로, 지금까지 알려진 최초의 사례다.

보르소에의 동료 연구자들은 습지대의 이탄층에 남아 있는 식물 유체를 이용해 기후변동을 연구하기도 했다. 빙하시대가 끝나면서 빙상 주변의 개활지는 추위에 잘 견디는 자작나무 숲으로 바뀌었다. 그 이후 더 따뜻해진 기후에 맞춰 참나무 숲이 자작나무를 대체했다. 스틴스트룹은 심지어 철새의 뼈를 동정하여 패총이 쓰였던 시간을 추정했다. 고대의 환경을 강조하는 것은 진정으로 혁명적인 고고학이었다. 스틴스트룹은 이런 접근이 널리 이루어지기 한 세기 전에 자신의 연구 결과를 발간했던 것이다.

보르소에는 스칸디나비아 고고학을 수십 년간 주도했다. 코펜하겐 대학에서 선사학을 가르쳤고, 스칸디나비아에서 이 분야의 첫 교수가 되었다. 1865년에 덴마크 국립박물관의 관장을 맡아 1885년에 세상을 떠날 때까지 재직했다.[*]

보르소에가 세상을 떠날 즈음 스칸디나비아 고고학은 주변의 나라보다 훨씬 더 발전해 있었다. 보르소에의 삼시대체계를 엄격하게 적용하고 점유층을 세심하게 관찰하는 방법은 북유럽 고고학의 기본 골격이 되었다. 물론 보르소에가 개괄한 골격은 훗날 더욱더 정교해졌다. 삼시대체계와 선사시대 유물에 대한 상세한 분류 등이 유럽 전역에서 보편적으로 이루어졌던 것이다.

톰센과 보르소에는 유럽 선사고고학의 기초를 닦았다. 고고학 전반에서도 마찬가지다. 삼시대체계는 선사시대가 어떻게 진전되었는지에 대한 광범위한 시간 골격이다. 석기시대는 솜 강의 주먹도끼와 프레어가 발견한 것들, 호모 에렉투스와 네안데

---

[*] 1865년 보르소에는 크리스티안 톰센의 뒤를 이어 덴마크 국립박물관의 관장이 되었다. 톰센은 1825년에 박물관을 개관할 때부터 관장직을 맡아 40년간 재직했다.

르탈인, 그리고 초기 농경 사회까지 포함한다. 뒤이어 청동기시대와 철기시대는 서아시아 등지에서 문명이 일어나기까지를 포괄한다.

이러한 일반적 틀은 아주 이른 시기의 유적과 더 늦은 시기의 자료를 순서대로 연결시키는 다리가 되었다. 그러나 그 안에서도 상당한 공백이 있었다. 프랑스 서남부의 여러 지역과 스위스의 호수 주변에서 중요한 발견이 잇따르면서 공백 부분이 메워지고 놀라운 수렵채집 사회와 세련된 농경 공동체의 모습이 드러난다.

CHAPTER 10

빙하시대의 사냥꾼

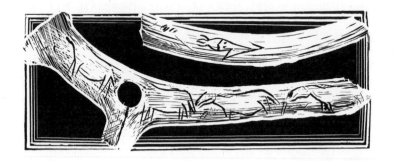

1852년 피레네 산맥의 산록에서 도로 공사 중에 한 일꾼이 우연히 동굴 하나를 발견했다. 프랑스 남부 오리냑Aurignac이라는 작은 마을 근처였다. 이 사람은 어떤 보물이 묻혀 있지 않을까 하고 부드러운 동굴 흙을 파보았는데, 금이 아니라 조개와 매머드 이빨로 치장하고 묻힌 인골 열일곱 구가 나왔다. 그러자 그 지역의 성직자가 달려와 시신을 마을 공동묘지에 다시 묻어주었다.

에두아르 라르테Édouard Lartet(1801~1871)라는 지질학, 화석과 석기에 관심이 많은 법률가가 이 소식을 들었다. 처음 발견 이후 8년쯤 지나서 라르테는 말을 타고 오리냑으로 가서 동굴 퇴적층에 무엇이 남아 있는지 탐침을 해보았다. 급하게 발굴했지만 불땐자리, 재, 숯과 함께 분명 오래되어 보이는 잘 만들어진 석기가 나왔다. 라르테는 이 발견에 매료되었다. 이 오래된 도구를 만든 사람들은 누구였을까? 오리냑에서 나온 도구는 부셰르 드 페르드가 솜 강 유역에서 발견한 주먹도끼('챕터 7' 참조)와는 아주 다른 형태였다.

라르테는 해박한 지질학 지식을 가지고 있었다. 그렇기에 사람이 살았던 동굴이나 바위그늘의 퇴적층에서 해답을 찾을 수 있을 것이라고 직감했다. 세대를 이어가며 사람들이 같은 곳을 찾았다면 인류 점유의 층들이 아주 오랜 시기까지 거슬러 올라갈 가능성이 높다고 생각했다. 그리고 지질학 화석에서 관심을 돌려 이제 고고학자가 되기로 했다. 이 과정에서 라르테는 스칸디나비아에서 연구된 무덤뿐 아니라 동굴이나 바위그늘을 발굴하는 등 새로운 접근법을 개척했다.

라르테는 몇 개의 동굴을 발굴해 동물 뼈와 석기를 수습했다. 지질학자들과 교류하면서 이번에는 프랑스 도르도뉴 지방의 레제지Les Eyzies라는 외딴 마을로 갔다. 이곳은 프랑스에서 답사하기에 참으로 아름다운 곳이다. 베제르Vezère를 비롯해 여러 강줄기가 깊은 계곡을 깎아놓은 지형이다. 늘 흐르는 물줄기를 따라 초록의 들판과 빽빽한 숲, 목초지가 펼쳐진 이곳을 찾아갈 때면 나는 기분이 즐거워진다. 석회암 벼랑도 높이 솟아 있다. 협곡 속에는 깊은 동굴과 바위그늘이 숨어 있어서 영하로 떨어지는 겨울에도 추위를 피할 수 있다.

라르테는 조사에 필요한 재정 지원을 받지 못했다. 그러나 헨리 크리스티Henry Christy(1810~1865)라는 부유한 영국 은행가와 의기

투합했다(크리스티는 여러 사업을 벌였는데, 비버 털을 이용해 모자를 만드는 전통적 방법 대신 비단을 이용하는 실험적 방법을 쓰기도 했다). 크리스티는 고대 유물을 열심히 수집했으며, 아메리카 원주민 사회에도 관심을 가지고 있었다. 1853년 스칸디나비아를 방문한 크리스티는 코펜하겐과 스톡홀름에서 박물관의 수집품들에 매료되고 말았다. 1856년에는 비서구 사회를 연구하는 인류학자 에드워드 타일러를 만났으며, 함께 멕시코까지 여행했다.

크리스티는 레제지 이야기를 들은 뒤 라르테와 함께 도르도뉴의 동굴을 찾아갔다. 두 사람은 친구이자 공동 연구자가 되었다. 크리스티는 재정 지원을 했고, 발견된 대부분의 유물을 확보했다. 라르테는 발굴 조사를 수행했다.

오늘날의 기준에 비하면 당시의 동굴 발굴은 초보적인 땅파기에 불과했다. 라르테는 지질학자로서 동물 화석의 변화에 따라 층을 관찰하는 데 익숙했다. 첫 점유의 흔적은 가장 밑에 있음도 잘 알고 있었다. 발굴에서는 수많은 뿔과 뼈, 플린트 유물이 나왔다. 라르테는 각각의 층에서 나온 독특한 형태의 석기와 순록이나 야생마 같은 상이한 동물 화석에 주목하여 몇 개의 인류 점유층을 확인했다. 라르테는 그런 식으로 라마들렌La Madeleine뿐 아니라 르무스티에Le Moustier, 라페라시La Ferrassie 등 오늘날 고고학자들에게 익숙한 여러 동굴과 바위그늘 유적을 조사했다.

라마들렌의 바위그늘 유적은 베제르 강의 물길 가장자리에 있다. 라르테는 그곳에서 섬세한 뿔찌르개, 한쪽이나 양쪽에 미늘이 달린 작살, 바늘 등 정교하게 만들어진 뿔과 뼈 유물을 수습했다. 놀라우리만치 섬세하게 새겨 장식한 뼛조각도 발견했다. 몇몇은 단순한 패턴이 새겨져 있었지만, 매우 섬세한 유물도 있었다. 아름다운 동물의 모습이 새겨진 유물도 발견했다. 들소가 옆구리를 핥고 있는 모습은 너무나 생생하여 눈물샘이 보일 정도였다.

라마들렌의 예술가들은 누구였을까? 몇 년간의 발굴 뒤 라르테와 크리스티는 석기시대 사회에 일어난 일련의 변화를 알 수 있었다. 가장 이른 것은 르무스티에 동굴의 네안데르탈인 점유층이었다. 눈두덩 뼈가 두꺼운 것으로 보아 네안데르탈인은 현생인류와 사뭇 달랐다. 우리와 전혀 닮지 않았던 것이다. 그렇다면 우리의 직계 조상은 누구일까?

1868년, 그 답이 나왔다. 당시 레제지에서 새로운 기차역을 건설하는 공사가 있었다. 일꾼들이 기초를 파 들어가면서 크로마뇽Cro-Magnon이라 불리는 동굴에서 파묻혀 있던 바위그늘이 드러났다. 라르테는 바위그늘의 뒤쪽을 파서 태아와 어른 몇 명을 포함한 인류 화석을 발굴했다. 한 여성은 아마도 머리를 얻어맞아 죽은 것 같았다. 인골 주변에는 조개 팔찌와 상아로 만든 치레걸이가 흩어져 있었다. 뼈를 보니 눈두덩 뼈가 두꺼운 네안데르탈인의 화석은 아니었다. 머리는 둥글고 이마는 곧바로 서 있었다. 생김새는 오늘날의 현생인류와 똑같았다. 라르테는 현대 유럽인의 먼 조상을 찾았다고 판단했고, 그 생각은 옳았다.

인골은 순록 등 추운 기후에 사는 동물의 뼈와 같은 층에서 나왔다. 그것은 유럽에 살았던 현생인류가 아주 추웠던 시기, 그러니까 빙하시대에 살았음을 보여주는 증거였다. 라르테와 크리스티는 이 '순록의 시대Age of Reindeer'에 대해 썼다. 그렇다면 이것이 사실일까? 스위스의 지질학자 루이스 애거시즈Louis Agassiz는 수년간 알프스에서 빙하의 움직임을 연구하고 있었다. 아주 추웠던 시기에 얼음은 산록 아래 계곡까지 뻗어 있었다. 오늘날 지구 온난화로 인한 현상처럼 따뜻한 시기에 빙하는 줄어들었다. 애거시즈는 이런 관찰에 근거하여 급속한 온난화로 끝이 난 빙하시대에 대해 썼다. 빙하시대의 마지막 시기는 라르테와 크리스티의 '순록의 시대'와 일치했던 것이다.

마지막 빙하기의 사람들은 누구였을까? 다윈의『종의 기원』이 출간되기 전 사람들은 고전과 성서에 나와 있는 대로 과거를 설명하려 했다. 그러나 이제 인류학이라는 새로운 정보원이 생겼다. 크로마뇽인과 명백하게 가장 가까운 현세의 사람들은 극한의 추위에 잘 적응하고 영하의 조건에서 생존하는 방법을 찾은 에스키모였다. 비슷한 점도 많았다. 예를 들어 에스키모 사냥꾼들은 봄과 가을에 이동하는 카리부 떼를 잡았다. 크로마뇽인도 같은 계절에 순록을 사냥했던 것이다. 또한 상아와 뼈로 만든 바늘이 도르도뉴의 바위그늘에서 발견된 사실은 그 사람들이 현재의 북극지방 사람들처럼 바지와 털옷을 지어 입었음을 알려주고 있는 것이다.

크로마뇽인은 고고학계와 대중에게 에스키모의 이미지로 그려지게 되었다. 모자가 달린 파카 같은 에스키모의 옷과 비슷한 옷을 입는 것처럼 흔히 그려졌다. 크로마뇽인과 에스키모는 엄청난 시간적 공백이 있었는데도 어떤 삶을 살았는지에 대해 비슷한 인상을 주었던 것이다. 다윈이 푸에고 사람들을 아주 원초적인 과거의 사냥꾼과 비교했듯이 존 러복과 초기 인류학자들도 현존하는 비서구 사회와의 비교를 통해 과거의 사람들을 이야기했다. 이로써 새로운 고고학의 방법이 생겼다. 그런 유사성을 고고학자들은 '유추(상사)'라고 부르며, 오늘날 고고학에서도 기본적인 방법이다.

라르테를 비롯한 당시의 연구자들은 곡괭이와 삽(가끔 더 작은 도구도 사용했다)으로 거칠게 발굴했다. 화석 사냥과 비슷한 발굴이라고 할 수 있지만, 화석이 아니라 과거의 사람들을 찾고자 하는 것이므로 훨씬 더 세심하게 발굴해야 했다. 모두가 순록의 뿔로 만든 섬세한 장식품과 도구, 석기를 찾으려 했다. 그렇게 짧은 점유의 흔적들을 따라 불땐자리와 그 외의 일시적 주거의 흔적들을 관통하면서 층층이 신속하게 파 내려갔다.

이런 접근을 오늘날의 동굴 발굴과 비교해보자. 오늘날 고고학자는 선사시대 점유자들의 관점에서 세심하게 발굴한다. 언제나 흙손trowel과 치과용 기구, 섬세한 솔 같은 것을 사용한다. 아주 짧은 동안의 일시적 점유로 만들어진 각각의 얇은 층을 가려내기 위해서다. 미세한 눈금이 그려진 체로 흙을 걸러내어 아주 작은 씨앗이나 물고기 뼈, 구슬까지 찾아낸다. 동굴 바닥에는 바둑판 모양의 구획(그리드)을 설치하고 전자 기기를 이용하여 중요한 모든 것을 그 자리에서 기록한다.

라르테는 도구 형태의 변화를 바탕으로 네안데르탈인에서

크로마뇽인의 사회로 변화하며 진전된 사항을 기록했다. 뿔이나 돌로 만든 도구에는 시간의 흐름에 따른 기술 변화가 드러나 있었기 때문이다. 라르테가 발굴한 많은 유적에서 시간의 흐름에 따라 도구의 변화가 비슷한 양상으로 나타났다. 지질학자인 라르테는 다소 인간미 없는 접근으로 선사시대 사람들을 연구했다.* 그럼에도 적어도 과거의 사람들이 도구를 만들었고, 동물을 사냥했음을 잘 알고 있었다.

프랑스의 동굴에서 발굴된 유물에 주목했던 다른 연구자도 있었다. 1865년 영국의 고고학자 존 러복은 『선사시대*Prehistoric Times*』라는 이 분야의 첫 개설서를 출간했다. 이 책에서 러복은 '석기시대'를 '구석기시대'와 유럽에서 농경이 시작되는 '신석기시대'로 나누었다. 이 용어는 오늘날에도 여전히 쓰이고 있다.**

크리스티안 톰센이 스칸디나비아에서 삼시대체계를 제안했듯이 러복도 아주 일반적인 틀을 만들어냈다. 현존하는 비서구 사회에 관심이 많았던 러복은 사람들의 생활에 대해 이야기했다. 그와 달리 다른 사람들은 프랑스의 동굴에서 나오는 엄청난 양의 석기에만 집착했다. 석기를 만든 사람들보다 석기 자체에 매달렸던 것이다. 특히 고고학자로 전향한 프랑스의 지질학자 모르

---

* 라르테는 '하마시대', '들소시대', '순록시대', '동굴곰시대' 같은 용어를 사용하여 선사시대의 변화를 그렸다. 그것을 오리냐시앙, 솔뤼트레앙, 막달레니앙 등 오늘날에도 쓰이는 고고학 용어로 바꾼 사람이 모르티예다.(트리거, 2019, pp. 153-157 참조)

** 러복은 영국의 은행가이자 정치인, 고고학자였다. 1865년에 출간한 『선사시대』는 20세기 초까지 7판을 거듭하며 오랫동안 고고학의 교과서 역할을 했다. 다윈과 이웃에서 성장했으며, 단선진화론의 시각으로 당시 신대륙의 원주민 사회를 선사시대의 단계에 머물러 있다고 평가했다.(트리거, 2019, pp. 176-181·마이든, 2019 참조)

티예의 손에서 석기의 변화는 인류의 진보를 보여주는 이정표가 되었다.

1863년 가브리엘 드 모르티예Gabriel de Mortillet(1821~1898)는 석기시대 수집품 관리자로서 생제르맹Saint-Germain의 국립박물관에 들어갔다. 그리고는 유물에 매료되어 지질학 지식을 바탕으로 연구를 시작했다. 인류의 진보는 불가피했음을 열정적으로 믿었으며, 그러한 진보를 도구 형태의 변화로 알 수 있다고 생각했다. 그리고 1867년 파리에서 열린 국제박람회에서 그런 방법으로 노동의 역사에 대한 전시를 조직한다. 과거부터 현재까지 인류의 진보를 기념하는 전시였다.

모르티예는 지질학에서 빌려온 '지표 화석type fossils'이라는 개념으로 뿔로 만든 찌르개와 작살 같은 도구를 정의했다. 석기시대의 기술을 독특한 지표 화석을 가진 상이한 시간대로 나누었던 것이다. 모르티예는 인간과 그 사회는 거의 모든 지역에서 같은 방식으로 진화했으며 인류 진보의 '일반 법칙'이 있다고 믿었다.

모르티예는 엄격하면서도 지질학적으로 훈련된 고고학자였다. 모르티예의 생각은 수 세대 동안 석기시대 고고학을 주도했다. 모르티예의 방법은 선사시대가 질서 있게 진보했다는 인상을 주었고, 이해하기도 쉬웠기 때문에 널리 확산했다.

레제지에 들어선 새로운 박물관에서 여전히 모르티예의 접근법을 볼 수 있다. 위층의 전시실에는 뿔과 뼈, 돌로 만든 도구들이 자리하고 있으며 시간 순서로 배치되어 있다. 나는 이런 아름다운 전시에 울적한 생각이 들었다. 전시는 모두 모르티예가 살던 시절인 듯 냉정하게 정돈되어 있었다. 다행히도 다른 전시에서 네안데르탈인과 크로마뇽인에 대해 말해주었다. 다만 도구 전시는 여전히 고고학이 지닌 문제를 잘 보여주고 있었다. 그저 인간 행위의 비인간적인 상징으로서 유물만 있었다. 관람객은 유물이란 언젠가 살았던 사람들이 만들고 사용한 것임을 종종 잊어버린다. 고고학은 이렇게 유물과 사람의 연결 고리를 잃고 있다.

이 모든 것에도 불구하고 모르티예는 큰 유산을 남겼다. 여러 고고학적 단계와 유물을 분류하여 그 각각에 문화적인 명칭을 부여했던 것이다. 시간대를 나타내는 각각의 층을 고고학 유적의 이름을 따서 불렀다. 밑(기부)이 벌어진 뿔찌르개를 가진 문화는 오리냐 동굴의 이름을 따서 오리냐시앙Aurignacian으로, 뿔작살이 대표적인 문화는 라마들렌 바위그늘 유적의 이름을 따라 막달레니앙Magdalenian으로 불렸다. 모두 매우 지질학적인 것이다. 석기는 사람이 만든 것이고, 인간 행위는 끊임없이 변화한다는 점을 잊은 듯하다. 이러한 한계에도 모르티예의 엄격한 접근은 특히 프랑스 문화권에서 20세기까지 지속되었다.

19세기의 프랑스 동굴 발굴은 거칠었는지도 모른다. 그러나 이를 통해 석기시대 고고학에서 새로운 길이 열렸다. 네안데르탈인은 단순한 기술을 가졌으며, 뒤이어 순록을 사냥한 크로마뇽인은 훨씬 더 세련된 무기를 사용했음이 밝혀졌다. 라르테와 크리스티의 구석기 발견으로 혹독한 추위에 훌륭히 적응한, 이미 사라진 유럽의 사회가 드러났다. 한편으로는 빙하시대를 뒤이어 유럽에 살았던 사람들에 대한 의문이 제기되었다. 빙하가 녹으면서 더 따뜻해진 시기에 그 사람들은 여전히 사냥꾼으로 남았을까, 아니면 농경민이 되었을까? 다음 챕터에서 살펴보겠지만, 아름다운 알프스 산맥에서 그들의 자취가 처음으로 드러났다.

CHAPTER 11

시대를 관통하여

스위스의 호숫가에 사는 어부들은 오랫동안 불만이 가득했다. 낚싯줄이 바닥에 걸려 툭 하고 끊어져 바늘을 잃어버리곤 했던 것이다. 그물도 알 수 없는 이유로 바닥에 걸렸다. 찢어진 그물과 함께 나뭇가지가 떠오르기도 했다. 물에 잠긴 숲이 있다는 이야기도 나돌았다.

1853~1854년, 심한 가뭄에 호수 수위가 크게 낮아지기 전까지 아무도 그런 불평에 귀 기울이지 않았다. 물에 잠긴 '숲'은 어두운 흙층에 박힌 나무 기둥으로 밝혀졌다. 한때 물 위에 세워졌던 집의 구조물이었던 것이다. 지역의 호고가들이 찾아왔고, 1869년이 되면서 호숫가에서 200개 이상의 유적을 찾게 되었다.

그러자 취리히 대학의 영어 교수이면서 취리히 호고가협회

고고학의 역사

의 회장이었던 페르디낭 켈러Ferdinand Keller(1800~1881)가 유적에 관심을 갖게 되었다. 켈러는 1854년 오베르메일렌Obermeilen 마을 근처의 취리히 호Lake Zürich에서 드러난 퇴적층에 얽혀 있는 기둥을 발굴했다.

발굴은 보통 흔적 없이 사라지는 유기물을 수습해야 하는 일이어서 스위스 고고학에서는 전혀 겪어본 적이 없는 일이었다. 물기를 유지하지 않으면 유물은 곧 말라버리고, 쪼개지거나 바스러져버린다. 호수의 퇴적층에는 나무 자루가 달린 도끼와 자귀, 나무 바퀴, 그물, 바구니와 줄 등 다른 곳에서라면 사라져버렸을 수많은 유물이 보존되어 있었다. 소와 양, 염소의 뼈도 많이 나왔고 붉은사슴과 비버, 곰 뼈도 있었다. 밀과 보리 씨앗, 야생 과일, 개암, 콩도 많이 수습되었다. 켈러의 발굴 방법은 거칠었다. 기둥 주변을 파서 가능한 한 많은 유물을 수습했다. 하지만 유적과 유물의 연대를 알 수 있는 방법이 없었다.

호숫가 집터의 발견은 가브리엘 드 모르티예 등이 구석기시대까지 인류 진보의 사다리 같은 순서를 매긴 시점에 이루어졌다. 그러나 먼 과거에 관심을 가진 많은 사람은 구석기시대 이후의 선사시대 사회가 어떠했는지 궁금해했다. 빙하시대 이후 유럽에서 기온이 오르면서 무슨 일이 벌어졌을까? 유럽에서 농경은 언제 시작되었을까? 그 사람들이 재배했던 곡물은 무엇이었을까? 오베르메일렌에서 켈러의 발견은 유럽의 초기 농경민에 대해 닫혀 있던 장막을 열어젖혔다.

켈러는 유물을 근거로 호숫가 집터는 수천 년간 점유되었음을 알 수 있었다. 그런데 왜 당시 주민들은 물 위에 집을 지었을까? 라르테와 크리스티가 크로마뇽인에 주목했듯이 켈러는 인류학으로 눈을 돌렸다. 그러고는 곧바로 뉴기니 마을에는 얕은 물 위에 기둥을 세워 집을 짓고 사는 사람들이 있다는 프랑스 탐험가들의 기록에 주목했다. 그리하여 그 나무 기둥들이 뉴기니의 예와 비슷한 선사시대의 집을 떠받친 것이며, 주민들은 도구와 음식물 찌꺼기를 집 아래의 물에 떨어뜨렸을 것이라고 생각했다. 그리고 그런 집을 '고상가옥'이라고 불렀다.

그런데 한참이 지나서 발굴 과정이 더 정교해지면서 켈러의 생각이 잘못되었다는 것이 밝혀졌다. 호숫가 집터 중에는 호수의 수위가 올라가서 물에 잠긴 습지대에 자리한 것도 있었다. 구조물을 튼튼하게 유지하기 위해 호수의 수위보다 높게 세워 땅에 기둥을 박은 것이었다. 나중에 수위가 올라가면서 진흙이 기둥과 기둥 사이의 바닥과 불땐자리를 덮어 초기 농경 생활의 수많은 유기물이 보존되었던 것이다.

페르디낭 켈러의 발견은 큰 뉴스거리가 되었다. 예술가들은 마을을 복원하는 그림을 그렸다. 마치 사람이 만든 나무 섬 위에 집이 있어서 판자를 이용해 육지로 드나드는 듯이 복원해놓았다. 이는 사실 잘못된 복원이었다. 끊임없이 이동했던 크로마뇽인과 달리 이 마을 사람들은 같은 지점에서 아주 오랫동안 살았다. 농경민은 땅에 매여 있기 때문에 그럴 수밖에 없었다. 재배한 곡물이 유적에서 그대로 나왔다.

오늘날 이런 대부분의 호숫가 집터는 서기전 4000년에서 서기전 1000년 사이의 유적임이 밝혀졌다. 비슷한 마을이 프랑스와 독일, 이탈리아, 슬로베니아의 고산지대 호수에도 있다. 19세기 말 오베르메일렌과 비슷한 유적들은 유럽의 초기 농경민 연구의 전환점이 되었다. 도구와 음식물 잔재가 풍부하게 나와 스위스 호수에서 아주 먼 곳에 살았던 사람들을 이해하는 데도 참고 자료가 되었다.

농경민에게 소금은 매우 귀중하다. 주로 곡물에 의존하는 식단을 보완해야 하고, 훗날을 위해 생선과 고기를 보관해야 한다. 암염은 산지 가까이에 사는 운 좋은 사람들에게도, 그리고 그것을 사고파는 사람들에게도 마치 금가루와 같은 것이었다. 잘츠카머구트Salzkammergut 산맥에는 엄청난 양의 암염이 있었다. 사람들은 적어도 서기전 1000년 무렵, 혹은 그보다 더 오래전부터 오스트리아 잘츠부르크에서 가까운 호숫가 소도시 할슈타트 위의 작은 마을 잘츠부르크탈Salzbergtal 근처에서 암염을 채굴했다. 여러 세대의 사람들이 오랫동안 잘츠카머구트 산맥에서 소금을 채취했는데, 요한 게오르그 람자우어Johann Georg Ramsauer(1795~1874)라는 사람도 있었다. 람자우어는 이미 열세 살 때부터 채굴 견습생으로 일하다 곧 전문가가 되어 채굴 행위를 관장하는 광산 감독관 자리에 올랐다.

성격이 독특했던 람자우어는 소금 광산에서 가까운 루돌프슈트룸Rudolfsturm이라는 중세시대의 성채에서 살았다. 가정적인 사람이었으며, 어른으로 성장한 아이만 스물두 명이었다. 고고학 발굴에도 열정을 가져 한가한 시간에 루돌프슈트룸과 광산 사이의 건설공사 도중에 발견된 철기시대의 거대한 공동묘지에서 1,000개 정도의 무덤을 발굴했다. 죽은 자들은 할슈타트 문화의 사람들인데, 람자우어가 지역의 소도시 이름을 따서 붙인 이름이다. 이들은 소나무 송진으로 만든 횃불을 밝히며 언덕을 파 들어간 광부들이었다. 가죽으로 만들어진 그들의 가방과 장갑, 모자에 소금이 담겨 있었다.

람자우어는 1846년부터 1863년까지 그 공동묘지를 발굴했다. 당시는 네안데르탈인의 첫 화석이 나왔고 스위스에서 호숫가 마을 유적이 발굴되었던 때였다. 람자우어는 화가에게 발견물과 무덤을 그리고 기록하게 했다. 화가는 토기와 금속기, 다른 부장품들과 인골이나 화장의 흔적, 위치 등을 수채화로 그렸다.

무덤에서 부장품을 들어낼 때도 상세하게 서술한 기록과 스케치를 남겼다. 절반 정도는 화장이었고, 나머지는 매장이었다. 족장이나 중요한 사람들이 묻혀 있는 게 아니었다. 이들은 광부, 채굴업자와 금속 장인이었으며 장식품과 도구, 무기와 함께 묻혔다. 이 사람들은 전문 교역자였다. 이곳에서 생산된 금속기와 소금은 유럽 널리 확산되었다. 먼 거리까지 교역망을 가지고 있었음도 분명했다. 멀리 떨어진 아프리카에서 온 상아 장식품도 있었고, 발트 해 지역의 호박 구슬도 나왔던 것이다.

불행히도 1874년 람자우어는 연구 결과를 발간하지 못하고 사망했다. 무덤에서 나온 뼈와 유물의 상세한 정보를 기록하지도 못했다. 손으로 쓴 노트는 사라졌다가 1932년에 비엔나의 중고서점에서 발견되었다. 조사 기록으로서 얼마나 신뢰할 수 있는지는

고고학의 역사

불확실했지만 1959년에 마침내 발간되었다. 19세기의 발굴에서 어떻게 이런 귀중한 정보가 남아 있었는지는 불가사의한 일이다. 하지만 슬프게도 그 공동묘지 유적에서 오늘날 우리가 배울 수 있는 것들 중 아주 작은 일부만 기록되어 있을 뿐이다.

호숫가 마을과 할슈타트 공동묘지는 얼마나 오래된 유적일까? 오늘날 우리는 할슈타트 문화가 서기전 8세기부터 서기전 6세기까지 번성했음을 알고 있다. 그러나 19세기 중·후반에 그렇게 추정할 길은 전혀 없었다. 당시 새로 등장한 지질학과 진화이론, 네안데르탈 화석 발견 등으로 알려지지 않은 엄청난 과거가 드러났고 삼시대체계와 보르소에의 발굴로 기본 골격이 갖추어졌지만, 로마 시대 이전 유럽 사회의 진정한 연대는 여전히 알 수 없었다. 다행히도 스웨덴의 고고학자 오스카 몬텔리우스Oscar Montelius(1843~1921)는 옌스 보르소에 등 선학이 남겨놓은 유산을 물려받았다. 몬텔리우스는 일생 동안 유럽 전역의 편년 틀을 만드는 일(일어난 사건을 시간에 따라 배열하는 일)에 매달렸다.

유물 분석 전문가가 되려면 특별한 인성도 필요하다. 유물에 대해 아무것도 알지 못한다면 특히 더 그러하다. 끝없는 인내와 흔히 잘 드러나지 않으면서도 세세한 특성을 물고 늘어지는 열정과 과거에 대한 사랑이 필요한 작업이다. 몬텔리우스는 그런 성품을 갖추고 있었다. 훌륭한 언어학자로서 느긋하면서도 호감이 가는 사람이었다. 여러 강의에 나서면서 고고학을 대중의 눈으로 볼 수 있도록 노력하기도 했다.

몬텔리우스는 스웨덴의 스톡홀름에서 태어나 국립역사박물

관에서 일생을 보내면서 관장의 자리까지 올랐다. 수집품과 유물을 다루면서 생애를 보낸 최초의 박물관 고고학자 중 한 명이었던 것이다.

몬텔리우스는 유물을 근거로 한 정확한 편년(시간 순서)과 유물이 발견되는 맥락에 열정적으로 매달렸다. 처음부터 그런 시간 순서를 만들 수 있는 방법은 유럽과 지중해, 서아시아를 둘러보는 것임을 알고 있었다. 그곳에서 이미 연대가 알려진 유적에서 나오는 유물이나 문헌 기록에 나오는 유물을 찾을 수 있었다. 그런 유물을 편년의 축으로 삼아 멀리 떨어진 곳에서 나오는 비슷한 유물의 위치를 추정할 수 있었던 것이다.

그래서 멀리까지 여행을 떠났다. 몬텔리우스는 대다수가 큰 도시에서 멀리 떨어진 작은 도시에 있는 수백 개의 박물관을 직접 찾아갔다. 당시에는 차도 없었고, 철도와 마차나 말을 타고 끝없는 여행을 떠나야 했다. 전기도 없고, 타자기나 컴퓨터도 없었다. 모든 것을 손으로 기록해야 했다. 몬텔리우스는 자신의 여행에서뿐 아니라 여행 도중, 그리고 서신으로 알게 된 수많은 동료의 도움을 받아 정보를 수집했다.

몬텔리우스는 오랜 연구 끝에 '교차편년cross-dating' 방법을 개발했다. 고대 이집트와 다른 지중해 문명에서 연대가 이미 알려진 유물을 바탕으로 상세한 세부 형태와 양식적 특성을 비교하여 유럽 전역을 가로지르며 유물과 유물을 서로 연결시켜 시간 순서를 찾은 것이다. 또한 연대 추정이 이루어진 유물과도 비교했다. 팔찌와 단검, 토기, 핀 같은 것이 몬텔리우스 편년의 도구로 쓰였다. 이로써 유럽의 한쪽 끝에서 다른 쪽 끝까지 모든 종류의 유물을 시간 순서에 따라 네트워크처럼 배열할 수 있게 되었다.*

1885년 몬텔리우스는 『청동기시대 편년에 대하여 On Dating in the Bronze Age』라는 대작을 출간했다. 이 책은 수천 개의 유물과 그 유물이 나온 유적을 연구하여 완성한 업적으로서 선사시대의 유럽에 대한 첫 번째 연대기라고 할 수 있다. 몬텔리우스는 청동 도끼와 브로치, 검 등과 같은 유물을 분류하여 유럽의 청동기시대를 여섯 시기로 나누었다. 엄청난 수의 유물을 바탕으로 제시한 분기의 증거는 너무나 설득력이 있어서 책이 출간되자마자 일반적으로 받아들여졌다. 그리고 얼마 뒤 몬텔리우스는 청동기시대의 시작이 서기전 1800년 즈음까지 거슬러 올라간다고 추정했다. 많은 동료 연구자들은 그 시점이 너무 이르다고 생각했다. 그러나 그로부터 오랜 세월이 흐르고 1970년대 초, 몬텔리우스가 활동하던 시절에는 알려진 적이 없는 방사성탄소연대측정('챕터 27' 참조)으로 그의 추정이 옳았음이 밝혀졌다.

몬텔리우스는 고고학의 성과를 대중과 공유해야 한다고 믿었다. 그 일환으로 강연을 하고 관람객을 인솔하여 박물관을 둘러보며 수많은 사람들에게 설명했다. 몬텔리우스는 영어와 프랑스어, 독일어, 이탈리아어에 능숙하여 메모 없이도 말할 수 있었다. 또한 대중을 위해 수많은 글과 책을 썼고 아내에게 영향을 받아

---

* 몬텔리우스는 시간의 흐름에 따라 유물의 형태가 일정한 연쇄를 그리며 변화한다고 믿었다. 변화는 진화적 경향이 있어서, 후행 형식은 선행 형식의 유산을 마치 흔적기관처럼 간직하고 있는 식으로 연쇄를 그린다는 것이다. 이렇게 여러 형식의 시간 순서를 매길 수 있다. 몬텔리우스의 편년법은 흔히 형식 계열 typological series이라고 불리며, 오늘날 고고학의 상대편년법의 토대가 되었다. (트리거, 2019, pp. 224-230 참조)

여권 신장을 위해서도 노력했다. 몬텔리우스는 많은 점에서 당대의 유럽 고고학을 주도했고 다른 고고학자들보다 앞서 있었다.

몬텔리우스가 스웨덴의 국립역사박물관장이 되었을 때 고고학은 이미 크게 발전해 있었다. 몬텔리우스와 스칸디나비아 선구자들의 빈틈없는 연구 덕분에 많은 유럽인이 선사시대의 소중함을 알게 되었다. 하지만 몇몇 주목할 만한 점을 제외하면, 지중해 지역 같은 대부분의 지역에서 고고학 발굴은 여전히 거칠고 성급하게 진행되고 있었다. 박물관 전시품과 눈부신 유물을 얻으려는 욕망은 식을 줄 몰랐다. 그러나 역사상 처음으로, 몇몇 위대한 발견만이 아니라 유물들과 그 맥락을 토대로 한 로마 시대 이전 유럽에 대한 편년 틀이 마련되었다.

19세기 말에 전문 고고학자는 드물었다. 고고학이라고 해봐야 대부분 임시적인 유물 수집에 머물러 있었다. 그런 수집 행위가 그리스와 이탈리아, 서아시아, 그리고 유럽에서 여전히 이루어지고 있었다. 그러나 고고학은 다른 지역, 특히 아메리카 대륙에서 발전의 길을 걷고 있었다. 존 스티븐스와 프레더릭 캐더우드의 놀라운 발견으로 아메리카 대륙의 고고학자들은 근본적인 세 가지 질문에 눈을 돌렸다. 아메리카 원주민의 조상은 누구인가? 그 사람들은 어디에서 왔는가? 그리고 어떻게 아메리카 대륙에 들어왔는가?

고고학의 역사

CHAPTER 12

'마운드빌더'라는 신화

1492년 10월 12일, 이탈리아의 탐험가이자 스페인의 대양제
독 크리스토퍼 콜럼버스Christopher Columbus는 바하마 제도의 한 섬
에 발을 내딛는다. 그리고 그곳 사람들을 보면서 노예로 쓸 만하
다고 생각했다. 하지만 몇 세대 지나지 않아 그동안 겪어보지 못
한 질병과 잘못된 치료로 카리브 해 섬의 인구는 급격히 줄어들
었다. 원주민이 어디에서 기원하여 어떻게 이곳에 정착했는지에
관심을 가진 사람은 거의 없었다.

콜럼버스가 스페인 왕 앞에서 포로들을 거느리고 행진하면
서 아메리카 원주민을 둘러싼 논쟁이 시작되었다. 이 이상한 사
람들은 누구인가? 사람인가? 스페인의 정복자 에르난 코르테스
Hernán Cortés와 그 부하들이 1519년에 아즈텍이라는 놀랍고도 세

련된 세계를 찾기까지 그 사람들은 그저 단순하고 복잡하지 않은 영혼을 지니고 있는 이들로 여겨졌다. 그런데 아즈텍의 수도 테노치티틀란Tenochtitlán('뾰족한 선인장의 땅'이라는 뜻으로, 현재 멕시코시티가 있는 곳이다)에는 20만 명 이상이 살았고, 콘스탄티노플과 세비야에 비견되는 커다란 시장도 있었다.

서아시아에서 시작하는 성서의 창세기에 길들여진 유럽인들은 아메리카 원주민의 사회가 단순한 수렵채집 무리부터 부유한 문명에 이르기까지 믿기 어려울 정도로 다양하다는 데 커다란 의문을 갖게 되었다. 인디언들은 어떻게 아메리카 대륙에 이르렀을까? 아시아에서 육지로 걸어 들어왔을까? 아니면 콜럼버스가 오기 훨씬 전에 대서양을 건넌 개척자가 있었던 것일까? 미국 고고학자들은 아직도 이 주제를 연구하고 있다.

1589년 스페인의 가톨릭 선교사 호세 데 아코스타José de Acosta는 북아메리카의 첫 정착민이 아시아에서 그저 짧은 항해만으로 들어왔다고 발표했다. 우리는 현재 아메리카 원주민이 실제로 아시아에서 기원했다는 아코스타의 생각이 옳았음을 잘 알고 있다.

그로부터 약 300년이 흐르고, 1856년에 새뮤얼 헤이븐Samuel Haven이라는 학자가 인디언이 먼 과거에 베링 해협을 건너왔다고 주장하면서 아시아 기원설을 뒷받침했다. 수천 명의 백인 정착민이 앨러게니Allegheny 산맥 너머 서쪽으로 이주하던 시절(서부 개척기) 아무도 헤이븐의 주장을 믿지 않았다. 서부로 향한 사람들은 대부분 기름진 땅을 찾는 농경민이었다. 사람들은 오하이오 밸리, 그리고 오대호와 네브래스카에서 플로리다에 이르기까지 수백

고고학의 역사

개의 마운드와 토루, 토벽을 보고 놀라지 않을 수 없었다. 황금과 부를 열망하던 농경민은 보물 사냥에 나섰다. 그곳에서는 수많은 인골과 조개 장식품, 무기가 나왔다. 그러나 황금은 없었다.

개척 농민이 두터운 숲의 나무를 베자 수수께끼 같은, 흙으로 만든 거대한 구조물(토루)이 드러났다. 어떤 마운드는 홀로 서 있었지만, 무리 지어 분포하는 것도 있었다. 커다란 토벽이 마운드를 둘러싸고 있기도 했다. 토루는 분명 아주 오래된 것이었다. 현존하는 그 어떤 인디언족도 그런 것을 만들지 않기 때문이었다. 무덤이 분명한 봉분도 있었는데, 인골이 나오는 층이 정연하게 보이거나 통나무 관이 놓였던 무덤방이 드러나는 경우도 있었다. 백인 정착민들이 그런 봉분을 파자 돌로 만든 파이프, 망치로 두드려 만든 구리 도끼와 장식품, 잘 만들어진 토기와 다른 도구가 나왔다. 분명 솜씨 좋은 장인의 작품이었다. 이집트 등 다른 지역의 예술품과 비슷한 점은 거의 찾을 수 없었다. 이 토루를 만든 사람들, 곧 '마운드빌더Mound Builders'는 알려지지 않은 미스터리였다.

그렇다면 마운드빌더는 누구였을까? 당시 거의 모든 사람은 인디언 사회가 너무나 단순하고 원시적이라고 여겼다. 그리하여 황금과 용맹한 전사, 이상한 문명에 관한 이야기는 들불처럼 번져 갔다. 사람들은 이처럼 잘 알려지지 않은 땅에서 탐험하기를 꿈꾼다. 긴 겨울밤에 믿기 힘든 이야기들이 입에서 입으로 전해졌다. 1830년대에 조시아 프리스트Josiah Priest라는 대중 저술가는 위대한 백인의 군대와 평원을 달리는 전투 코끼리, 과장된 영웅의 이야기를 지어냈다. 이렇게 전적으로 허구적인 영웅담으로 가득 찬 이야기로 토루 축조자, 곧 '마운드빌더족' 신화가 만들어졌다.

보물 사냥은 빈번했지만, 대단한 발견은 거의 없었다. 사람들은 빠른 속도로 여기저기 유적을 파헤쳤다. 경작으로 마운드가 사라졌다. 토루와 봉분을 체계적으로 조사한 사람은 거의 없었다. 그러나 예외적인 인물이 한두 명 있었다.

오하이오 주 서클빌Circleville의 우체국장이었던 케일럽 앳워터Caleb Atwater는 19세기 초에 수많은 마운드를 지표조사하고 발굴했다. 앳워터는 수백 개의 무덤을 찾고, 운모를 이용해 새 발톱이나 사람 모양으로 만든 장식품 등을 수습했다. 신앙심이 깊었던 앳워터는 마운드를 만든 사람들이 성서에 기록된 홍수 이후 아시아에서 베링 해를 건너 들어온 유목민과 농경민이라고 주장했다. 그리고 인디언들은 토루와 봉분이 버려지고 한참 뒤에 들어왔다고 추정했다.

헤이븐은 에프라임 스콰이어Ephraim Squier(1821~1888)라는 사람의 연구에 근거하여 선사시대 주민의 이주에 관한 학설을 고안했다. 스콰이어는 교육을 잘 받아 풍부한 지식을 가졌으며, 과거에 진지한 관심을 가진 미국인이었다. 스콰이어는 뉴욕 주에서 기자로 시작하여 오하이오 주의 작은 도시 칠리코드Chillicothe에 있는 지역신문사에서 일했다. 훗날 여행가, 그리고 성공적인 외교관이 되었고 1868년 페루에 발령을 받았다. 페루에서는 안데스 지방에서 숨 막힐 정도로 아름다운 잉카 유적을 외부인으로선 처음으로 묘사했다. 그런데 남아메리카로 들어가기 훨씬 전에 칠리코드의 지역 내과 의사인 에드윈 데이비스Edwin Davis와 함께 일한 적이 있었다. 1845년에서 1847년 사이에 두 사람은 오하이오 밸리에서 수많은 토루와 봉분을 같이 발굴하고 조사했다.

협업을 주도했던 스콰이어는 수많은 토루를 조사하기 위해 정확한 계획을 세워야 했다. 스콰이어의 지표조사는 너무나 정확해서 오늘날에도 쓰일 정도이며, 몇몇 안내서에도 등장한다. 두 사람은 미국민족학회American Ethnological Society의 지원을 받아 마운드를 200개 이상 팠으며, 수많은 토루와 토벽을 지표조사하여 엄청난 유물을 수집했다. 지표조사를 한 중요 유적으로는 그레이트 서펜트 마운드Great Serpent Mound를 들 수 있다. 이것은 산등성이에 꿈틀거리는 뱀의 모양으로 구부려 축조된 긴 마운드인데, 벌어진 턱 쪽에 작은 타원형 마운드를 가지고 있다.

이 모든 조사는 스콰이어와 데이비스가 1848년에 출간한 『미시시피 밸리의 고대 기념물Ancient Monuments of the Mississippi Valley』에 수록되어 있다. 스콰이어는 근거 없는 이야기를 몰아내고 사실을 이야기하길 바랐다. 300쪽 분량에 그림도 풍부하게 수록된 이 책은 이후 오랫동안 마운드빌더에 대한 유일한 저술이었다. 스콰이어와 데이비스는 토루와 봉분을 '희생 마운드', '신전 마운드'와 같은 상상의 범주로 나누었다. 유적 목록과 상세한 도면은 지금의 지도와 비교될 정도로 사실적이었다. 그러나 기록된 많은 유적이 이후 사라지고 말았다.

스콰이어는 거친 발굴에서 나온 출토품을 작은 유물까지 세심하게 기록했다. 심지어 훨씬 더 북쪽의 슈피리어 호 근처에서 온 구리 광석을 망치로 두드려 도끼와 자귀를 만들었다고 했는데, 옳은 판단이었다. 동석을 깎아 만든 파이프와 동물상도 나왔다. 특히 스콰이어는 동물상이 지역 인디언이 만든 그 어떤 것보다도 세련되었다고 했다.

스콰이어와 데이비스는 '마운드빌더들'이 방어용 토루를 축조하는 데 능했다고 언급하는 등 일반적 관점을 제시했다. 그런 생각은 당시 유행했던 위대한 군대와 대규모 전투 이야기에 영향을 받은 것이었다. 스콰이어와 데이비스는 평화를 사랑한 초기 마운드빌더라는 이미지를 만들어냈다. '적대적인 야만 무리'의 침략을 받아 스스로를 지키기 위해 방어벽을 쌓았다는 것이다. 그러나 방어벽은 소용없었고 침략자들의 정복에 마운드빌더들은 사라지고 말았다고 했다. 스콰이어와 데이비스는 유럽인이 마주쳤던 인디언들이 그런 전쟁을 좋아하고, 적대적인 사람들이었다고 보았다. 그러므로 인디언은 유럽인과 마찬가지로 오하이오에서 어떤 권리도 주장할 수 없다고 생각했다.

스콰이어와 데이비스는 편향되어 있었다. 다만 목록과 지표 조사는 마운드빌더를 둘러싼 논쟁에서 새로운 전기가 되었다. 그럼에도 터무니없는 생각들은 계속되었다. 서부에서 인디언과 오랜 교역 경험이 있다고 주장한 윌리엄 피전William Pidgeon은 1858년 성서에 나오는 아담이 아메리카에 들어와 첫 마운드를 축조했다고 말했다. 뒤이어 많은 사람이 들어왔는데 알렉산드로스 왕과 이집트, 페니키아에서 온 사람도 많았다고 했다. 피전은 디쿠다De-coo-dah라는 인디언과의 대화에 근거한 책을 써 돈을 벌었다. 이 인디언은 비밀스런 정보를 전달해주고는 - 피전의 입장에서는 알

맞은 때에 - 죽었다고 했다.

이런 모든 신화가 유행하던 때에도 변화는 진행 중이었다. 다윈의 『종의 기원』 출간, 그리고 네안데르탈 화석의 발견('챕터 8' 참조) 이후 고고학 연구는 크게 발전했다. 새로운 세대의 조사가 시작되었고, 하버드 대학과 스미스소니언 연구소 같은 기관이 중심이 되었다. 그러나 수많은 주장에도 불구하고 북아메리카에서는 솜 강에서 나온 주먹도끼와 네안데르탈 화석 같은 것이 발견되진 않았다. 여전히 중서부와 남부의 마운드빌더를 두고 논쟁이 이어지고 있었다.

마운드빌더족에 대한 공상이 너무 지나치자 1881년에는 일군의 고고학자들이 미국 의회를 설득하여 마운드빌더 조사기금을 확보했다. 그리고 스미스소니언 연구소의 민족학부에 사이러스 토머스Cyrus Thomas(1825~1910)를 수장으로 마운드 조사과를 설치했다. 지질학을 공부한 토머스에 대해서는 별로 알려진 것이 없다. 다만 토머스도 본래 현존 인디언과는 다른 마운드빌더족이 토루와 봉분을 만들었다는 신화를 믿은 사람이었다.

토머스와 조력자 여덟 명은 특히 미시시피 강 유역에서 마운드 조사에 나섰다. 그곳 농민들은 보물을 찾아 마운드를 팠으며, 유물을 사고파는 시장도 형성되어 있었다. 클리런스 무어Clarence Moore라는 종이 상인은 여름 동안 미시시피와 오하이오 강을 집배를 타고 오가며 배를 멈추고 인부들에게 땅을 파게 하곤 했다. 유물 수천 점이 갑판 아래로 사라져 팔리거나 무어의 개인 소장품이 되었다.

토머스의 조사는 대부분 오하이오와 위스콘신 사이의 전원 지역에 집중되었다. 조사단을 여러 곳에 흩어져 일하게 하고, 연중 내내 지표조사를 하고, 파괴를 최소화하면서 발굴에 나섰다. 그렇게 7년 이상 일했다. 계획을 세워 실시한 고고학 조사였으며, 대규모로 정확한 자료를 수집했다. 조사단은 2,000개가 넘는 여러 크기와 형태의 흙 유적과 토루 표본을 조사했다. 발굴과 기증으로 3만 8,000점에 이르는 유물도 확보했다.

1894년 토머스는 700쪽의 보고서를 발간하여 수백 개의 토루와 봉분을 상세히 서술했다. 토머스의 보고서는 그리 쉽게 읽을 수 있는 것이 아니었지만 이처럼 세심하게 수집된 자료에 근거한 것이었다.

토머스는 토루와 유물을 조사하면서 원래 가졌던 마운드빌더족에 대한 믿음을 완전히 바꾸었다. 토머스는 세심한 연구자였고 발굴한 수집품과 예술품, 그리고 개인 소장품을 현존하는 아메리카 원주민 사회의 유물과 비교했다. 이를 통해 과거와 현대 사회의 도구와 무기 사이에 존재하는 유사함을 확인했다. 그리고 18세기까지도 여전히 쓰이고 있던 마운드에 대한 유럽인 여행가들의 기록까지 검토했다.

토머스는 더 이상 미시시피 강 유역에 있었던 마운드빌더족이 인디언에 밀려 사라졌다는 생각을 하지 않았다. 반대로 이제 자신이 조사한 모든 유적은 처음 유럽인이 찾아왔을 때 이곳에 살고 있던 인디언 부족들이 축조한 것이라고 했다.

이 같은 토머스의 자료를 기반으로 한 책은 고고학의 판도를 바꿔놓았다. 이제 공상의 자리에 학문이 들어섰다. 그러나 아메리카 원주민에 대한 편견은 사라지지 않았고, 흔히 엉성한 법률적 근거로 인디언의 땅을 점령하곤 했다. 점점 위험스런 땅파기보다는 전문 조사자들의 체계적인 야외조사가 늘어났다. 그러나 잘 훈련된 고고학자들이 들어오는 데는 많은 시간이 필요했다. 새로운 전기는 마련되었지만, 불행히도 공원에 있는 몇몇 유적을 제외하고 토머스의 책에서 언급된 거의 모든 유적은 적어도 어느 정도는 훼손되었다.

토머스의 보고서는 오늘날의 고고학에서도 여전히 기본 정보원이다. 그러나 이 열정적인 야외조사가의 유산은 그보다 훨씬 더 크다. 토머스는 과거에 아주 다양한 족속이 살았다고 생각했다. 그런 다양한 사회를 확인하고, 이전과 이후의 문화와 어떻게 연관되어 있는지를 가려내는 일은 후대 고고학자의 몫이었다.

사이러스 토머스 이후 한 세기 동안 마운드빌더족의 신화는 무너졌으며, 조사에서 놀랄 만큼 다양한 양상이 드러났다. 오늘날 우리는 토루를 만든, 이른바 아데나Adena, 호프웰Hopewell, 미시시피안Mississippian 사회, 그리고 세련된 의례에 대해 많은 것을 알고 있다.* 또한 북아메리카의 거대한 토루를 축조한 사람들의 의례와 종교적 믿음은 역사가 기록으로 남겨진 시기에도 유지되었

---

* 아데나 문화란 서기전 1000년에서 서기전 200년 즈음(전기 우드랜드 시대) 주로 미국 중서부와 중북부의 고고학 문화를 가리킨다. 호프웰 전통은 미국 동부에서 서기전 1세기부터 서기 5세기까지(중기 우드랜드 시대) 주로 강을 따라 번성했던 문화를 말한다. 미시시피안 시대는 북아메리카 동부에서 서기 800년 무렵부터 유럽인이 들어오는 1600년까지의 문화를 가리킨다. 옥수수를 재배했으며, 엘리트가 등장하고 사회 위계가 발달했다.

음을 알고 있다.

　토머스의 조사는 파괴의 파도를 막지는 못했다. 그러나 토머스는 적어도 보스턴에 사는 부인들을 설득하여 6,000달러의 기금을 조성한 뒤 그레이트 서펜트 마운드를 사들였다. 그리고 1887년에 그 유적을 공원으로 보존하고 방문객이 찾도록 했다. 유적은 현재 오하이오 주의 기념물이자 국가역사유산으로 지정되어 있다.

CHAPTER 13

미지의 세계에 발을 딛다

1883년 4월, 애리조나 주의 포트 아파치Fort Apache에서 근무하던 군인들은 노새에 올라탄 여행가가 나타나자 소스라치게 놀랐다. 당시 아파치족과의 전쟁 상태였고, 여행은 매우 힘든 상황이었던 것이다.

노새를 탄 여행가는 스위스에서 태어난 아돌프 반델리어Adolph Francis Alphonse Bandelier(1840~1914)였는데, 콜럼버스가 오기 훨씬 전부터 '무너진 도시'에 살았던 사람들을 연구하러 외딴 사막의 인디언이 사는 곳까지 돌아다니는 중이었다.

반델리어는 당시 거의 미지의 땅이었던 미국 서남부를 여행하고 있었다. 스페인 사람이 이끄는 탐험대가 멕시코로부터 황금을 찾아 호피Hopi와 주니 푸에블로Zuni Pueblo 인디언 마을에 들어온 적은 있었지만, 빈손으로 떠났다. 흔히 '푸에블로'라 불리는 복층 구조의 인디언 주거지에 사람이 많이 산다는 이야기는 있었지만, 자세히 알려진 적은 없었다.

고대 푸에블로에 대한 최초의 자세한 기록은 1849년에 나왔다. 당시 미국의 육군 중위 제임스 심슨James Henry Simpson과 화가 리처드 컨Richard Kern이 뉴멕시코 주에 있는 차코캐니언Chaco Canyon의 푸에블로 보니토Pueblo Bonito와 애리조나 주 동북부 캐니언 드 셰이 Canyon de Chelly의 나바호 푸에블로Navajo Pueblo 같은 큰 유적을 포함한 열 개의 고대 유적지를 방문한 기록이다.

1869년 대륙횡단철도가 완공되면서 이 지방을 찾는 외지인이 크게 늘어났으며, 많은 사람이 서부로 향했다. 미국 정부는 거대한 생태 실험실 같은 이 지역을 파악하고 탐사하기 위해 공식 조사단을 조직했다. 조사의 목적은 지역의 지질을 연구하고, 푸에블로 인디언과 그들의 주거지에 대한 지식을 얻는 것이었다.

정부의 조사는 대부분 지질학적 사항에 집중해 푸에블로 인디언보다는 광산 채굴 가능성에 관심을 두는 것이 보통이다. 노새를 탄 아돌프 반델리어는 사뭇 다른 관심사를 가지고 있었다. 반델리어는 뉴욕 주 소도시의 은행가였다가 석탄 광산의 관리자로 일했으며, 조용하고 학구적이었다. 미국 서부에 대한 환상으로 가득했던 시절, 틈나는 대로 스페인어로 기록된 멕시코와 미국 서남부에 관한 기록을 찾아보았다.

재능 있는 언어학자이기도 했던 반델리어는 잘 알려지지 않은 기록을 샅샅이 뒤졌지만, 푸에블로 인디언의 역사에 대해서는

고고학의 역사

거의 아무것도 알 수 없었다. 취미는 집착이 되었고, 곧 도서관에 의존한 조사에서 이제 서남부로 직접 가서 야외조사에 나서야 함을 깨달았다. 반델리어는 모든 일에서 손을 떼고 자신의 이름으로 조그만 재정 지원을 받아 뉴멕시코 주 산타페로 여행을 떠났다. 거의 빈손이었고, 노새를 제외하면 가진 것이 별로 없었지만 이제 적어도 푸에블로 인디언의 고고학과 역사를 현지에서 연구할 수 있게 되었다.

반델리어는 과거를 연구하려면 우선 현존하는 푸에블로 인디언 공동체를 알아야 함을 인식하고 있었다. 그리고 얼마 전에서야 버려진 뉴멕시코 주의 페코스 푸에블로Pecos Pueblo 유적을 찾았다. 17세기까지도 2,000명이나 되는 사람들이 페코스에 살았다. 반델리어가 도착하기 50년 전 1830년대에 마지막 사람이 떠났다.

반델리어는 놀랍게도 열흘 만에 지역 언어를 습득했다. 그런 뒤 나이 많은 사람들로부터 중요한 역사적 정보를 수집했다. 커다란 푸에블로 유적지를 지표조사하여 기록했으나 발굴은 하지 않았다. 그런 지식도, 그럴 만한 재원도 갖고 있지 못했다. 다만 페코스 조사로 초기의 푸에블로 역사를 알 수 있는 단 하나의 방법은 현존하는 사회에서 먼 과거로 거슬러 올라가는 것, 곧 고고학을 이용하는 것임을 확신했다. 반델리어는 페코스 조사에 대한 상세한 보고서를 썼지만 별다른 주목을 받진 못했다.

이제 실마리가 될 다른 유적을 찾아나섰다. 1880년대 말, 코치티 푸에블로Cochiti Pueblo 인디언 주민과 석 달간 같이 지내기도 했다. 뉴멕시코 주의 가톨릭교도들은 특히 반델리어가 가톨릭으로 개종한 뒤 인디언 정보원을 접촉하는 데 도움을 주기도 했다.

반델리어가 찾아간 푸에블로는 진흙으로 만든 방들이 밀집되어 있어 출입구와 좁은 통로가 미로처럼 얽혀 있었다. 2층으로 된 큰 집이었다. 차코캐니언의 푸에블로 보니토에서와 같이 대체로 반원형의 복층 구조물도 있었다. 그런 반원형 구조물의 열린 중심부에 커다란 원형의 지하 구조물도 있었다. 이것을 '키바kiva'라 부르며, 비밀스런 의례가 벌어진 공간이었다. 금방이라도 무너질 것 같고 어수선해 보였지만, 푸에블로 마을은 아주 잘 조직된 공동체로 대가족이 수 세대에 걸쳐 살았다.

1881년부터 1892년까지 반델리어는 애리조나와 뉴멕시코 주를 여행했다. 그 도중에 방대한 기록을 남겼지만, 살아서 발간되는 것을 보진 못했다. 실제 기록은 1960년대와 1970년대에야 발간되는데, 아주 중요한 고고학 및 역사적 정보를 담고 있었다. 엄격히 말해 반델리어는 고고학자가 아니었다. 그러나 할 것은 다 했다. 삽으로 유적을 판 적은 없었지만, 도면과 유적 묘사를 통해 후대 고고학자의 발굴에 토대를 놓았던 것이다.

반델리어는 자신의 관찰뿐 아니라 문헌 기록과 구비전승을 이용해 푸에블로 인디언의 역사에 접근했다. 현재의 인디언 부족을 관찰하여 과거를 해석한 첫 번째 미국 고고학자였다고 할 수 있다. 반델리어는 고고학을 유물 연구가 아니라 발견물이 주는 역사와 정보에 대한 것으로 생각했다. 인디언의 토기 디자인부터 지역 역사에 이르기까지 세대와 세대를 거쳐 전수된 모든 것

고고학의 역사

을 이용하여 현재에서 과거로 거슬러 올라갔다. 스스로 말했듯이 '알고 있는 것에서 시작하여 모르는 것으로, 하나하나' 연구한 것이다. 반델리어의 이 놀라운 야외조사는 한 세대 후에야 시작된 고고학 조사의 토대가 되었다. 반델리어의 뒤를 계승한 모든 사람은, 오늘날 미국 서남부 고고학이 그러하듯이, 현재에서 시작하여 과거로 거슬러갔다.

반델리어는 가톨릭 역사를 잡지에 기고하여 여행 경비를 마련했다. 심지어 『딜라이트 메이커스*The Delight Makers*』라는 선사시대에서 시작하는 소설을 쓰기도 했다. 물론 돈을 버는 것이 환영할 만한 일이긴 하지만, 집필의 목적이 단순히 돈을 벌기 위함은 아니었다. 반델리어는 서남부 인디언의 역사를 더 많은 사람과 공유하고 싶어 했다. 소설은 상업적으로 성공하지 못했지만, 인디언 사회에 대한 통찰을 담고 있음은 놀랄 만하다. 반델리어는 1892년에 서남부를 떠나 멕시코와 남아메리카, 스페인에서 일하며 여생을 보냈다.

고고학이 대규모 발굴로 시작된 세계의 많은 지역과 달리 미국 서남부의 과거는 현재 사회와 역사시대의 푸에블로에 대한 반델리어의 세심한 연구에서 시작되었다. 반델리어는 고고학자가 성공하려면 푸에블로에서 수많은 토기 조각이 쌓인 쓰레기 더미를 파는 일에서 시작해 시간을 거슬러 올라가야 한다고 생각했다. 다만 그 자신이 그러지는 못했다. 반델리어는 지도와 지표조사, 현존하는 푸에블로 인디언과의 대화에 만족하고 말았다. 문제는 또 있었다. 고고학에 중요한 푸에블로 마을에는 여전히 사람이 살고 있었기에 발굴을 할 수 없었던 것이다.

반델리어와 함께 후대 발굴 조사의 토대를 닦은 또 다른 인디언 마을 방문자가 있었다. 주니 푸에블로 인디언과 같이 살면서 그 사회의 내부자 시각에서 지식을 습득한 놀라운 인류학자가 있었던 것이다. 프랭크 쿠싱Frank Hamilton Cushing(1857~1900)은 의사의 아들로 태어났다. 그럴듯한 말을 잘하는 연구자였으며, 드라마를 좋아하고 대중성도 섬세하게 관리하는 취향을 지니고 있었다. 1875년 쿠싱은 스미스소니언 연구소의 민족학(비서구 민족 연구) 연구의 조교로 채용되어 이곳에서 뉴멕시코 주의 푸에블로 인디언에 대해 알게 되었다.

1879년 말 쿠싱은 스미스소니언 연구소가 진행하는 미국 육군 대령 제임스 스티븐슨James Stevenson의 미국 서남부 지역 조사에 동행했다. 쿠싱은 9월의 해가 마을 뒤로 넘어갈 즈음 주니 푸에블로 마을에 도착했다. 그러고는 많은 사람이 살고 있는 푸에블로를 '메사mesa(편평한 언덕)라는 작은 섬이 겹겹이' 놓여 있었다고 묘사한 적이 있었다. 처음에는 석 달만 머물 계획이었다. 그런데 결국 4년 반 동안 지냈으며, 그 뒤 워싱턴 DC에서 남은 임무를 수행하기 위해 떠났다.

쿠싱은 스티븐슨과 동료들이 떠난 뒤에도 그곳에 계속 머물렀다. 며칠이 지나서도 자신의 일이 시작조차 되지 않았음을 깨달았다. 반델리어는 서남부 지역을 여기저기 자유롭게 돌아다니며 정보를 수집하고 버려진 푸에블로의 유지遺地를 확인했다. 그러나 쿠싱은 그와 전적으로 다른 방법을 취했다. 주니족을 제대로 이해하려면 같이 살면서 언어를 습득하고, 그 삶을 상세히 기록하는 방법밖에 없다고 생각했던 것이다. 오늘날 인류학자들은 이를 '참여관찰participant observation'이라고 부르지만, 쿠싱이 살던 시대에는 새로운 생각이었다. 쿠싱은 고고학자가 아니었다. 하지만 주니족의 문화가 먼 과거까지 거슬러 올라감을 인지하고 있었다. 그리고 자신의 연구가 훨씬 이전의 역사를 연구하는 데 토대가 될 것임도 알고 있었다.

주니족의 춤을 기록하려 할 때 처음에는 인디언들이 쿠싱을 죽이려 위협했다. 그러나 침착하게 반응하자 주민들은 깊은 인상을 받았고, 그 뒤로는 절대 괴롭히지 않았다. 그렇게 주니족은 쿠싱이 사회구조를 연구하도록 허락했다. 심지어 비밀스런 '활의 사제Priesthood of the Bow'로 인정받기도 했다. 쿠싱은 귀를 뚫고 인디언 옷을 입었다. 결국 주니족 사람들은 쿠싱을 믿고 전쟁추장에 임명하기에 이르렀다. 쿠싱은 수많은 주니족 설화와 신화를 기록했을 뿐 아니라 '첫 주니족 전쟁추장1st War Chief of Zuni: US Assistant Ethnologist'이라는 제목을 붙인 글도 썼다.

쿠싱은 주니족을 열정적으로 지원했으며, 유럽에서 들어온 사람들에 맞서 주니 푸에블로의 땅을 지키고자 노력했다. 그러나 이곳 땅에 관심을 갖고 있는 워싱턴 정가의 몇몇 유력자를 화나게 한 나머지 결국 소환되었다. 건강이 좋지 않은데도 여기저기에서 자신의 경험을 강의하고, 대중을 위해 주니족에 관한 글을 썼다. 프랭크 쿠싱의 강한 개인적 매력과 호소력 있는 언변 덕분에 미국 서남부 지역에 대한 대중의 관심은 높아졌다. 다만 쿠싱의 책과 강의는 흔히 실제와 조금 다른 낭만적 측면에서 푸에블로의 삶을 그리고 있었다. 그럼에도 주니족의 구비전승과 의례에 관한 기록은 오늘날까지도 오랫동안 가치를 지니고 있다.

쿠싱은 자신이 고고학자가 아님을 스스로 인정한 첫 번째 사람인지도 모른다. 그러나 쿠싱은 고고학을 현존하는 사람들에 대한 조사를 몇 세기 전까지 거슬러 올라가는 방법으로 생각했다. 발굴이란 현대에서 과거로 소급해 들어가는 길임도 알고 있었다. 훗날의 짧은 서남부 지역 조사에서 애리조나에 있는 솔트 리버 밸리Salt River Valley의 공동묘지 유적을 발굴하기도 했다. 강력한 지진이 인근의 푸에블로 마을을 파괴하자 그것도 조사했다. 그러나 1890년이 되면서 그의 서남부 지역 조사는 끝이 났다.

반델리어와 쿠싱은 발굴 조사의 잠재력을 잘 보여주었다. 동굴과 푸에블로의 내부에는 건조한 환경 덕분에 과거의 바구니와 채색토기, 돗자리, 그리고 인골까지 보존되어 있는 경우가 많았다. 이런 발견물들은 미국 동부 해안 쪽으로 흘러 들어가 높은 가격에 팔렸다. 고대 유물상들이 토기를 찾아 푸에블로 지역에 들어오는 것을 막을 수는 없었다. 콜로라도 주에서 목장을 하다가 상인이 되어 유물 수집에 나선 리처드 웨더릴Richard Wetherill은 보물 사냥에 빠져 많은 고고학 유적에서 채색토기를 비롯한 유물을 확보했다.

1888년 웨더릴과 또 다른 목장 주인인 찰리 메이슨Charlie Mason 은 콜로라도 남부 메사버디Mesa Verde의 골짜기에서 길 잃은 소들을 보다가 동굴에서 거대한 푸에블로 주거지와 마주쳤다. 북아메리카에서 가장 큰 벼랑 주거지였다. 지금은 클리프팰리스Cliff Palace라 불리는 유적이다. 사암을 깎아 흙과 물, 재를 이용해 회를 발라 돌 조각을 세워 만든 것이었다. 서기 1190년에서 1260년 사이에 클리프팰리스에서 100명 정도가 살다가 그곳을 버리고 떠났는데, 아마도 오랜 가뭄 끝이었던 듯하다. 유적은 중요한 행정 및 의례의 중심지였으며, 움푹 들어간 키바도 23개가 있었다.

메사버디 같은 유적은 리처드 웨더릴 가족에게 떼돈을 안겨 주는 사업지가 되었다. 훗날 웨더릴은 차코캐니언의 푸에블로 보니토에도 머물렀다. 1897년에는 유적 근처에서 유물과 식량거리를 파는 가게를 열기도 했다. 1900년이 되기까지 유적의 절반이 넘는 190개의 방에서 유물을 걷어내 내다 팔았다. 웨더릴의 '발굴'은 개인들로부터 적어도 2만 5,000달러의 후원을 받아 이루어졌다. 후원자들은 발견물을 뉴욕의 미국자연사박물관에 기증했다. 거대한 이익을 취하고 있다는 소문이 워싱턴까지 미치자 웨더릴의 발굴은 공식 명령으로 중단되었다. 1907년 웨더릴은 이 땅의 권리를 미국 정부에 양도하는 데 서명했다.

그동안 아돌프 반델리어의 제자인 에드거 휴잇Edgar Hewett (1865~1946)을 비롯한 서남부 지역에서 활동하는 몇몇 전문 고고학자는 고고학 유적을 보호하는 법을 만들어야 한다고 청원했다. 1906년에 제정된 미국문화유산법American Antiquities Act은 차코캐니언과 메사버디 같은 중요한 지점을 한정해 보호하는 법령이다. 휴잇은 현장학교field school를 열어 적절한 발굴법 - 토기 사냥이 아니라 - 을 가르치며 젊은 고고학자를 길러냈다. 그러나 그 과정

중 대부분은 도굴자들에게 훼손된 유적을 정돈하는 일이었다.

　반델리어와 쿠싱 등은 '현재에서 과거로 거슬러 올라가야 한다'는 미국 서남부 고고학의 기본 원칙을 세웠다. 이후 고고학자들은 그 원칙을 따르고 있다.

CHAPTER 14

황소, 황소다!

1868년, 여우 사냥을 나간 모데스토 쿠빌라스Modesto Cubillas 라는 스페인의 사냥꾼은 바위 사이로 사라진 개를 찾아나섰다. 그런데 땅 아래에서 개 짖는 소리가 들렸다. 쿠빌라스는 개가 빠진 구멍을 찾아 바위틈을 넓혔다. 그러다가 오랫동안 숨겨져 있던 동굴 위에서 발을 헛디디기도 했다. 그러나 동굴 탐험에 나서지는 않았다. 다만 땅 주인 마르키스 데 사우투올라Marquis de Sautuola(1831~1888)에게 동굴의 존재를 알렸다. 사우투올라는 스페인 북부에 몇 곳의 사유지를 소유한 변호사로서 독서와 정원을 가꾸는 일, 고고학 등 다방면에 관심이 가진 인물이었다.

그러나 바쁜 사우투올라에게는 과거를 밝히는 일이 우선순위가 아니었다. 쿠빌라스가 찾은 동굴(지금은 스페인어로 높은 시점을 뜻

하는 '알타미라altamira'라 불린다)을 찾아간 것은 그로부터 11년이 지나서
였다. 사우투올라는 동굴을 여기저기 살피면서 벽에 있는 검은
색 표시를 보았지만 별것 아니라고 생각하며 지나쳤다. 그로부터
머지않아 파리를 방문했을 때 프랑스 서남부의 크로마뇽에서 나
온, 뿔과 뼈를 아름답게 깎고 다듬은 유물이 전시되어 있는 것을
보았다. 그러고는 알타미라에 다시 관심을 가지고 동굴 퇴적층에
그와 비슷한 유물이 있지나 않을까 생각했다.

집으로 돌아온 사우투올라는 동굴을 발굴해야겠다고 마음먹
었다. 아홉 살인 딸 마리아도 따라가게 해달라고 졸랐다. 아버지
와 딸이 지켜보는 가운데 일꾼들이 곡괭이와 삽으로 퇴적층을 파
기 시작했다. 마리아는 이내 땅 파는 일만 구경하기가 따분해져
동굴 깊숙이 들어갔다. 그런데 갑자기 낮은 공간에서 "토로스, 토
로스!", 곧 "황소, 황소다"라는 외침 소리가 들려왔다.

사우투올라는 황급히 달려갔고, 딸은 다채색으로 그려진 들
소를 가리켰다. 바위 위에 그려진 수많은 동물 그림 중 하나였다.
들소와 멧돼지, 사슴이 천장에 뒤엉켜 그려져 있었다. 마치 어제
그린 것처럼 생생한 색깔로 동물들이 묘사되어 있었다. 마리아가
19세기의 위대한 고고학 발견 중 하나를 해낸 것이었다.

낮은 천장에 그림이 그려진 알타미라의 방은 빙하시대 짐승
들의 동물원과도 같았다. 오래전 멸종한 들소가 검고 붉은색으
로, 짧고 뻣뻣한 털을 가지고, 때로 고개를 숙인 채 그려져 있었다.
쭈그리고 있는 동물도 있었다. 멧돼지는 바위 위를 뛰어다니고
있었다. 천장 가득 동물이 그려져 있었다. 많은 동물이 바위가 불

룩 튀어나온 부분에 그려져 더욱 생동감이 넘쳤다. 동물들 사이에는 붉은색의 손바닥 자국도 있었다. 그중에는 천장에 손바닥을 대고 붉은 물감을 불어서 표현한 것도, 조심스럽게 그린 것도 있었다.

사우투올라는 알타미라 동굴의 그림이 파리에서 보았던 조각품과 비슷함을 직감했다. 그리고 작은 책자를 만들어 동굴벽화가 프랑스에 전시되어 있던 유물과 같은 시기에 만들어졌으리라는 생각을 제시했다. 그러나 실망스럽게도 프랑스 고고학자들은 그의 생각을 즉각 받아들이지 않았다. 그림들이 너무 새롭고 현대적이며 세련된 것이라 선사시대의 야만인이 그렸을 리 없다는 것이었다. 사우투올라의 비호 아래 현대의 화가가 그린 위작이라고 말하는 사람도 있었다. 사우투올라는 억울하고 비통한 마음을 안고 집으로 돌아왔다. 그리고 1888년에 여전히 위작이라는 혐의를 벗지 못한 채 세상을 떠나고 말았다.

사우투올라가 혐의를 벗은 것은 그로부터 한참 뒤였다. 프랑스 서남부 지역의 몇몇 동굴에서 그림과 조각품이 발견된 것이었다. 전문가들은 여전히 그것들이 현대의 작품이라고 생각했다. 당시 대부분의 사람들이 '원시적'인 선사시대의 사냥꾼은 예술가일 리 없다고 여겼기 때문이다. 그러나 곧 더 많은 선사시대의 그림이 알려졌다.

1895년 라르테와 크리스티의 사냥터가 있던 도르도뉴의 레제지 근처의 라무트La Mouthe 동굴 소유자는 퇴적층을 팠다. 그러고는 그때까지 덮여 있던 회랑에서 들소와 다른 동물이 새겨지고 그려진 벽을 보았다. 분명 오래된 것이었다. 더 많은 동굴벽화도 알려졌다. 조각품으로 유명한 레콩바렐Les Combarelles과, 레제지에서 가까운 매머드 그림이 있는 퐁드곰Font de Gaume 동굴은 이제 관광객이 즐겨 찾는 명소가 되었다. 빙하시대 예술의 증거는 더욱더 강력해지고 있었다.

1898년 고고학자 몇 명이 레콩바렐을 찾아갔다. 방문단에는 에밀 카르타야크Émile Cartailhac(1845~1921)와 젊은 가톨릭 신부인 앙리 브뢰이유Henri Breuil(1877~1961)도 있었다. 카르타야크는 깊은 퇴적층에서 나온 조각품에 큰 인상을 받았다.

4년 뒤 카르타야크는 브뢰이유와 함께 알타미라 동굴을 찾았다. 젊은 신부는 동굴벽화가 빙하시대의 작품이라고 확신했지만 카르타야크는 오랫동안 현대의 작품이라고 주장해온 터였다. 하지만 이제 생각을 바꾸었다. 벽화가 오래되었다는 데 동의했다. 그러고는 증거가 너무 강력함을 인정하여 이전의 자기 생각이 잘못되었다는 유명한 글을 발간하기에 이르렀다. 카르타야크는 알타미라가 선사시대의 미술관이라고 선언했다. 사우투올라와 딸 마리아가 옳았음이 마침내 입증된 것이었다.

에밀 카르타야크의 생각이 바뀐 이유 중 상당 부분은 앙리 브뢰이유 때문이었다. 훗날 브뢰이유는 선사시대 예술 연구의 거장이 되었다. 변호사의 아들로 태어나 1990년에 가톨릭 성직자가 된 브뢰이유는 신실한 믿음을 가진 성직자이자 뛰어난 과학자였다. 교회는 젊은 신부의 신앙심을 전혀 의심하지 않아, 교회의 가르침에 반대되는 일인데도 빙하시대를 연구하는 데 개의치 않았다. 성직자가 아니라 독립된 학자로서 계속 연구하도록 허가한 것이었다.

브뢰이유는 성직자가 되고 얼마 지나지 않아 프랑스의 선사학자 루이 카피탕Louis Capitan과 에두아르 피에트Édouard Piette를 만나 프랑스의 동굴에서 나온 뿔과 뼈, 석기 유물에 대해 철저한 교육을 받았다. 브뢰이유는 신념이 강했고, 어리석은 사람을 못 봐주는 성격이었다. 그와 다른 의견을 내세우려면 각오를 해야 했다. 밝은 등도 제대로 구비되지 않았고, 고화질 사진도 불가능했던 시절에 뛰어난 예술적 재능을 가진 사람이기도 했다. 동굴벽화를 모사하려면 대략 스케치한 다음 그린 것을 정확히 측정해야 했다. 브뢰이유는 양치식물과 짚으로 채워진 포대 자루에 기대어 양초와 램프의 깜박거리는 불빛만 이용할 수 있었다. 좁은 공간에 끼어 거의 완전한 어둠 속에서 며칠 동안 작업하며 벽에 새겨지고 그려진 희미한 이미지를 종이에 옮겼다. 훗날 브뢰이유는 동굴 속에서 벽화를 모사하는 데 무려 700일 정도가 걸렸다고 추산했다.

브뢰이유는 가능한 한 흑백사진과 대조하면서 수채화로 대략적인 스케치를 완성했다. 몇몇 모사품은 불가피하게 어느 정도의 상상을 가미하여 그렸다. 그런데도 컬러 이미지를 볼 수 있는 오늘날까지 브뢰이유의 모사품은 더없이 귀중한 동굴벽화 기록이다. 불행히도 브뢰이유가 기록한 벽화 중 많은 것은 너무 많은 방문객이 내뿜는 공기 변화 탓에 사라지고 말았다.

1940년, 놀라운 발견이 이어졌다. 학교에 다니는 소년들이 몽티냐크Montignac 마을 근처에서 토끼 사냥을 나갔는데, 개 한 마리가 토끼 굴에 빠지고 말았다. 소년들은 땅속에서 들리는 개 짖는 소리에 토끼 굴을 넓히고 힘겹게 안으로 들어갔다. 그러고는 소년들이 그 아래의 커다란 방에서 야생의 황소와 들소 등 여러 동물 무리를 그린 장엄한 벽화와 마주했다. 이 소식을 들은 브뢰이유는 곧장 그곳 라스코Lascaux 동굴로 향했다. 커다란 황소와 사나운 들소가 생생한 색깔로 그려져 있는 광경에 브뢰이유는 놀라지 않을 수 없었다. 이제 우리는 방사성탄소연대측정('챕터 27' 참조) 덕분에 벽화가 적어도 1만 5,000년 동안 땅속에 봉인되어 있었음을 알고 있다.

브뢰이유는 알타미라 벽화를 모사한 뒤 후기 구석기시대의 예술에는 서로 다른 두 가지 양식이 있는데 단순한 것에서 더 복잡한 것으로 진화했다는 학설을 제시했다. 예술품은 '사냥 마법'의 일종이라고 설명했다. 이미지는 동굴 벽에 그려진 동물의 영혼과 연결되어 반드시 사냥에 성공하기 위한 것이라고 보았다. 그리고 동굴 벽의 그림과 조각품, 특히 휴대할 수 있는 유물은 유희라는 예술적 덕목을 지니고 있으며, 이는 크로마뇽 예술가들이 창의성을 갖고 있었다는 증거라고도 했다.

컬러사진과 적외선사진, 그리고 라스코 같은 그 후의 놀라운 발견들을 보면 브뢰이유의 학설은 지나치게 단순해 보인다. 1994년에 발견된 쇼베 동굴Grotte de Chauvet에는 빙하시대의 코뿔소와 다른 멸종동물들이 그려져 장관을 이루고 있었다. 벽화는 무려 3만 년 전에 그려진 것이었다. 쇼베 벽화는 라스코보다 더 세련된 측면이 있는데도 훨씬 더 오래된 것이었다.

이렇게 복잡하고도 오래된 예술 전통에 대해 모든 이가 동의하는 변화의 연쇄는 아직 나오지 않았다. 이런 예술이 정확히 어떠한 의미가 있었는지도 전문가들 사이에 이견이 있다. 라스코가 발견되고 얼마 뒤 브뢰이유는 남아프리카에 가서 1952년까지 머물며 산San족(과거에 '부시맨'이라 불렸던 사람들)의 바위그림을 연구했다.

브뢰이유는 1929년에 학회 참석차 남아프리카에 왔을 때 산족의 바위그림을 본 적이 있었다. 이미 초기 여행가들과 인류학자들은 알타미라 동굴벽화가 발견되기 훨씬 전부터 산족의 바위그림을 기록했다. 1874년 남아프리카 인류학자 조지 스토George Stow는, 그림을 그린 사람들은 아니지만, 그곳에 살았던 사람들을 알고 있다는 산족 사냥꾼들을 만났다는 말을 한 적도 있었다.

그런데 산족의 바위그림은 프랑스의 동굴벽화와 많은 점에서 달랐다. 남부 아프리카에는 기호와 부호뿐 아니라 사냥 도중 추적하는 장면과 꿀을 채집하는 광경, 춤과 의례, 그리고 야영 생활 등이 그려져 있었다. 브뢰이유는 바위그림 역시 사냥 마법의 산물이라고 여겼다. 하지만 이제 우리는 그보다 훨씬 더 복잡한 의미를 담고 있음을 알고 있다.

브뢰이유가 산족 바위그림의 의미를 풀고자 한 첫 연구자는 아니었다. 아이러니하게도 알타미라 동굴벽화가 발견되기 조금 전에 독일의 언어학자 빌헬름 블리크Wilhelm Bleek(1827~1875)는 케이프타운에 거주하는 동안 산족 방언을 배웠다. 블리크는 그곳 관리를 설득하여 케이프타운의 방파제에서 일하는 산족 재소자 28명을 석방해 언어를 배우는 선생님으로 삼았다. 재소자들은 블리크의 집에서 함께 살았고, 블리크와 그의 처제 루시 로이드Lucy Lloyd는 낱말과 문법뿐 아니라 귀중한 신화와 민담까지 수집했다. 블리크와 로이드는 산족의 예술에 대해서도 잘 알고 있었지만, 단지 모사품 몇 점만 가지고 있어서 사람들에게 보여주었을 뿐이었다.

1873년 또 다른 연구자, 오펜J. M. Orpen이라는 치안판사가 레소토의 드라켄즈버그 산맥에서 멀지 않은 말루티 산맥을 가로지르는 여행에 나섰다. 오펜은 산족 가이드가 전해준 구전을 기록했는데, 블리크와 로이드가 수집한 신화와 놀랍도록 비슷하다. 둘 다 산족 사냥꾼이 좋아하는 커다란 영양을 특히 강조하고 있다.

블리크는 바위그림이 산족 신화를 예증해준다고 확신하기에 이르렀다. 그러나 나중에 들어온 연구자들은 그처럼 조심스럽게 모은 기록을 무시하거나 가치가 의심스러운 정보라는 식으로 치부하고 말았다. 대신 예술을 체계적으로 기록하는 데 더 치중했다.

1947년부터 1950년까지 브뢰이유는 지금의 나미비아와 짐바브웨에서 그림을 모사했다. 그런데 사진이 아니라 연필과 두꺼운 종이를 이용했기에 부정확한 부분도 있었다. 나미비아에서는 「브란트베르크의 하얀 여성White Lady of the Brandberg」이라는 유명한 그림을 모사했다. 이 그림은 2,000년 전의 것으로 인물의 얼굴과 다리의 일부가 하얗게 그려져 있으며, 활과 화살을 짊어지고 꽃 한 송이를 들고 걷는 모습이었다. 브뢰이유는 여성을 그린 것이라고 보았다. 아주 독특한 그림으로, 산족이 아니라 지중해 지역, 아마도 여성 인물화가 흔했던 크레타 섬에서 온 사람이라고 주장했다. 아마도 산족을 그리 존중하지 않았을 것으로 보이는 브뢰이유가 아주 잘못된 해석을 한 것이었다. 1961년 브뢰이유가 세상을 떠난 뒤 컬러사진을 이용한 연구에 따르면 그림은 남자, 아마도 얼굴을 하얗게 칠한 주술사를 그린 것으로 밝혀졌다.

19세기에 블리크와 로이드의 연구는 유럽과 아프리카의 바위에 그려진 그림의 비밀을 푸는 데 기여했다. 그러나 근본적인 의문은 여전히 풀리지 않았다. 왜 크로마뇽 예술가들은 어두운 동굴에서 동물을 그리고 조각하고, 복잡한 상징물을 남겼을까? 예술가들은 강력한 환영을 경험하고, 완전한 어둠 속에서 그림을 통해 기억해낸 것일까? 왜 환한 햇볕 아래가 아니라 동물 지방을 태우는 등잔불 아래에서 작업했을까?

산족의 미술품은 대부분 야외의 바위그늘에 있으며, 죽어가는 영양 주변에서 춤을 추는 길쭉한 형상의 인물을 그린 것이 많다. 그런 그림이 영적인 의미가 있음은 두말할 나위가 없다. 전문가들 중에는 그림을 영적 세계와 소통하는 수단으로 여기는 사람도 있다. 영적 세계의 힘이 동굴 벽에 찍어놓은 손바닥을 통해 사람에게 전달된다고 믿는 것이다. 우리는 결코 그런 그림에 정확히 어떤 의미가 담겨 있는지를 알 수 없을 테지만, 연구는 계속되고 있다.

CHAPTER 15

호메로스의 영웅들을 찾아서

하인리히 슐리만Heinrich Schliemann(1822~1890)은 초기 고고학자들 중에서 가장 유명하면서 가장 논란이 많은 인물이다. 슐리만은 독일 북부의 개신교회 목사의 다섯째 아들로 태어났다. 집안이 가난했기에 열네 살 때 학교를 그만두었지만 10대 시절 슐리만은 호메로스의 시에 빠졌다.

서기전 8세기에 살았던 호메로스는 그리스의 영웅들을 노래한 위대한 서사시를 썼다. 『일리아드The Iliad』와 『오디세이The Odyssey』는 수백 년 동안 그리스의 시인과 사람들이 노래했을 이야기를 바탕으로 한 것이다. 『일리아드』는 트로이라는 도시를 포위한 이야기를 담고 있다. 『오디세이』는 오디세우스라는 전사가 고향에 돌아오며 겪는 모험을 이야기하는 내용이다. 훌륭한 모험담을 담고 있는 것이다.

만약 슐리만을 믿을 수 있다면, 그의 아버지는 저녁때면 호메로스의 서사시에서 이야기를 들려주곤 했다. 어린 시절부터 슐리만은 두 서사시가 정확한 역사 기록에 근거한 것으로 믿고 트로이를 찾고자 하는 간절한 소망을 가졌다고 한다.

존재했다면, 트로이는 어디에 있었을까? 도시를 포위한 전투가 실제로 벌어졌을까? 슐리만은 그 답을 얻기 위해 생애의 많은 시간을 보냈다. 슐리만이 트로이에 집착한 것은 어떤 학문적 배경이 있어서라기보다는 호메로스의 시를 사랑했기 때문이다. 학자들은 트로이라는 도시가 존재했다고 믿지 않았다. 전문가들은 서사시가 호메로스의 상상에서 나온 것이라고 주장했다. 슐리만의 트로이에 대한 환상은 잘해야 기이한 것 정도로 여겨졌다. 어쨌든 슐리만으로선 전문가들이 잘못되었음을 증명할 기회조차 없었다. 그저 식료품 잡화상에서 일하는, 아주 가난하고 교육도 받지 못한 사람일 뿐이었다.

1841년 슐리만은 식료품 업계를 떠나 암스테르담에 갔다. 사업 수완이 있고 말도 잘했으며 러시아 상트페테르부르크에서 염료를 팔고, 캘리포니아에서 은행업도 하고, 크림 전쟁 중에는 군수물자를 팔아 큰돈을 벌었다. 백만장자가 되자 1864년에 사업에서 손을 떼고 호메로스의 서사시와 유적을 찾는 데 여생을 바쳤다.

1869년 슐리만은 이탈리아와 그리스를 여행했다. 그리스어를 습득하고, 고전 그리스어는 2년에 걸쳐 배웠다. 오디세우스의 고향인 이타카Ithaca와 그리스의 섬들, 그리고 마침내 터키의 다르다넬스Dardanelles 해협까지 여행했다. 그곳에서 슐리만은 영국의 외교관 프랭크 캘버트Frank Calvert를 만났다. 캘버트는 해협 근처의 히살리크Hissarlik라 불리는 거대한 마운드의 절반 정도를 소유하고 있었다. 슐리만처럼 캘버트도 고고학과 호메로스, 트로이에 관심을 가지고 있었다. 히살리크에서 얕은 트렌치를 파기도 했지만, 아무것도 찾지 못했던 바였다. 그럼에도 이곳이 트로이라고 굳게 믿고 있었다.

슐리만은 먼지가 날리는 마운드 위에 올라 『일리아드』를 한 손에 들고 주변을 굽어보았다. 그리고 호메로스가 노래한 전투가 격하게 벌어졌을 경관을 떠올려보았다. 슐리만은 히살리크가 호메로스의 트로이라는 캘버트의 확신에 공감했다. 충분한 재원과 지칠 줄 모르는 야심을 가진 하인리히 슐리만은 트로이를 찾아 땅을 파기로 했다.

하지만 슐리만은 발굴 경험이 전혀 없었다. 그저 호메로스가 실제 역사를 기록했으리라는 확신에 따라 판 것이었다. 1870년 4월 슐리만은 작은 시굴 트렌치를 시험 삼아 파면서 시작했는데 거대한 석벽을 발견했다. 그런데 호메로스의 도시는 마운드의 가장 위에 있을까, 아니면 가장 바닥에 있을까? 석벽을 찾자 더 큰 규모로 파고 싶다는 욕구가 생겼다.

슐리만은 터키의 술탄에게 발굴 허가를 요청했지만, 1871년이 되어서야 허가서가 도착했다. 그러는 동안 그리스인 아내를 얻기 위해 후보 몇 명을 만나본 뒤 마침내 가게 주인의 딸로 젊고 아름다운 소피아Sophia와 결혼했다. 소피아는 겨우 열일곱 살이었고, 슐리만은 마흔일곱 살이었다. 결혼한 뒤 소피아는 슐리만의 작업 파트너가 되었다.

1871년 10월 하인리히 슐리만은 히살리크 발굴을 재개했다. 인부 80명을 고용해 유적의 북쪽을 파게 함으로써 호메로스가 묘사한 도시를 찾으려 했다. 이제 슐리만은 도시가 마운드 바닥에 자리하고 있을 것이라고 믿었다. 일꾼들은 곡괭이와 나무 삽으로 6주 만에 10미터 깊이의 큰 트렌치를 팠다. 이것은 전혀 고고학 발굴이라고 할 수 없었다. 슐리만은 무자비하게 석벽과 기초를 파괴해 들어갔다. 아마도 과거 도시의 흔적일 돌덩어리가 뒤섞인 유구가 바닥에서부터 드러났다.

슐리만은 아무런 사전 계획도 없이 히살리크에서 작업을 시작했다. 『일리아드』 사본만 가지고 있었다. 토기 조각과 일부가 드러난 석벽은 지표 아래에 잔존물이 많음을 알려주는 듯했다. 슐리만의 방법은 단순하고 직접적이어서 많은 사람을 동원해 많은 흙을 퍼내는 방식을 썼다. 스스로도 발굴 규모가 최소한 120명을 동원해야 했다고 말했다. 또한 기록에서도 호메로스의 도시를 찾겠다는 일념으로 신전과 요새, 무덤까지 파괴할 수밖에 없었음을 선뜻 인정했다.

1872년 슐리만은 곡괭이와 삽, 손수레를 가득 싣고 다시 돌아왔다. 그리고 그 마운드 위에 집을 지었다. 거주하기에 좋은 조건은 아니었다. 강한 바람이 집의 얇은 널빤지 사이를 뚫고 들어왔으며, 집에 불이 나기도 했다.

슐리만은 트로이를 대규모로 공격한 셈이었다. 감독관 셋과 측량사 한 명이 150명을 관리했다. 대규모의 팀이 케이크 층을 벗기듯 마운드를 팠으며, 마침내 14미터에 이르는 깊이에서 바닥이 드러났다.

슐리만은 다시 한 번 북쪽에서 남쪽으로 파 마운드에 무자비한 공격을 가했다. 이번 발굴에서는 거의 250제곱미터나 걷어냈다. 현대의 채굴 장비를 동원하더라도 엄청난 작업이었을 텐데, 당시에는 그저 맨손으로 그만큼을 팠다. 작업에 참여한 감독관들 중 지중해에서 홍해를 잇는 이집트 수에즈 운하 사업에서 일한 사람이 있었음은 우연이 아닐 것이다.

결과는 놀라웠다. 히살리크에서 도시와 도시가 연이어 번성했음이 드러났다. 각 도시는 이전 주거지를 기초 삼아 건물을 세웠다. 1873년의 조사가 끝나자 슐리만은 트로이를 적어도 일곱 개나 확인했다. 그리고 1890년까지 두 개가 더 늘어났다. 가장 이른 도시는 너무 작았는데, 슐리만은 바닥에서부터 세 번째 도시가 호메로스의 트로이라고 말했다. 구리와 금, 은으로 만든 '많은 보물'이 불에 탄 공사장과 잿더미 층에서 나왔다. 이는 도시가 불에 탔음을 말해주는 것이었다. 슐리만에 따르면 분명 그리스가 파괴한 도시라는 것이다. 그 뒤에 들어선 도시들은 후대의 것이라고 했다.

1875년 5월부터는 이 세 번째 도시에 집중했다. 어느 무더운 날 아침, 슐리만은 지표에서 8.5미터 아래에서 반짝이는 금을 보았다. 일꾼들을 서둘러 물리친 뒤 직접 부드러운 흙을 파 들어가 그 귀한 유물을 들어냈다. 또는 슐리만의 말에 따르면 이 엄청난 발견을 본 사람은 아무도 없었다. 베이스캠프로 돌아온 슐리만은 황금 펜던트와 귀걸이, 목걸이, 브로치, 그리고 독특한 장식품을 펼쳐놓았다. 그러고는 그 기회를 놓칠세라 '프리아모스Priam의 보물'이라고 불렀다. 전설 속 트로이 왕의 이름으로, 그것이 왕의 것임을 선언한 것이었다.

이 발견은 경탄을 자아냈지만, '보물들'이 한꺼번에 발견되었는지에 대해서는 의문이 제기되었다. 많은 전문가는 슐리만이 발굴 도중에 개별적으로 나온 여러 황금 유물을 합쳐놓았을 것이라고 생각한다. 진실이 무엇이건 간에, 슐리만은 터키에서 나온 모든 황금 유물을 밀반출하여 아테네의 정원 창고에 숨겨놓았다. 그리고 나중에는 아내 소피아에게 마치 트로이 공주처럼 유물을 걸치게 했다. 터키는 독일 신문을 통해 유물의 존재를 알게 되자 격노했다. 슐리만의 밀수에 대한 논란은 오스만 정부에 막대한 금액을 지불하고서야 해결되었다.

트로이와 '프리아모스의 보물' 덕분에 슐리만은 국제적으로 유명해졌다. 그러나 많은 학자는 슐리만을 전혀 믿을 수 없는 인물로 여겼다. 콘스탄티노플의 상점에서 구입했을 것이라는 혐의를 제기하는 사람도 있었다.

그토록 많은 것을 이루었기에 보통 사람이라면 이제 좀 천천히 할 수도 있겠지만, 하인리히 슐리만은 그러지 않았다. 얼마 동안 슐리만은 그리스 남부의 비옥한 아르고스 평야의 북쪽 구석에 있는 미케네의 성벽에 주목했다. 미케네는 트로이 침공 당시 그리스 쪽 지도자였던 전설 속의 왕 아가멤논이 묻힌 무덤과 궁전이 있는 곳으로 알려져 있었다. 슐리만은 이것을 확실히 믿었다. 1876년 그리스 정부는 마지못해 그곳의 발굴을 허가했다.

슐리만은 다시 한 번 대규모 굴토 작업에 들어갔다. 63명이 사자 조각으로 치장된 유명한 성문을 찾아냈으며, 다른 사람들은 원형의 석판 구조물(슐리만은 '묘비'라고 불렀다) 안에서 작업했다. 슐리만은 석판 아래를 파기도 전에 아가멤논의 무덤을 찾았다고 언급했다. 넉 달 뒤 슐리만 부부는 무덤 5기에서 시신 15구를 찾았는데, 모두 금을 주렁주렁 매달고 있었다. 1922년에 이집트 파라오 투탕카멘의 무덤이 발견되기 전까지 미케네의 무덤은 발굴된 보물 중에서 가장 눈부신 것이었다. 턱수염과 다듬은 콧수염이 있는 데스마스크* 몇 개를 비롯해 두드려 양각한 금박과 섬세한 관과 그릇, 그리고 많은 작은 장식품이 무덤에서 나왔다.

슐리만은 국제적인 명성을 누리고, 전 세계가 그의 발굴에 주목했다. 왕 두 명과 총리 한 사람이 발굴지를 찾아오기도 했다. 슐리만은 호메로스 영웅들의 시신을 찾았다고 말했다. 독일의 학자들은 그 주장을 받아들이지 않았다. 1900년이 되자 아서 에번스 같은 고고학자('챕터 18' 참조)는 슐리만이 사실상 미케네 문명을 발견했다고 인정했다. 물론 슐리만의 주장이 옳다는 것은 아니었다. 슐리만이 발견한 미케네 문명은 서기전 1300년 즈음에 번성한 청동기시대 사회였기에 호메로스보다 앞선 시기였다.

하인리히 슐리만은 여전히 수수께끼로 남아 있는 인물이다.

---

* 사람이 죽은 뒤 그 얼굴을 본떠 만든 안면상을 말한다.

슐리만은 스스로 신의 메신저라고 생각했다. 신이 호메로스의 진실을 세상에 보여주기 위해 자신을 보냈다는 것이었다. 슐리만을 높이 평가하는 사람들은 그를 천재라고 부르지만, 슐리만을 적대시하는 사람들은 이기적인 미치광이로 치부한다. 슐리만은 부, 그리고 호메로스를 찾는 데 몰두한 외골수였을 수도 있다. 하지만 그것을 뒤로하면 슐리만과 아내 소피아가 부드럽고 친절했던 것도 사실이다.

미케네 발견으로 슐리만은 어느 정도 고고학의 원로 같은 대우를 받았다. 1878년에 슐리만은 존경받는 독일 학자 루돌프 피르호와 함께 히살리크로 돌아왔다. 피르호는 트로이 평원과 마운드의 지질을 연구했다. 슐리만은 영리했고 이제 자신의 방법이 구식임을 깨달았다. 올림픽 경기의 고대 유적인 올림피아 Olympia를 조사하는 독일 고고학자들이 학문적 발굴에서 혁명을 몰고 오고 있었다.('챕터 16' 참조) 1882년부터 1890년까지 올림피아에서 훈련받은 고고학자이자 건축가인 빌헬름 되르펠트Wilhelm Dörpfeld는 슐리만과 함께 트로이를 발굴했다. 두 사람은 긴밀하게 협력하면서 여섯 번째 도시(세 번째가 아니라)가 호메로스의 트로이와 가장 가깝다는 데 동의했다. 만약 트로이가 정말 존재했다면 말이다.

슐리만은 다른 곳에서도 발굴을 계속했다. 아르고스 평야에 있는 티린스Tiryns* 정상에서는 또 다른 미케네 궁전을 파 들어갔

---

* 그리스 펠로폰네소스 반도의 아르고스 평야에 있는 고대 미케네 시대의 도시.

다. 궁전은 거대한 돌덩어리로 만들어진 성벽으로 유명한데, 이제 토기 조각 같은 작은 발견물에도 주목했다. 많은 유물에는 크레타에서 나온 것과 유사한 기하학적인 채색 무늬가 있었다.

슐리만은 지칠 줄 모르는 사람이었다. 호메로스의 서사시에서 크레타의 지배자로 나오는 미노스 왕의 섬까지 눈을 돌렸다. 전설에 따르면 미노스는 사람의 몸에 소의 머리를 가진 미노타우로스Minotaur를 궁전 아래의 미로에 숨겨놓았다. 그런데 아테네 왕의 아들 테세우스Theseus가 미노스의 딸 아리아드네Ariadne의 실을 이용해 미로에서 미노타우로스를 끌어내 죽였다고 한다. 테세우스와 미노타우로스 이야기는 슐리만으로서는 거부할 수 없는 역사적 미스터리였던 것이다.

궁전은 이라클리온Heraklion의 산록 크노소스Knossos에 있다고 했다. 슐리만은 특유의 저돌성으로 크노소스를 매입하려 했다. 다행히도 그러지 못했으며, 성미에 겨워 아테네로 돌아가고 말았다. 이로써 훗날 더 잘 훈련된 고고학자들이 미노스(미노아) 문명을 조사할 수 있게 되었다.('챕터 18' 참조)

모든 새로운 세대의 고고학자들이 슐리만의 작업과 놀라운 발견을 해내는 능력에 자극을 받았다. 슐리만은 이탈리아에서 갑자기 세상을 떠났다. 죽는 날까지 자신이 호메로스가 서사시에 쓴 것이 역사적 사실임을 증명했다고 확신했다고 한다. 결국 이는 잘못으로 밝혀졌다. 다만 슐리만이 수많은 사람들에게 고고학을 알린 것은 틀림없는 사실이다.

CHAPTER 16

체계적 발굴의 시작

칼 리하르트 렙시우스Karl Richard Lepsius(1810~1884)는 1839년 베를린 대학에서 이집트학 교수가 되었다. 논리적이고도 체계적인 생각을 가지고 오랫동안 고대 이집트를 연구─특히 장 프랑수아 샹폴리옹의 상형문자 연구─한 덕분에 세심한 야외조사를 조직해야 하는 일에 가장 어울리는 사람이었다. 무엇보다도 렙시우스는 유물과 연구 자료를 모두 수집하는 학자였다.

렙시우스는 교수로 임명되고 3년이 지나 독일의 대규모 나일 강 조사단의 단장이 되었다. 반세기 전 나폴레옹의 학자들이 조사에 나섰고, 그런 다음 지오반니 벨조니와 베르나르디노 드로베티가 이집트를 도굴했다.('챕터 2' 참조) 그러나 렙시우스는 야심만만했고, 조사의 목적도 고결했다. 그리스 저작물에서나 파편적인,

고대 이집트의 기록으로만 알려져 있는 이집트 파라오들에 대해 최초로 연대기적 역사를 구축할 참이었다. 렙시우스의 등장은 과거에 대한 정보와 유물을 학문적으로 수집하는 새로운 시대가 고고학에서 시작되었음을 알렸다.

1842년 렙시우스는 나일 강 삼각주에서 이전에는 알려지지 않은 피라미드와 고분을 기록하면서 조사를 시작했다. 그러고는 상류로 올라가 명문을 해독하고, 나일 강을 따라 조사했다. 이는 나일 강에서 상이한 점유층에 주목하면서 이루어진 최초의 발굴 중 하나였다. 렙시우스는 유물 1만 5,000점, 명문의 석고 모형, 그리고 진지한 이집트학의 토대를 닦은 많은 정보를 수집하여 베를린으로 돌아왔다. 1849년부터 1859년에는 열두 권에 이르는 방대한 조사 보고서를 발간했다. 그 책들은 여전히 이미 사라지고만 많은 유적에 대한 표준 정보원 역할을 하고 있다. 체계적인 사고로 얼마나 많은 정보를 얻을 수 있는지를 잘 보여주는 사례다.

칼 렙시우스의 보고서는 섬세한 조직화와 책임 있고 차분한 발굴, 빠르고 세심한 발간으로 지중해 고고학에 심대한 변화를 일으켰다. 현대의 기준에서 렙시우스의 발굴법은 여전히 거칠고 손쉬운 편이었다. 그러나 섬세하게 조직화한 조사는 개척적이었다. 렙시우스는 방문한 많은 유적을 지표조사했고, 유물이 나온 위치를 정확히 기록했다. 이는 당시 다른 사람들이 거의 생각지 못한 일이었다.

렙시우스는 더 높은 수준의 발굴이 시급함을 잘 알고 있었다. 새로운 세대의 고고학자들을 길러내는 데 생애 후반을 바쳤다.

고고학의 역사

그리고 고고학자들이 발굴뿐 아니라 복원과 보존에도 관심을 갖게 했다. 그들 중 한 명이 알렉산더 콘체Alexander Conze(1831~1914)였다. 1869년부터 1877년까지 비엔나 대학의 고고학 교수를 지냈으며, 역시 체계적인 야외조사가였다. 하인리히 슐리만이 트로이를 찾고 있을 무렵 콘체는 에게 해 북부의 사모트라케Samothrace 섬에서 발굴 작업을 했다. 슐리만은 마치 감자를 파먹듯 파 들어갔지만, 콘체는 진귀한 것을 찾는 것이 아니라 중요한 역사적 문제의 답을 얻기 위해 사모트라케를 조사했다.

콘체는 그리스의 불의 신으로 뱃사람을 보호했던 헤파이스토스Hephaistos와 밀접히 연관되어 있는 카비리Cabiri의 성소에 집중했다. 고대에 이곳에서는 성대한 축제가 열렸는데 7월마다 에게 해 지방 전역에서 방문자들이 찾아와 혼례와 함께 신성한 놀이를 했다고 한다. 성소 자체는 산록의 단구 세 개를 차지하고 있었다. 날개 달린 조각상, 즉 사모트라케의 니케Winged Victory of Samothrace는 1863년에 유적에서 발견되었으며, 파리의 루브르 박물관으로 옮겨져 아주 유명해졌다.

콘체는 1873년과 1876년에 성소를 발굴했다. 당시로서는 알려지지 않은 발전된 발굴 기법을 사용하여 구조물 몇 개의 모습을 드러나게 했다. 주된 관심사는 건축물이었다. 콘체는 발굴하는 내내 건축가와 함께했으며, 사진사도 발굴 과정을 기록했다. 사진이 많이 들어간 보고서 두 권을 보면 얼마나 상세히 조사했는지를 알 수 있다.

발굴 작업이 마무리되어갈 즈음 독일 조사단은 올림픽 경기의 유적인 올림피아로 눈을 돌렸다. 또 다른 잘 훈련된 고고학자 에른스트 쿠르티우스Ernst Curtius(1814~1896)는 꼼꼼하게 계획을 세워 발굴했다. 유적을 존중하는 중요한 자세로서 독일 고고학자들은 발견된 모든 유물에 대한 권한을 포기했으며, 유적에 특수한 박물관을 세웠다. 1875년에서 1881년 사이에 조사단은 선수들의 출발대와 심판석이 있는 올림픽 경기장을 확인했다. 발굴자는 근처에서 수많은 작은 성소와 건물, 그리고 신전을 찾았으며, 고대의 지진으로 깨진 기둥도 드러났다. 건축가와 사진사는 늘 발굴에 참여했으며, 기록은 정확하고 완벽했다. 다시 한 번 발굴의 세부 사항을 종합한 보고서가 발간되었다.

콘체와 쿠르티우스는 시대를 앞서가며 고고학 발굴의 새로운 기준을 세웠다. 두 사람은 크든 작든 모든 발견물에 주목했다. 독일 조사단은 고고학 발굴이라는 행위는 사실 유적을 영구적으로 파괴하는 것이며, 그렇기 때문에 정확한 기록이 필수적임을 알고 있었다.

쿠르티우스와 콘체만 광범위하게 벌어지는 유적 파괴에 불만을 가진 것은 아니었다. 불행히도 발굴 비용을 지원하는 사람들은 흥미로운 결과를 얻고 싶어 했으며, 반드시 아주 작은 세부 사항까지 기록하는 세심하고 체계적인 조사에 기금을 지원하지는 않았다. 당시 고고학 발굴은 여전히 과거에 관심을 가진 돈 많은, 그러나 실제로 교육을 받지 못한 사람들의 손으로 이루어지고 있었다. 쿠르티우스가 올림피아에서 조사를 마무리할 즈음, 유물에 열정을 가진 영국의 한 장군은 엄청난 유산을 물려받았다. 이 사람은 자신의 땅에 있는 선사시대 유적 조사에 여생을 바치면서 고고학 발굴에 혁명을 몰고 왔다.

피트리버스Augustus Lane Fox Pitt Rivers(1827~1900)는 기대 밖의 발굴가였다. 빅토리아 시대의 보수적인 신사로, 군인 경력이 있는 지주였다. 1880년 레인 폭스Lane Fox라는 이름의 잘 알려져 있지 않은 육군 장교는 영국 남부의 크랜본 체이스Cranborne Chase에서 삼촌으로부터 피트리버스Pitt Rivers라는 성을 쓰는 조건으로 엄청난 부와 거대한 토지를 물려받았다. 레인 폭스가 받은 유산은 거의 110제곱킬로미터에 이르렀고, 원한다면 무엇이든 할 수 있었다.

피트리버스는 가공할 만한 사람이었다. 대쪽같이 꼿꼿하고 늘 정장 차림이었는데, 심지어 발굴할 때도 그러했다. 군대 병과는 소형 화기였으며, 총과 다른 유물이 시간이 흐르면서 어떻게 변해왔는지 잘 알고 있었다.

장군은 남작의 딸인 앨리스 스탠리Alice Stanley와 결혼함으로써 귀족 사교계에 들어가 다양한 지식인과 관계를 맺었다. 그러고는 학회를 조직하는 전문가가 되어 당대의 사상가들과 교류할 수 있게 되었다. 피트리버스는 찰스 다윈의 영향을 받았고, 생물체와 마찬가지로 인간의 도구도 진화했다는 생각에 사로잡혔다. 진화로 더 효율적이고 편리한 도구가 등장했다고 믿었다.

피트리버스는 무제한의 자원을 가지고 전 세계의 비서구 사회에서 온 다양한 유물을 수집할 수 있었다. 그리고 살아 있는 동안 박물관 두 개를 건립했다. 그중 하나는 옥스퍼드의 피트리버스 박물관으로, 지금도 여전히 사람들이 찾고 있다. 또 하나의 박물관은 사유지에 세웠다. 두 박물관 모두 '점진적 발달 과정'을 가르치기 위한 것이라고 했다.

피트리버스는 많은 공부를 한 학술적인 사람이었기에 발굴에 관심을 갖는 것은 당연한 수순이었다. 그리고 렙시우스와 다른 독일의 발굴자들이 건축과 유물이 시간이 흐르면서 변화한다는 점을 강조했음을 분명 알고 있었을 것이다. 피트리버스는 군대 조직에 대한 전문 지식을 이용해 세심하고도 체계적인 계획을 세운 발굴을 어렵지 않게 해냈다.

피트리버스는 아무런 사전 지식 없이 발굴에 착수했다. 그럼에도 모든 것을 용의주도하게 조직했고, 군대식으로 절차를 밟아 나갔다. 훈련된 일꾼 몇 명으로 몇 개의 팀을 만들어 발굴 작업에 들어갔으며, 감독관 여섯 명이 작업을 지켜보도록 했다. 또한 제도사와 모형 제작자를 보조원으로 두었고, 각각의 층과 거기서 나온 유물에 대해 상세한 기록을 남겼다.

피트리버스는 엄격한 공사 감독으로서 동물의 뼈나 씨앗처럼 아무리 하찮은 것일지라도 모든 발견물의 위치를 반드시 정확하게 기록하라고 주문했다. 피트리버스가 발굴지를 찾을 때마다 일꾼들은 긴장했다! 피트리버스는 감독관들, 곧 자신이 직원이라고 부르는 사람들만 상대했다. 눈을 굴려 여기저기 살펴보면서 토기가 단정하지 못한 채 쌓여 있거나 작은 도구들이 너무 트렌치 가까이에 놓여 있는 것 등 세부 사항까지도 결코 놓치지 않았다. 바람에 벗겨지지 않도록 단단하게 검은 모자를 쓰고 발굴지에 와 유물을 들여다보거나 발굴 야장(기록)을 훑어보고는 아무 말

없이 말을 타고 떠나곤 했다.

피트리버스는 청동기시대의 봉분에서 시작하여 잉글랜드 남부의 햄프셔에 있는 철기시대의 요새인 윈클버리 캠프Winklebury Camp라는 유적으로 옮겨 조사했다. 그곳에서 방어 시설의 단면을 잘라 발견 유물에 근거하여 유적의 연대 추정을 시도하기도 했다. 1884년에는 낮은 둑과 요철지로 이루어진 수만 제곱미터의 로마 군사기지를 발굴했다. 일꾼들을 시켜 표토를 제거한 뒤 흰색의 연토질 퇴적층에서 어둡고 불규칙한 것을 파 도랑의 흔적과 불땐자리나 구덩이 같은 유구를 찾으려 했다. 이전까지는 아무도 그런 색깔의 차이를 토대로 고대 유구를 찾은 사람이 없었다.

피트리버스는 발굴하는 동안 내내 3차원 공간을 생각했다. 이 방법은 오늘날 발굴법의 초석이 되었다. 또한 각각의 유적을 기반암까지 발굴했으며, 각각의 층을 기록하고 흙에 나타난 사람의 교란도 주의했다. 그러나 피트리버스는 좁은 트렌치를 팠다. 그런 뒤 유적을 가로지르면서 트렌치를 되묻었다. 그렇기 때문에 넓은 범위를 동시에 노출시키지 못해서 놓친 유구도 있을 수밖에 없었다. 오늘날의 발굴에서는 집터의 기초 같은 유구를 찾을 수 있는 큰 트렌치를 구획하여 파서 과거 주거의 윤곽을 분명히 노출시킨다. 피트리버스는 고대의 기술과 문화 변화에 관심이 있었으며, 나머지는 거의 고려하지 못했던 것이다. 따라서 음식 잔존물을 찾았으면서도 기둥구멍이나 다른 유구는 찾지 못하고 말았다.

1893년 피트리버스는 선사시대의 무덤 6기가 포함되어 있는 기다란 석기시대의 봉분 워배로Wor Barrow를 조사했다. 이전의 발굴자들은 경솔하게 봉분을 파 들어가 인골과 부장품을 들어냈다. 피트리버스는 봉분 전체를 파냈고 열여섯 구의 인골을 발굴했다. 가운데에는 층위를 그대로 보존한 발굴 기둥을 남겨놓아 더 정확한 기록을 할 수 있도록 했다. 봉분 아래까지 모두 파자 넓은 백악토 위에 색깔이 다른 사각형 윤곽이 드러났다. 과거에 여섯 개의 무덤을 보호하기 위해 큰 목조건물이 세워진 흔적이었다.

워배로의 무덤은 원래 축조한 사람들이 깊고도 가파르게 판 도랑 같은 곳에 있었다. 호기심이 무한정했던 고고학자 피트리버스는 발굴된 도랑을 4년 동안 노출시켜놓았다. 그리하여 폐기된 뒤 어떻게 백악토 도랑이 무너져 흙에 묻히는지 알아보기 위해 다시 발굴하기도 했다. 이런 실험고고학 행위는 이전까지 아무도 시도하지 못한 진전이었다. 실제로 이런 조사는 영국에서 1960년대 들어서야 다시 이루어졌다. 일련의 고고학자들이 선사시대의 토루와 비슷한 것을 만들어 세월이 흐르면서 어떻게 변하는지를 연구하려 했던 것이다.

피트리버스는 발굴 조사 보고서를 훌륭한 책으로 만들어 출간할 만한 재원을 가지고 있었다. 그런 책은 오늘날 수집가들이 좋아하는 품목이다. 정보가 아니라 유물만 찾아 유적을 파는 고고학자들을 참지 못했다. 피트리버스에게 학문이란 '체계화한 상식'이었다. 발굴을 실시하는 논리적 절차 역시 마찬가지였다. 당대의 사람들은 피트리버스를 기이한 사람으로 여겼으며, 정력적이고 엄격한 행동과 탐구적인 정신에 혀를 내둘렀다. 피트리버스는 죽고 나서도 평범하지 않았다. 땅에 묻히지 않고 화장되었는데, 1900년에는 거의 없었던 일이었다.

1920년대까지는 아무도 피트리버스의 선구적인 작업을 잇지 못했다. 피트리버스는 군인이라는 배경과 체계적 조사에 대한 열정으로 유적 발굴을 고도로 학문적인 발견의 과정으로 올려놓았다. 그러나 장군은 당시 영국과 다른 지역의 발굴자와 마찬가지로 독학을 했을 뿐이었다. 지중해 지역의 독일 조사단을 제외하고 고고학은 여전히 공식적으로 교육되지 못하고 직접 부딪치며 배우는 것이었다. 학생을 가르치려 한 고고학자도 소수였다. 그런 학자들조차도 열심히 일하려는 사람을 구하려 했을 뿐, 모험을 찾는 젊은이를 찾지는 않았다.

1915년 발굴에 대한 교과서를 집필한, 잘 알려지지 않은 영국의 고고학자 드루프J. P. Droop에 따르면 발굴은 남자들의 작업이었다. 아주 재능 있는 몇 명의 여성('챕터 19' 참조)을 제외하면 실제로 그러했다. 자신의 나라에서 고고학자가 되려면 호기심이 필요했으며, 적어도 과거에 대한 관심과 참을성이 있어야 했다. 외국에서 그 지역 주민과 함께 조사하려면 참을성과 여러 일꾼을 감독하는 능력이 필요했다.

운이 좋으면, 경험 많은 발굴자 밑에서 견습을 할 수 있었다. 그러나 좋은 발굴자가 아닐 수도 있었을 것이며, 발굴자가 실수하는 것을 보고 배우기도 했을 것이다. 로마 유적에서 이루어진, 더 나은 몇몇 발굴은 피트리버스의 생각을 채택하기도 했다. 그러나 오늘날의 기준에 따르면 여전히 거친 발굴이었다.

그런 와중에 영국의 젊은 고고학자 레너드 울리는 아무런 경험이 없는 상황에서 중요한 로마 유적 발굴을 맡게 되었다. 울리는 훗날 이라크의 우르에서 왕릉을 발굴하여 국제적으로 유명해졌다.

　발굴자였던 사람이라면 거의 누구나 일을 하면서 배웠다. 현장학교도, 고고학의 방법을 알려주는 과목도 없었다. 그러나 콘체와 쿠르티우스, 피트리버스는 체계적인 사고와 조직을 가지고 있어서 시대를 앞서갈 수 있었다.

CHAPTER 17

작고 보잘것없는 것

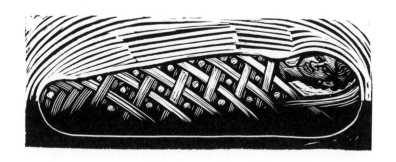

　1880년대에 이집트 카이로 근처에 있는 기자의 피라미드는 고고학자와 괴짜들의 흥미를 끌었다. 상상력이 뛰어난 천문학자들은 피라미드를 가리켜 하늘을 통해 시간을 측정하는 고대의 달력이라고 생각했다. 큐빗(완척)* 같은 고대 이집트의 측량단위에 대한 학설을 내놓은 낯선 이들도 피라미드를 자로 재기 위해 모여들었다. 돌의 모서리를 깨서 자신의 계산과 맞는지 확인하려는 사람도 있었다. 다행히도 영국 감독관 페트리 가문의 두 사람이 기자에 관심을 가졌다.

　페트리 가족은 공식적이진 않지만 오랜 학문 탐구의 역사를

---

* 길이를 측정하는 데 사용된 단위로, 흔히 손가락에서 팔꿈치까지의 길이를 말한다.

가지고 있었다. 플린더스 페트리Flinders Petrie(1853~1942)는 정규교육을 받지 않고 주로 독학을 했으며, 괴짜 같은 인물이었다. 아버지에게 지표조사와 기하학을 배웠고, 1872년에 이들 부자는 처음으로 스톤헨지를 정확히 조사했다. 1880년 플린더스 페트리는 스물일곱의 나이에 이집트로 떠나 기자의 피라미드를 지표조사했다. 피트리버스가 크랜본 체이스에서 발굴을 시작할 때였다.

페트리는 이집트에 도착한 지 1주일 만에 기자 근처의 돌을 깎아 만든 무덤에 자리를 잡았다. 그리고 2년에 걸쳐 지표조사를 끝마쳤는데, 그동안 정확한 조사 지점을 설정하고 피라미드 건축을 연구했다. 이후 페트리의 조사를 접하고 수많은 사람들이 찾아왔다. 그중에는 피트리버스도 있었다. 검소하게 생활한 페트리는 관광객을 피해 맨발로 피라미드 주위를 돌면서 자기만의 온전한 즐거움을 누렸다.

1883년에 페트리가 처음으로 출간한 책『기자의 피라미드와 신전들 The Pyramids and Temples of Gizeh』은 널리 찬사를 받았다. 페트리의 측량으로 피라미드 연구의 새로운 토대가 마련되었다. 당시 이집트학은 변화의 소용돌이에 놓였는데, 정확함이 부족한데다 도굴도 늘 있는 일이었다. 그런 파괴에 진저리가 난 페트리는 지표조사에서 발굴로 전환했다. 영향력 있는 당대의 학자들이 페트리에게 나일 강 삼각주에서 발굴 조사를 하도록 이집트 탐사기금 Egypt Exploration Fund을 마련해주었다.

페트리의 조사는 처음부터 질서와 방법을 갖추었다. 물론 많은 일꾼을 동원했고, 현대의 기준으로는 아주 빠른 작업이었다.

트렌치를 파는 사람과 수직갱을 파는 사람, 돌을 골라내는 사람을 고용했고, 흙을 운반하는 사람들도 있었다. 작업은 새벽 5시 30분에 시작해 뜨거운 정오엔 휴식, 그리고 저녁 6시 30분에 끝났다. 이전 사람들과 달리 페트리는 발굴지를 지켰다. 일꾼들을 감시함으로써 도굴을 막았고, 숙박을 제공해 자신을 따르도록 유도했다.

1885년, 페트리는 서기전 7세기 이후 이집트와 지중해 동부 지역의 교역을 강력히 독점한 상업 중심지 나우크라티스Naukratis에서 작업했다. 이 유적에서는 107명이 작업했는데, 유럽인 감독자는 둘뿐이었다. 일꾼들은 제21왕조(서기전 1047~서기전 1001년)의 파라오 프수센네스 1세Psusennes I가 세운 신전과 거대한 벽 일부를 노출시키며 엄청난 흙을 파냈다. 페트리는 수많은 토기와 파피루스 바구니도 수습했다. 그리고 그것을 유리 사이에 끼워보기도 하고 번역도 했다. 그러면서 작은 유물이 아주 중요함을 깨달았다. 이전의 발굴자들은 작은 것을 무시하곤 했던 것이다.

나우크라티스 발굴과 함께 페트리는 새로운 관행을 세워 수년간 지켰다. 아무리 작은 것이라도 모든 유물을 영국으로 보냈다. 보고서도 각 발굴이 있었던 겨울이 끝날 때마다 다음 발굴이 시작되기 전까지 신속하게 냈다. 일꾼들에게는 발견물에 따라 정해진 급여를 지불함으로써 귀중한 유물이 지역 골동품상의 손에 들어가지 않도록 했다.

페트리가 그렇게 한 것은 다행스러운 일이었다. 나우크라티스의 발굴 현장 바닥에 묻혀 있던 많은 유물은 연대가 있는 동전이거나 정확한 연대를 알 수 있는 무늬가 새겨진 장식품이었는데, 모두 들고 가기 쉬운 것들이었기 때문이다. 이런 조사는 이전에 이집트에서 아무도 시도하지 않은 커다란 혁신이었다.

1887년 페트리는 독자적인 발굴가가 되었다. 페트리는 나일 강 삼각주에서 강 서쪽의 비옥한 파이윰 분지Faiyum depression로 자리를 옮겼다. 그곳에서 하와라Hawara에 있는 제12왕조 파라오 아메넴헤트Amenemhat(서기전 1840년경)의 피라미드 발굴 작업에 들어갔다.

만약 중요한 유물의 발견 유무라는 측면에서 평가한다면, 이 발굴은 그리 성공적이지 못했다. 그런데 페트리는 가까운 곳에 있는 서기 100~250년의 로마 시대 공동묘지에 관심을 갖게 되었다. 묘지는 미라로 채워져 있었는데 색색의 밀랍으로 그 주인을 생생하게 묘사한 나무판으로 각각 꾸며져 있었다. 그림은 생전에 집의 벽에 걸려 있었을 테고 사후 미라에 단단히 고정되었을 것이었다. 페트리는 발견물이 너무나 많아서, 안전을 위해 여러 잡동사니와 조리 기구로 들어찬 숙소의 침대 아래에 미라를 두어야 할 정도였다고 투덜거렸다.

런던으로 돌아온 페트리는 지오반니 벨조니가 75년 전에 전시를 했던('챕터 2' 참조) 바로 그 이집트 홀에 인물상을 포함한 발견물을 들여놓아 전시했다. 한 나이 많은 사람이 찾아와 예전 전시와 함께 키가 컸던 벨조니를 회고했다고 한다. 페트리의 전시를 보기 위해 많은 사람이 몰렸고, 이는 이집트학이 존중받는 대중 학문이 되는 데 기여했다.

고고학의 역사

조사가 거듭될 때마다 페트리는 나일 강으로 향했다. 1888년 에는 파이윰 분지의 카훈Kahun에 있는 일꾼들의 마을을 조사했다. 그곳에 제12왕조 시대의 마을이 있었다. 인근에 있는 파라오 세 누스레트 2세Senusret II(재위 서기전 1897~서기전 1878년)의 엘라훈El-Lahun 피라미드를 건설한 사람들이 거주한 곳이었다. 성벽을 두르고 집 이 빽빽이 들어찬 소도시가 거의 그대로였다. 페트리는 수많은 집을 발굴하면서 다양한 가내 유물을 수습했다. 이로써 당시 보 통 사람들의 존재를 복원했다. 일반인은 끊임없이 이어지는 잔혹 할 만큼 힘든 삶을 살았을 것이었다.

보통 사람은 들에서 일해야 했을 뿐 아니라 적은 배급만 받 고 공공사업에 동원되었다. 인골에는 고된 노동의 흔적이 분명하 게 드러나 있었다. 힘들고 단조로운 삶이었다. 그러면서 나라와 지도자를 떠받쳤지만, 이 사람들의 의도와 취지는 드러나지 않았 다. 거대한 기념물과 고분에 관심을 가졌던 그 당시 대부분 사람 들과 달리 페트리는 고대 이집트 문명이 수많은 가난한 사람들의 고된 노동에 의지했던 복합사회였음을 알고 있었다.

다음으로 페트리는 멤피스 근처 구라브Ghurab에 위치한 제18왕 조 시대의 작은 마을로 눈을 돌렸다. 서기전 1500년 즈음으로 거 슬러 올라가는 유적이었다. 페트리는 흔히 발견되지 않는 채색토 기 조각을 지표에서 찾은 뒤 신전 가까운 곳에서 작은 성벽을 노 출시켰다. 얼마 지나지 않아 집터에서 더 많은 채색토기 조각이 나왔다. 수수께끼 같은 그 발견물은 그리스에서 온 미케네의 그 릇으로 판명되었다. 하인리히 슐리만이 미케네에서 발굴한 것과 비슷한 것들이었다.

3년 뒤 페트리는 미케네를 답사하면서 구라브의 발견물과 비슷한 시기에 이집트에서 들어온 그릇이 있음을 알게 되었다. 이는 오스카 몬텔리우스가 몇 세대 전에 이용한 교차편년법의 고전적 사례다.('챕터 11' 참조) 교차편년이란 한 지역의 알려진 연대를 이용해 다른 지역의 유적을 편년하는 방법을 말한다. 이를 근거로 페트리는 미케네 문명의 후반은 서기전 1500년부터 서기전 1200년으로 편년할 수 있다고 단언했다.

페트리는 유럽과 지중해 동부 고고학에 깊은 지식을 가지고 있었다. 그리고 정확한 구획과 훌륭한 발굴, 상세한 기록, 신속한 발간으로 명성을 쌓았다. 이는 당대 고고학자 중에서 찾아보기 힘든 일이었다. 이로써 페트리는 학식 높은 학자들의 세계에 접근할 수 있는 특별한 기회를 얻었다. 학자들은 자신의 발굴 자체보다 훨씬 더 광범위한 분야에 관심을 가지고 있었다.

페트리는 구라브에서 상이집트 파라오 아케나텐Akhenaten의 수도였던 엘아마르나el-Amarna로 옮겼다. 아케나텐은 논란이 많은 인물이었다. 강력한 태양의 신 아문Amun 숭배를 버리고 태양 원반을 가진 아텐Aten 숭배라는 새로운 형식을 취했다. 서기전 1349년 아케나텐은 테베Thebes에서 멀리 강을 내려가 엘아마르나로 수도를 옮겼다. 그러나 왕이 죽자 수도는 버려졌다. 페트리는 이 신성한 도시를 조사할 특별한 기회를 갖게 되었다. 대규모 발굴에서 궁전의 치장된 포장도로와 벽화가 발견되었다. 지역 마을 사람들이 바쁜 농번기에 관광객이 몰려와 밭을 밟기도 했다. 한 농부가 극도로 화가 나 값을 매길 수 없을 정도로 귀한 바닥을 내리쳤다고 한다.

페트리의 가장 중요한 발견 중 하나는 어떤 여성이 설형문자가 새겨진 점토판, 곧 당대의 국제 외교문서를 발견한 지점에서 이루어졌다. 페트리는 그곳에서 방 하나와 수혈(구덩이) 두 개를 발굴했는데, 점토판으로 가득 차 있어 훗날 '파라오의 편지가 보관된 집'이라 불리기도 했다.

고대 아마르나Amarna 시대의 300개가 넘는 점토판은 서기전 1360년부터 아케나텐 재위기에 이르는, 잘 알려져 있지 않았던, 히타이트 문명을 다룬 이집트의 기록이었다. 그중에는 선물 교환, 동맹과 외교혼에 관한 편지들이 있었다. 그리고 나라 동쪽의 불안정한 나라들과 주고받은 서신에는 주변 지역의 통치자가 파라오 앞에 일곱 번 무릎을 꿇고 다시 일곱 번을 더 꿇기로 약속한다는 편지도 있었다. 이집트 관리들은 구리 산지로 중요했던 키프로스의 알라시야Alashiya 같은 독립 왕국과도 서신을 주고받았다. 오늘날과 마찬가지로 그 당시 서아시아는 끊임없는 혼란의 소용돌이에 휘말렸다. 은밀한 계략과 그에 맞서는 음모가 있었고, 반란을 일으키는 왕과 정치적 겉치레를 동반한 군사적 정벌도 있었다. 그런 기록은 말로 표현하기 어려울 만큼 귀한 것이다.

페트리는 젊은 고고학자들을 격려하며 함께 발굴하자고 권했다. 그런 식으로 미래 세대의 이집트학자를 훈련시켰다. 그중에는 이집트 탐사기금의 미술가인 하워드 카터라는 젊은 영국인도 있었다. 카터에겐 발굴을 위한 숙소를 제공해주지 않았다. 그래서 직접 흙벽돌을 쌓고 갈대 지붕을 올려 거처를 만들었다. 침대조차 없었지만, 신문은 유용했다. 음식용 캔은 작은 유물을 담는 데 쓰였다. 새로 들어온 사람은 1주일 동안 감독을 받았고 그 뒤 몇몇 훈련된 일꾼과 같이 작업하게 했다. 그러나 카터는 나날이 발전하여 태양신 아텐의 신전 등지에서 일했다. 페트리 밑에서 일한 카터의 경험은 훗날 귀중한 자산이 되었다.('챕터 21' 참조)

1892년 페트리는 아무런 학위도 없이 유니버시티 칼리지 런던의 첫 이집트학 교수가 되었다. 그리고 파라오와 상형문자가 등장하기 이전에 나일 강 유역에서 번성했던 사회를 연구하는 영예를 얻었다. 상이집트의 나카다Naqada라는 소도시 근처의 커다란 공동묘지를 우연히 발견했던 것이다. 유적에는 단순한 토기와 함께 수많은 인골이 있었다. 1894년 페트리는 혼자서 무덤 2,000기를 발굴했다!

늘 그러하듯 페트리는 공동묘지 발굴의 체계를 만들었다. 아이들이 모래밭에서 부드러운 부분을 찾아내자마자 페트리는 무덤의 윤곽을 확인하고 아이들을 이동시켰다. 그러고는 일꾼들에게 토기에서 흙을 걷어내게 했다. 마지막으로 전문 발굴가들이 섬세하게 인골과 토기 주변의 흙을 털어내고 나면, 페트리의 무덤 전문가인 알리 무함마드Ali Muhammad es Suefi가 무덤을 정리했다.

그런 토기는 보기에 좋았지만, 문자가 새겨져 있지 않았고 파피루스가 없어서 편년을 할 수 없었다. 하지만 디오스폴리스 파르바Diospolis Parva 같은 근처의 다른 유적에서 비슷한 항아리들이 출토되었다. 결국 페트리는 토기 형태에서 점진적 변화를 연구할

고고학의 역사

만큼 많은 무덤을 발굴했다. 손잡이는 특히 형식분류를 하는 데 유용했으며, 손잡이라는 기능적인 필요로 시작하여 시간의 흐름에 따라 단지 구불구불한 선으로 채색되는 변화가 보였다.

페트리는 이런 인식을 바탕으로 30단계Stage(ST) 30(페트리는 아직 최초의 단계, 곧 ST 1이 발견되지 않았을 뿐이라고 가정했다)에서 시작하여 무덤의 부장품 그룹을 분류했다. 80단계(ST 80)는 서기전 3000년경 최초의 파라오 시기와 연결되었다. 이를 '계기편년Sequence dating'이라 부르며, 고고학에서 페트리가 공헌한 가장 중요한 업적이다.* 물론 유적을 연도에 따라 편년할 수는 없었는데, 이는 아주 많은 시간이 흐른 뒤 방사성탄소연대측정이 개발된('챕터 27' 참조) 다음의 일이다. 그러나 페트리는 파라오 이전 시기의 이집트 역사에서 순서적인 연쇄를 파악했던 것이다.

플린더스 페트리의 광범위한 연구와 고고학에 남긴 유산은 아주 놀랍다. 하지만 불행히도 페트리는 융통성이 없었고, 걸핏하면 다른 사람과 다투었다. 아마도 정식 교육을 받지 못했기 때문에 오로지 자기만 옳다고 주장했던 것 같다. 이는 고고학자로서 좋은 성품은 아니다. 1926년 이집트에서 새로이 더 엄격한 규제가 발효되고 페트리는 팔레스타인으로 옮겨갔다. 그곳에서 제2차 세계대전이 벌어질 때까지 조사를 이어가다가 예루살렘에서 89세의 나이로 세상을 떠났다.

---

* 페트리의 계기편년은 상대편년법으로, 고고학이 학문으로 성장하는 데 아주 중요한 역할을 했다. 유물의 형태를 바탕으로 시간 순서로 늘어세우는 이른바 순서배열법seriation의 발달에 크게 기여했다.(이희준, 1983·트리거, 2019 참조)

페트리는 나일 강 유역에서 오랫동안 연구하면서 체계적인 발굴을 개척했으며, 이집트의 선사시대와 고대에 대한 확고한 편년을 세웠다. 그리고 작고 보잘것없어 보이는 유물의 중요성을 일깨워주었다.

CHAPTER 18

미노스의 궁전

1894년 아테네 시장에는 골동품상들에게 잘 알려진 영국인이 있었다. 이 사람은 키가 작고 공격적인 남자로 그리스어를 유창하게 구사했다. 이른 아침에 와서 가판대 사이를 천천히 걸어다니며 보석과 인장이 놓인 작은 쟁반을 자세히 살폈다. 때론 작은 인장을 집어 들고 햇볕에서 거의 보이지 않는 명문을 응시했다. 골동품상에게 이 사람은 깐깐한 손님이었다. 물건을 두고 흥정과 실랑이를 하다가 값이 맞지 않으면 그냥 나가버렸다. 구매한 물건을 종이로 싸서 어깨에 멘 가죽 가방에 집어넣고서 "이 인장은 어디에서 나온 것이지요? 어느 유적에서 나왔나요?"라고 묻곤 했다. 그 대답은 늘 크레타였다.

아서 존 에번스Arthur John Evans(1851~1941)는 아마도 시력 덕분에

옛 문명을 발견한 유일한 고고학자일 것이다. 안경이나 돋보기 없이도 아주 작은 글씨까지 읽을 수 있었다. 테리어(개의 품종)처럼, 1894년 에번스는 고고학의 냄새를 따라 크레타를 찾았다. 섬에서 가장 큰 도시인 이라클리온은 크레타의 보석과 인장의 보물 창고였다. 유물은 대부분 크노소스라고 불리는 올리브나무로 덮인 언덕에서 나왔다.

에번스는 크노소스 언덕을 몇 시간 동안 샅샅이 뒤지며 유물을 수습하고 토기의 이국적인 무늬를 모사했다. 크노소스에서 나온 돌그릇은 미케네의 유물과 똑같았기에 둘 사이에 연관성이 있음이 확실했다. 더 이상 고심하지 않고 에번스는 크노소스를 사기로 마음먹었다. 에번스가 이렇게 유적을 사들인 첫 고고학자는 아니었다. 이미 하인리히 슐리만도 그러했다. 슐리만은 전설 속 미노스 왕의 궁전이라고 믿었지만 실패했다. 하지만 에번스는 성공했다. 다만 흥정하는 데 2년이나 걸렸다.

훗날 에번스가 확인하지만, 크노소스는 크레타에서 가장 큰 궁전이었다. 아마도 미노스 왕이 있었다면, 그 궁전이었는지도 모른다. 에번스는 미노스에 대해 공상하지 않았고, 트로이와 미케네에 대한 슐리만의 주장을 믿지도 않았다.('챕터 15' 참조) 에번스는 스스로 독학한 고고학자로서 놀랄 만한 발견을 했지만, 신뢰할 만한 정보를 찾는 학자였다.

아서 에번스는 부유한 제지업자인 존 에번스의 아들로 태어나 어린 시절부터 고고학에 빠졌다. 아버지는 부셰르 드 페르드가 솜 강 유역에서 주먹도끼와 멸종동물의 뼈를 발견했다는 주장

('챕터 7' 참조)을 지지했다. 석기 전문가였고, 그리스와 로마의 동전에도 전문 지식을 가진 사람이었다. 아버지의 영향을 받은 아서 에번스는 일곱 살 때부터 동전을 그렸다고 한다. 그리고 3년 뒤 아버지를 따라 고고학 여행에 나서기 시작했다.

학창 시절 아서 에번스는 지칠 줄 몰랐으며, 늘 옥스퍼드 대학의 강의가 지루하다고 불평했다. 여름에는 유럽을 걸어서 돌아다니곤 했으며, 동남부 발칸 반도의 사람들에 푹 빠졌다. 에번스는 그 지역 사람들에게 '미친 영국인'으로 알려져 있었다. 에번스는 언론사에서도 잠시 일했는데, 오스트리아 제국의 정치적 불안을 너무 생생하게 보도하여 6주간 감옥살이를 했다. 결국 제국에서 추방되었고, 영국으로 돌아와 일자리를 찾아나섰다.

정치적인 보도를 했지만, 결국 에번스는 고고학에 헌신했다. 시간이 날 때마다 모든 종류의 유물을 수집했다. 아버지로부터 품격을 알아보는 본능을 물려받아 백과사전적 고고학 지식을 얻었다.

1884년 에번스는 옥스퍼드 애슈몰린 박물관의 관장이 되어 25년간 재직했다.* 당시 박물관은 주목을 받지 못하는 기관이었지만, 새로 부임한 관장은 전시를 다시 조직하고 수많은 유물을 확보했다. 하지만 에번스는 대부분의 시간을 지중해 지역에서 유물 수집과 지질조사를 하며 보냈다. 비서는 방문객들에게 관장이 '보헤미아에 있다'고 말했다고 한다. 대학도 별달리 개의치 않았던 것

---

* 애슈몰린은 17세기 후반에 세계에서 첫 번째로 개관한 대학 박물관으로, 관장을 '키퍼Keeper'라고 부르다가 1973년부터 '디렉터Director'로 바꾸었다.

같은데, 아마도 부재중일 때 덜 성가시게 했기 때문일 수 있다.

에번스가 언제부터 크레타를 알게 되었는지는 아무도 모른다. 에번스의 조사는 미케네에서 온 유물에서 시작되었다. 서기전 1350년 즈음 미케네는 중요한 교역 중심지였으므로 그리스와 에게 해 전역에서 온갖 물건들이 모여들었다. 에번스는 아주 작은 인장과 무언가가 새겨진 보석 수백 점을 검토하면서 미케네 사람들이 독자적 문자를 가졌음을 알았다. 미케네 항아리의 상징 무늬는 멀리 이집트에서 온 것이었다. 에번스는 알려지지 않은 명문을 찾아 아테네 시장을 뒤졌고, 그러면서 크레타에 주목하게 되었다.

에번스는 크노소스 매매가 완료될 때까지 노새를 타고 크레타의 곳곳을 조사했다. 심지어 아주 작은 마을 시장에서도 미케네의 인장과 비슷한 유물을 찾았다. 그러고는 곧 크노소스 언덕 밑에 있을 위대한 문명이 적어도 두 개의 문자 체계를 가졌음을 알았다. 사실 훗날 두 개가 더 있음이 밝혀지긴 했다!

튀르크인의 통치에 크레타인들이 저항할 무렵 궁전은 에번스의 사유지가 되었다. 에번스는 사재를 털어 음식과 약을 제공하며 반란을 도왔다. 결국 승리하여 새로운 크레타의 지배자가 된 게오르그(조지) 왕자는 에번스에게 감사하며 불과 몇 달 만에 크노소스 발굴 허가를 내주었다. 발굴은 1900년 3월에 시작되었다.

에번스는 유물과 고고학에 많은 지식을 갖고 있었지만, 그저 작은 발굴에 몇 번 참여해본 경험밖에 없었다. 이제 궁전을 발굴해야 했다. 다행히도 발굴을 돕는 사람을 알아보는 재주가 있어 스코틀랜드 사람인 던컨 맥킨지Duncan MacKenzie를 고용했고, 맥킨지는 30년이 넘도록 크노소스에서 일했다. 맥킨지는 스코틀랜드 억양을 가졌지만, 유창한 그리스어로 일꾼들을 대하며 작업을 했다. 에번스는 어디를 파 들어갈지를 결정했고, 모든 유물을 검토했으며, 상세한 기록을 남겼다. 그리고 시어도어 파이퍼Theodore Fyfe라는 건축가에게 실측을 맡겼다.

슐리만의 발굴과 달리 에번스의 발굴은 처음부터 세심한 계획을 세우고 그에 따른 것이었다. 발굴 둘째 날에 벌써 에번스는 집 안에서 희미한 벽화를 볼 수 있었다. 유적은 방과 통로, 기초가 미로처럼 얽혀 있었다. 크노소스에 그리스나 로마의 흔적은 없었으며, 분명 미케네보다도 빨랐다. 곧 일하는 사람이 100명을 넘었고, 궁전의 방이 드러났다.

기초에서 유물 수천 점이 쏟아져 나왔다. 커다란 저장 용기와 작은 컵 수백 점, 심지어 복잡한 배수 시설까지 드러났다. 에번스는 그중에서 점토판 수십 점을 찾아 미세한 시각적 능력을 직접 시험해볼 기회를 맞았다. 1900년 4월 잘록한 허리에 머릿단을 늘어뜨린, 술을 따르는 사람이 그려진 눈부신 벽화가 흙 속에서 모습을 드러냈다. 맥킨지는 그것을 조심조심 석고로 뒷받침한 뒤 이라클리온 박물관으로 보냈다.

에번스는 기쁨에 차서 크레타의 고대 미노스 문명을 발견했음을 알렸다. 물론 미노스 왕과 테세우스는 전설에 불과했지만 말이다. 크노소스 발굴은 곧 1만 제곱미터의 면적에 이르게 되었다. 1900년 4월에는 목욕 의례가 있던 방을 돌로 만든 옥좌와 함께 발굴했다. 벽에 돌로 만든 긴 의자들이 놓여 있었고, 그 뒤에는 날개 없는 그리핀*을 그린 수준 높은 그림이 있었다. 어쩌면 이곳에 여성 사제가 등장했을지도 모른다. 그렇다면 땅을 관장한다는 모신을 표현했을 것이다.

에번스는 고대 명문 조사에 오랜 경험을 가진 스위스 화가 에밀 질리에롱Émile Gilliéron을 불렀다. 두 사람은 크노소스의 벽화를 끼워 맞추며 복원했다. 꽃이 핀 올리브나무가 있고, 어린 소년이 사프란(크로커스 꽃의 암술을 말려 얻는 향신료)을 모으고 있으며, 엄숙한 행렬이 그려져 있었다. 커다란 성난 황소의 부조는 에번스의 마음을 사로잡았다. 황소는 모든 곳에 등장했다. 프레스코에도, 화병에도, 보석에도, 조각상에도 보였다. 이제 오랫동안 잊힌 문명의 그림이 그려지기 시작한 것이었다.

에번스는 매일 전날 작업을 체크하면서 아침을 맞이했다. 발굴로 드러난 하나하나의 층들, 모든 발견물, 모든 방을 손으로 깨알같이 기록했다. 시간이 지날수록 궁전은 더욱 복잡해져갔다. 대단한 구조물이었다. 기둥이 있는 큰 홀을 통과하면 중앙의 큰 마당으로 들어섰다. 좁은 창고들이 마당의 서쪽에 줄지어 자리 잡고 있으며, 각각은 좁은 통로와 연결되었다. 많은 곡물뿐 아니라 귀중품까지 저장해두었다. 에번스는 크노소스에 올리브기름이 10만 리터쯤 보관되어 있었을 것이라고 추산했다.

당당한 계단 두 개가 성소 위의 2층 거실로 이어져 있었다. 서궁의 출입문을 따라가면 포장된 마당으로 연결되면서 젊은 남자

---

* 몸은 사자이고 머리와 날개는 독수리 모습인 신화적 존재.

들이 황소 위로 뛰는 모습을 그린 거대한 그림을 지났다. 에번스와 맥킨지는 석고 벽 안에서 나무 옥좌가 발견된 궁실을 해독하는 데 몇 달이 걸렸다. 크노소스는 궁전 이상의 공간이었다. 상업 및 종교 중심지였다. 항아리부터 금속 제품과 돌그릇에 이르기까지 모든 것을 만든 장인의 작업실이기도 했다.

에번스는 크노소스에 여생을 바쳤다. 많은 유산을 물려받았을 때 에번스는 방문객에게 궁전이라는 인상을 주기 위해 건물의 일부를 상상에 따라 복원하는 작업을 했다. 불행히도 복원 작업에 콘크리트가 쓰였다. 그래서 이제 원래 구조물을 훼손하지 않고선 콘크리트를 들어낼 수 없게 되고 말았다. 에번스는 과거를 가지고 도박을 한 셈이었다. 그 어느 고고학적 복원도 성공하기는 어려운 일이다. 어떻게 상상만으로 과거의 건물 모습을 복원할 수 있을까? 각각의 방은 어떤 의도에서 만들어졌을까? 궁전의 여러 층은 어떻게 쓰였을까?

에번스와 질리에롱은 미로처럼 얽혀 있는 건물들과 씨름했다. 발굴해나갈수록 더 많은 미로가 생겼다. 최근에 나는 크노소스를 방문하고선 곧 혼란에 빠지고 말았다. 그리고 왜 그리스 전설이 미로를 언급하고 있는지를 깨달았다. 크노소스는 잘 계획하여 지은 구조물이 아니었던 것이다!

에번스와 질리에롱은 미노스 사람들에 대해 어느 정도 낭만적인 생각을 했다. 이 문명이 다채로웠고, 근심 걱정이 없었으며, 평화로웠다고 생각했다. 고고학자와 건축가가 나무 기둥을 콘크리트 기둥으로 바꿔 복원을 했다. 제도사 시어도어 파이피의 정확한 그림 덕분에 일꾼들은 궁전의 중심에서 벽과 계단을 다시 세웠다. 심지어 발굴이 진행되는 동안에 그렇게 했다.

에번스는 많은 시간을 들여 트렌치에서 나오는 작은 조각들을 마치 커다란 퍼즐을 붙이듯 공들여 벽화를 복원했다. 사람들은 미노스 사람들에 대해 어느 정도 낭만적인 인상을 가지고 있는데, 에번스가 황소 춤과 같은 장면에 상상력을 덧붙였음은 의심할 여지가 없다. 조각에서는 세 사람이 보존되어 있었는데, 심지어 에번스는 왕 같은 사람 하나만 복원한 경우도 있었다. 미노스 문명에 사로잡힌 사람이 저지른 실수였다.

1900년에서 1935년 사이에 아서 에번스는 크노소스와 옥스퍼드를 오갔다. 그리고 발굴된 수많은 토기 수집품을 연구했던 자리에 주택을 지었다. 유물에 대한 전문 지식을 바탕으로 가끔 나일 강 유역에서 나오는 그릇과 비슷한 이집트의 유물도 가려낼 수 있었다. 더구나 영국의 이집트학자 플린더스 페트리는 멤피스 근처에서 미케네 토기를 발굴했으며, 서기전 1500년에서 서기전 1200년 사이의 것으로 편년하기도 했다.('챕터 17' 참조) 에번스는 페트리의 유물을 교차편년(오스카 몬텔리우스가 사용했던 방법)하여 미노스 문명의 시작을 서기전 3000년 즈음으로 편년했다. 미노스 문명은 서기전 2000년에서 서기전 1250년 사이에 가장 정점에 이르렀지만 본토에서 온 미케네인이 침략하여 마침내 궁전은 파괴되고 말았다.

몇 년 동안의 조사를 바탕으로 미노스 문명에 대한 눈부신 이야기가 세상에 나왔다. 『미노스의 궁전The Palace of Minos』에 그 이야기 전체가 나와 있는데, 책은 1921년에서 1935년 사이에 출간되었다. 이 걸작에서 에번스는 미노스 문명에 대한 편년적 연구의 중심에 궁전을 위치시켰다. 그리고 하나하나 이야기를 풀어나갔다. 마지막 책에서는 사랑하는 크노소스와 이별을 고했다. 그런데 딱 하나 후회되는 것이 있었다. 발굴에서 나온 명문 네 개를 해독하지 못한 것이었다.

아서 에번스는 미노스 생활에 대해 긍정적 측면만 보는 경향이 있는 낭만주의자였는지도 모른다. 그러나 세세한 것까지 볼 수 있는 시력을 갖춘 이 놀라운 고고학자가 재능 있는 전문가와 함께 일할 감각도 가지고 있었음은 다행이었다. 그럼에도 미노스 사람들과 크노소스에 대한 환상은 모두 에번스의 것이었다.

나는 크노소스를 방문해 유적을 둘러볼 때마다 아서 에번스가 이룩한 성취에 경탄한다. 물론 그 이후 새로운 발굴과 명문의 해독, 방사성탄소연대로 에번스가 복원했던 거의 잊힌 문명의 모습은 수정되었다. 오늘날 우리는 미노스 궁전에 대해 더 많은 것을 알고 있으며, 그 다채로운 표면 아래에 복합적인 정치 및 사회 관계들이 놓여 있었음을 엿볼 수 있다.

아무런 사전 지식도 없이, 문헌 기록도 없고, 거의 혼자서, 그리고 상당히 높은 학문적 기준으로 처음부터 한 문명을 찾고 묘사한 고고학자는 거의 없다. 아서 에번스는 바로 그 일을 해냈다. 1941년 에번스는 아흔의 나이에 세상을 떠났다. 이때가 되면 고고학도 전혀 알아볼 수 없을 만큼 변했다.

CHAPTER 19

남자들만의 일이 아니다

지금까지 우리가 만난 고고학자는 모두 남성이었다. 아주 오랫동안 고고학은 남성의 전유물이었다. 그러나 거트루드 벨Gertrude Bell(1868~1926)과 해리엇 보이드 호스Harriet Boyd Hawes(1871~1945)라는 두 선구적인 여성은 고고학이 그저 남성의 일만은 아님을 보여주었다. 벨과 호스는 오늘날의 여성 고고학자들에게 횃불을 밝혀주었다.

그런데 두 여성은 서로 상반되는 인물이었다. 한 사람은 홀로 사막을 여행했고, 다른 한 사람은 발굴가였다. 당시 대부분의 남성 고고학자는 여성이 그저 직원이나 사서 직능에 어울린다고 생각했다. 그러나 오늘날 수많은 훌륭한 고고학자들은 여성이다.

거트루드 벨은 요크셔의 부유한 제철업자의 딸로 태어났다. 그리고 여자들이 거의 대학에 가지 않았던 시절인 1886년 옥스퍼드에 들어갔다. 벨은 아주 똑똑한 학생이었고, 현대사를 전공하여 졸업했다. 더구나 여행에 열정을 가지고 있었으며 자신의 마음을 말로 표현하는 데 뛰어나다는 평판을 쌓았다. 1892년 벨은 당시 아주 외딴곳이었던 페르시아(지금의 이란)의 테헤란을 방문했다. 그곳에서 아주 넓은 지역을 여행하면서 그때까지 남성의 전유물이었던 등산을 했는데, 당시로서는 선구적인 여성 산악인이었다.

재능 있는 언어학자이기도 했던 벨은 1899년 예루살렘에 가서 7개월 동안 아랍어를 공부했다. 거기서 더 멀리까지 여행했는데 시리아의 팔미라Palmyra 신전까지, 그리고 사막을 가로질러 페트라까지 갔다. 벨은 잔날개바퀴벌레와 흙이 섞인 물을 마셔야 하는 사막 여행이 불편함을 느꼈다. 유창한 아랍어로 왕자들, 가게 주인들과 대화하면서 건조한 지대의 복잡하면서도 가끔은 폭력적인 정치 상황을 이해하기 시작했다. 이때 벨은 고고학에 관심을 갖게 되었다. 그러나 결코 발굴가가 되지는 않았다. 그저 외딴곳에서 유적을 지표조사했으며, 사진을 찍고 글을 썼다.

벨은 고대 유적의 사진을 600점 이상 찍은 뒤 몇 년간 이집트와 유럽, 모로코를 여행하고 로마와 파리에서 고고학을 공부했다. 1902년 터키 서부에서 발굴에 참여하기도 했다. 그리고 1905년 시리아와 실리시아Cilicia(터키)에서 유적들을 지표조사하고 연구했다. 유적은 비잔틴 제국(옛 동로마 제국의 동부에서 이어진 나라로, 1453년 오스만튀르크에 멸망했다) 시기의 것이었다. 벨이 쓴 여행서 『사막과 싹 The Desert and the Sown』은 1907년에 출간되었으며, 비르빈킬리세Birbinkilise라는 비잔틴 도시의 교회(대부분은 이미 사라졌다)에 대한 보고서를 통해 여행 작가로, 그리고 학자로 인정받았다.

거트루드 벨은 무엇보다도 사막 고고학자였다. 강인하고 무섭도록 독립적이었고 서로마 제국이 무너진(서기 476년) 이후의 건축과 잘 알려지지 않았던 중요한 유적들에 관심을 두었다. 벨은 비르빈킬리세를 조사한 뒤 시리아의 알레포Aleppo를 떠나 시리아 사막을 가로질러 유프라테스 강까지 갔다. 상당히 위험한 곳을 군인 몇 명의 경호를 받으며 여행했다. 목적지는 서기 775년에 건설된 거대한 사각형 요새인 우하이디르Ukhaidir의 아바스Abbasid 왕조의 성이었다. 아바스 왕조는 예언자 무함마드Prophet Muhammad의 삼촌에서 이어진 계통으로, 서기 750년부터 1258년경까지 이슬람 제국을 다스렸다.

벨은 나흘 동안 그때까지 아무도 기록한 적이 없는 성의 사진을 찍고 조사했다. 경호를 맡은 군인들은 벨이 측량할 때 줄자를 잡고 있으면서도 소총을 놓지 않겠다고 고집했다. 벨은 '나는 군인들을 설득해 그 총을 내려놓게 하려 했지만 실패했다'고 불평했다. 벨은 발굴을 하지는 않았고, 우하이디르의 건축물에 대한 일반적 묘사에 만족했다. 우하이디르는 거의 알려지지 않았기 때문에 이는 아주 중요한 업적이었다. 벨의 가장 유명한 책 『아무라트 Amurath to Amurath』는 1911년에 출판되었는데, 이 유적을 일반

대중에게 설명하여 큰 호평을 받았다. 우하이디르에 대한 학술 보고서는 3년 뒤에 나왔으며, 여전히 중요한 정보원 역할을 하고 있다.

그리고 나서 벨은 곧 떠났다. 바그다드에서 바빌론, 그리고 북쪽으로 가서 독일 고고학자 발터 안드레Walter Andrae와 콘라드 프레우서Conrad Preusser가 발굴하고 있던 아시리아의 수도 아수르Assur 까지 여행했다. 그리스 유적을 연구하는 전문 고고학자들이 이들 독일 고고학자를 훈련시키고 있었다. 벨은 그들의 세심한 발굴을 높이 평가했다. 발굴자들은 벨에게 어두운 내부를 촬영할 때 어떻게 플래시를 터뜨리는지 가르쳐주기도 했다.

고국으로 돌아오는 길에도 벨은 시리아 북부에서 카르케미시Carchemish(갈그미스) 발굴 현장에 들렀다. 여기서 영국의 고고학자 레지널드 캠벨 톰슨Reginald Campbell Thompson과 로렌스T. E. Lawrence를 만났다. 로렌스는 훗날 제1차 세계대전에서 사막 공격으로 유명해졌고, '아라비아의 로렌스'라는 별명을 얻기도 했다.('챕터 20' 참조) 벨은 평소 성격대로 퉁명스럽게 독일 사람들의 발굴에 비해 영국인의 발굴은 원시적 수준이라고 말했다. 캠벨 톰슨과 로렌스도 기분이 언짢아져서 고고학 전문 지식이 있음을 보여주려 했다. 그런데 실패했다. 벨이 떠나자 카르케미시 일꾼들은 야유를 퍼부었다. 몇 년 뒤 로렌스가 일꾼들에게 벨이 너무 선머슴 같아 결혼을 못하는 것이라는 말을 했음을 알게 되었다.

제1차 세계대전이 일어나기 전까지 거트루드 벨은 주요 지표 조사를 완료했는데, 아라비아와 주변 지역에 대한 생생한 지식 또한 갖고 있었다. 영국 정보국을 위한 브리핑은 너무나 귀중해서 1915년 벨은 카이로의 아랍 정보국에 배속되기도 했다. 1년 뒤 페르시아 만의 바스라로 발령이 나면서 벨의 삶에서 새로운 장이 열렸다. 이제 벨은 지역 부족의 정치를 연구하게 되었다. 아랍 문화에 매료된 벨은 아랍의 독립을 주장하고 지역 영국 관리에게도 전문가로서 조언을 했다.

전쟁이 끝나자 많은 외국 조사단이 인류 최초의 도시로 알려진 에리두Eridu와 유대교를 창시한 아브라함이 살았다는 우르를 조사하기 위해 메소포타미아로 향했다. 그러나 시대가 변했고, 이제 더 이상 외국 고고학자들도 원하는 곳을 발굴할 수 없었다. 발굴품을 모두 가져갈 수도 없게 되었다. 발굴 허가를 반드시 받아야 했고, 자격을 갖춘 고고학자들에게만 허가를 내주었다.

새로 등장한 나라 이라크 정부도 당연히 그러한 움직임 속에 있었다. 거트루드 벨은 바그다드에서 고고학 지표조사와 발굴에 대한 지식을 가진 유일한 인물이었고, 그래서 고대유물관장에 임명되었다. 누구도 벨이 발굴을 할 거라고 기대하지 않았지만, 유적 지표조사 경험과 고고학 지식은 아주 귀중했다. 벨은 또한 고대 유물을 다루는 법률을 만들기도 했고 이라크 박물관을 조직했다.

새로운 법은 모든 발굴에서 나온 모든 발견물을 외국인(흔히 박물관)과 이라크의 소유로 나누어야 한다고 명시했다. 벨은 깐깐한 사람이었기에 이라크 박물관의 수집품은 빠르게 늘어났다. 1926년 3월 이라크 정부는 바그다드에 영구적인 박물관을 확보했으며, 그곳에서 벨은 바빌론에서의 독일 조사단을 포함한 주요 발굴에서 나온 모든 유물을 전시했다.('챕터 20' 참조)

거트루드 벨은 과도하게 밀어붙이고, 지역 정치에 대해서도 자기 의견을 강하게 피력한 여성이었다. 바보짓을 용납하지 않았고, 많은 적을 만들었다. 정부 관리들이 벨을 불신하기 시작했고 자신이 점점 고립되자 고고학 속에 파묻혀 살았다. 그리고 과로와 나빠진 건강 탓에 1926년 7월에 자살하고 말았다. 바그다드 사람들 모두가 장례식에 참석했다.

벨의 지성과 고고학적 학식은 전설적이었지만, 오늘날 이라크에서 그리 좋은 평판을 받지는 못하고 있다. 많은 이라크 사람들은 벨이 외국 조사단에 너무 많은 것을 주었다고 생각한다. 그런 평가도 일리가 있지만, 벨은 늘 순수한 국가적 목적보다 고고학과 학문적 관심을 더 우선시하는 경향이 있었다. 그리고 당시는 이라크에 섬세한 유물을 보존할 시설이 전혀 없었다. 그럼에도 이라크 박물관은 여전히 고고학사상 독특하면서도 중요한 인물을 기념하며 그 자리에 있다.

해리엇 보이드 호스는 혈기 왕성한 여성으로, 거트루드 벨이 여행을 하던 시절 유적 발굴 현장에서 일하고 있었다. 크레타에서 발굴 작업을 한 최초의 여성이기도 하다. 해리엇은 소방시설 제조업자의 딸로 태어났는데 어머니가 일찍 세상을 떠났다. 그래서 오빠 넷과 함께 자립하는 법을 배워야 했다. 벨이 옥스퍼드 대학에 들어갈 무렵인 1891년 해리엇도 매사추세츠 주의 스미스 칼리지에 입학했다. 해리엇은 대학에서 영국의 여행가이자 소설가,

고고학 작가인 아멜리아 에드워즈Amelia Edwards로부터 고대 이집트에 대한 강의를 듣고 고대 문명에 관심을 갖게 되었다. 졸업 후 교사로 일하다가 돈을 모아 1895년에 유럽을 여행했다.

해리엇은 그리스에 가서 고대 그리스에 대해 열정적인 관심을 갖게 되었다. 그리고 이듬해에 다시 돌아와 아테네에 있는 영국 고고학 스쿨British School of Archaeology에서 공부했다. 해리엇은 파티와 만찬, 그리고 다른 여러 사회관계를 유지하면서도 짬을 내어 고대와 현대의 그리스를 공부하고 고고학 유적을 찾아갔다. 심지어 자전거로 아테네를 돌아 물의를 일으키기도 했다.

1897년 그리스와 터키 사이에 전쟁이 일어나자 해리엇은 그리스 중부의 적십자에 곧바로 자원했다. 해리엇은 부상자를 돌보면서 전쟁의 공포를 직접 경험했다. 병원의 상황은 최악이었다. 환자들을 너무 가까이 눕혀놓아 상처에 붕대를 제대로 감을 수조차 없었다. 전쟁이 끝난 뒤에도 그곳에 남아 장티푸스에 전염된 환자들을 간호했다.

미국으로 돌아온 해리엇은 아테네 근처에 있는 고대 엘레우시스Eleusis의 명문을 연구하기 위한 장학금을 받았다. 발굴을 하고 싶어 했지만 아테네의 미국 고전학 스쿨American School of Classical Studies은 반감을 품었다. 발굴은 '남자'의 일이라고 생각했던 것이다. 대신 크레타에서 온 전쟁 난민이 크레타 섬에서 발굴할 것을 제안했다. 섬에는 조사하는 사람이 거의 없었다. 그리하여 해리엇은 크노소스에서 곧 발굴에 들어가는 중이던 아서 에번스, 이미 크레타를 발굴하고 있던 옥스퍼드 대학의 고고학자 데이비드 호가스David Hogarth(1862~1927)에게 연락을 했다. 하인리히 슐리만의 미망인인 소피아 역시 아테네를 다녀간 다른 중요한 고고학자들을 만날 수 있게 주선해주었다.

해리엇은 여성의 모험을 망측스럽게 여기는 사람들을 견뎌내면서 영향력 있는 사람들의 지원을 받아 크레타에 도착했다. 당시는 섬에 포장도로가 겨우 19킬로미터밖에 없는 시절이었다. 다른 사람들과 마찬가지로 고고학자들도 노새를 타고 여행했다. 에번스와 호가스는 해리엇이 북쪽 해안 지방을 조사할 때 지역 주민의 이야기를 들어보라고 조언해주었다. 이 아주 흔치 않은 여성이 홀로 여행한다는 소문이 지역 마을에 퍼졌다. 현지의 어느 초등학교 교사가 해리엇을 미람펠로우 만Mirampelou Bay에 데리고 갔다. 그곳에서 해리엇은 일부가 드러난 미로처럼 얽힌 석벽과 수많은 채색토기 조각, 그리고 돌로 포장된 좁은 길을 발견했다.

다음 날 해리엇은 일꾼들을 데리고 유적에 돌아와 집터를 노출시켰다. 발굴에 놀라운 재능을 가지고 있었다. 곧 남자 100명과 특이하게도, 아마도 처음으로, 여성 열 명을 거느리고 구르니아Gournia라는 작은 미노아 마을을 발굴했다.

구르니아는 크노소스보다 훨씬 작은 유적이었다. 출토된 유물도 크노소스의 것과 동일했지만, 청동기시대의 작은 공동체에 대해 다른 곳에서 볼 수 없는 귀중한 모습을 보여주었다. 해리엇은 1901년과 1903년, 그리고 1904년에 이 마을 유적에서 조사하면서 서기전 1750년경부터 서기전 1490년까지의 전성기 유적에 집중했다. 부분적으로 펜실베이니아 대학 박물관의 후원을 받으면서 70개 이상의 집과 자갈길을 노출시켰고, 미노아 궁전과 공동묘지도 찾았다. 구르니아는 그 어느 고고학자가 보더라도 놀라운 성취였다.

발굴이 끝나고 4년 뒤 해리엇은 조사의 세부 사항을 하나하나 기록한 방대한 보고서를 발간했다. 이제 아무도 해리엇이 망측스럽게 굴었다거나 고고학자로서 자격에 문제가 있다는 말을 못할 것이었다. 이것이 마지막 야외조사였으며, 지중해 지역에서 미국 고고학을 개척한 학자로 칭송받게 되었다. 해리엇은 미국고고학연구소Archaeological Institute of America*에서 강의한 첫 번째 여성이기도 했다.

1906년 해리엇은 영국의 인류학자 찰스 호스Charles Hawes와 결혼했고, 두 아이를 두었다. 1916년과 1917년 제1차 세계대전 중에는 세르비아와 서부전선에서 부상자 간호에 나서기도 했다. 이후 여전히 고고학자로 활동했지만 강의실에 머물렀는데, 매사추세츠 주의 웰즐리 칼리지에서 오랫동안 고대 미술을 가르쳤다.

거트루드 벨과 해리엇 보이드 호스는 당대에 그 어느 남성 고고학자 못지않았다. 사막 여행가이자 정부의 전문 관료였던 벨은 사막에 사는 사람들을 그 어느 외부인보다 잘 이해했다. 해리엇은 훌륭한 발굴가였다. 1926년 크레타 섬을 한 번 더 찾았지만 손

---

* 1879년 미국에서 고고학의 대중화와 유적의 보존을 위해 설립된 단체로, 회원만 20만 명이 넘는다. 1897년부터 〈미국 고고학지*American Journal of Archaeology*〉라는 학술지를, 1948년부터 〈고고학*Archaeology*〉이라는 대중 잡지를 발간하고 있다.

님일 뿐이었다. 아서 에번스는 해리엇에게 크노소스 관광을 시켜주었고, 해리엇은 노새를 타고 구르니아를 여행하면서 지역 주민의 뜨거운 환영을 받았다.

CHAPTER 20

흙벽돌과 홍수

바빌론은 고대 메소포타미아 세계에서 가장 큰 도시 중 하나였다. 서기전 2300년 즈음 작은 마을에서 시작하여 서기전 609년에서 서기전 539년 사이에 바빌로니아 제국의 중심지로 성장했다. 네부카드네자르 2세는 바빌론을 위대한 도시로 만들었다. 바빌론에는 여덟 개의 관문이 있었는데, 그중 북문은 여신의 이름인 이슈타르Ishtar로 불렸다. 바빌론은 서기전 612년에 파괴된 뒤역사에서 사라져 먼지가 날리는 황폐한 마운드가 되고 말았다.

오스틴 헨리 레이어드('챕터 4' 참조)를 포함한 초기의 몇몇 고고학자는 바빌론 발굴에 실패했다. 부식되고 불에 굽지 않은 흙벽돌만 남아 있을 뿐이었다. 그러나 독일 조사단이 들어와 세심한발굴가의 손으로 이 위대한 도시가 다시 빛을 보게 되었다. 로베르트 콜데바이Robert Koldewey(1855~1925)는 건축가이자 고고학자였다. 독일의 전통에 따라 정확한 발굴가이기도 했다. 콜데바이는 부식된 흙벽돌을 체계적으로 발굴하면 네부카드네자르가 다스렸던 바빌론을 찾을 수 있다고 확신했다. 조사는 1899년에 시작되어 13년간 이어졌다.

독일 고고학자와 이집트에 있는 플린더스 페트리는 대규모 발굴의 기본 체계를 세웠다. 이제 더 이상 일꾼들이 무턱대고 도시 마운드를 파 들어가는 일은 없었다. 대신 사람들을 고용해 곡괭이로 파거나 바구니를 사용하도록 했다. 그러면서 가까이서 면밀하게 일했다. 콜데바이는 공식 절차를 만들어 트렌치에서 흙을 퍼내는 데도 작은 레일을 만들었다. 그런 다음 각각의 전문화된 작업에 맞게 노동자들을 교육시켰다.

먼저 쉽게 확인할 수 있는 불에 구운 벽돌로부터 시작했다. 굽지 않은 흙벽돌은 폐기되면 비바람을 맞아 부서지는 경향이 있어서 다루기가 무척 어려웠다. 그래서 콜데바이는 재주 있는 사람들을 훈련시켜 불에 굽지 않은 흙벽돌만 찾는 팀을 꾸렸다. 동료인 발터 안드레(훗날 티그리스 강 유역에 있는 아시리아의 수도 아수르에서 발굴했다)와 함께 땅을 괭이로 긁어내는 것이 가장 좋은 발굴법임을 알았다. 이 발굴 전문가들은 흙의 변화에 주목했고, 실제 벽을 찾으려 했다. 벽이 드러나면 일꾼들은 섬세하게 흔적을 쫓아 방을 노출시켰다. 이 과정에서 방바닥의 흙도 그대로 두어 나중에 조심히 파고 각 방에서 나온 유물을 기록했다. 콜데바이의 체계적 접근은 도시 발굴법에 커다란 변화를 몰고 왔다.

바빌론 북쪽에서 네부카드네자르의 이슈타르 문을 찾은 것이야말로 콜데바이의 가장 위대한 발견이었다. 이슈타르 문은 다산의 상징인 모신에게 바친 것이었다. 콜데바이는 네부카드네자르 2세의 건축가들이 모래땅을 깊게 파서 기초를 만들었음을 알았다. 벽은 여전히 그대로였고, 이로써 반짝이는 벽돌로 만들어진 거대한 용과 황소 부조를 찾을 수 있었다. 실제 문과 아치형 입구의 지붕은 삼나무로 덮여 있었다.

기둥 열 개에까지 펼쳐져 있는 명문에는 왕이 자신의 업적을 스스로 자랑스러워함을 표현했는데, 이를 그리스 작가 헤로도토스가 기록한 적도 있었다. 콜데바이를 비롯한 조사단은 참을성 있게 불에 구운 벽돌 파편 수천 점을 씻어 염분을 제거한 뒤 접합 작업을 했다. 그리고 베를린의 페르가몬 박물관Pergamon Museum에서 벽돌을 하나하나 쌓아 문을 복원했다. 포장된 행진로를 따라가면 바빌로니아의 주신 마르두크Marduk의 신전으로 향했다. 이슈타르 문과 행진로는 평지에서 13미터 높이에 있었다.

그동안 발터 안드레는 1902년부터 1914년까지 상류의 아수르에서 비슷한 발굴을 실시했다. 바빌론에서와 똑같은 방식을 사용하여 티그리스 강 위의 벼랑에 세워진 아시리아의 수도를 발굴 조사했다. 안드레의 전문 조사단은 도시 성벽과 수많은 집, 신전지를 확인했다. 주된 건물은 도시의 신 아수르의 아내 이슈타르의 신전이었다. 깊이 판 트렌치에서 같은 유적에 지은 이전 시기의 신전 여섯 개가 드러났다. 안드레는 메소포타미아 도시를 처음으로 층과 층으로 나눠 발굴했다. 발굴은 기실 파괴임을 잘 알

고 있었기에 안드레와 콜데바이는 더 밑의 층으로 파 들어가기
전에 모든 유구를 세심히 기록했다.

안드레와 콜데바이 등의 섬세한 발굴 덕분에 제1차 세계대전
이 끝나고 우르를 비롯한 많은 메소포타미아 도시에서 학문적 발
굴이 이루어졌다. 이제 개인이 아니라 국립박물관의 후원으로 발
굴이 실시되었다. 1911년 영국박물관은 시리아 북부 유프라테스
강 유역의 카르케미시라는, 잘 알려져 있지 않은 히타이트 도시를
발굴하기로 결정했다. 발굴조사단의 단장은 크노소스에서 아서
에번스와 함께 일했던 경험 많은 발굴가 데이비드 호가스가 맡았
다. 호가스는 아침식사 전에 성미가 고약하기로 악명이 높아서 일
꾼들에게 '죽음의 천사'라고 불렸다. 호가스의 두 번에 걸친 발굴
조사의 성과는 훌륭했다. 박물관은 장기 프로젝트를 시작했고, 서
른세 살의 레너드 울리를 새로운 단장으로 선택했다.

찰스 레너드 울리Charles Leonard Woolley(1880~1960)는 강한 성품을
지닌 키 작은 남자였다. 성직자가 되려고 옥스퍼드 뉴칼리지에서
공부했지만, 학장은 울리가 학부생이던 시절 결국 고고학자가 될
것으로 예측했다고 한다. 울리는 수단에서 1907년부터 1911년
까지 5년 동안 주로 공동묘지를 조사했다. 다른 문화의 일꾼들을
상대하는 경험을 하면서 지역 언어를 배우고 일꾼들을 단호하면
서도 공평하게 다루는 법을 배웠다. 카르케미시 조사의 단장으로
울리는 훌륭한 선택이었다.

카르케미시는 서기전 717년에 아시리아가 이 성장하는 취
락을 함락시킬 때까지 강을 가로질러 얕은 여울을 지키는 역할을

했다. 훗날 히타이트의 도시가 되었지만, 지중해 동부 세계에서 아시리아와 이집트 사람들에게 전혀 알려져 있지 않았다. 발굴에서 드러난 점유층만 15미터에 이르렀다.

울리는 영감을 주는 지도자였다. 무엇을 해야 할지 망설임이 없는 사람이었다. 또한 활발한 유머 감각도 지니고 있었는데, 종잡을 수 없는 지역의 정치 상황과 가끔 불평불만을 폭력으로 표출하는 노동자를 다루는 데 중요한 역할을 했다. 일꾼을 존중했지만 단호하기도 했다. 지역 관리가 발굴 허가를 한번에 내주지 않았을 때 울리는 그저 웃었다. 그러곤 리볼버 권총을 장전하고 머리에 겨누었다. 관리는 공포에 떨며 손을 들었고, 실수가 있었다고 말했다. 몇 분이 지나 울리는 허가증을 받고 떠났다.

울리는 훌륭한 이야기꾼이자 작가였다. 그래서인지 때로 카르케미시에서 진정으로 무슨 일이 벌어졌는지를 해석하기가 어려웠다. 발굴은 성공적이었는데, 대체로 울리와 로렌스(옥스퍼드 대학에서 데려온 인물로, 고고학 경험이 있고 때마침 시리아를 여행하고 있었다)가 서로, 그리고 일꾼들과 잘 지냈기 때문이다. 하모우디Hamoudi라는 이름의 시리아인 현장감독은 일꾼을 다루는 데 천재적이었다. 그래서 울리의 가장 가까운 친구가 되었다. 두 사람은 1912년부터 1946년까지 몇 개의 발굴지에서 같이 일했다.

1912년에는 히타이트에 대해 알려진 바가 거의 없었다. 몇 년 뒤 플린더스 페트리가 이집트에서 아마르나 점토판을 발굴하여 알려진 사실이 조금 있을 뿐이었다.('챕터 17' 참조) 울리는 성채의 층을 들어내고 궁전 두 개를 발굴했다. 궁전 벽에는 위엄 있는 왕들과 행진하는 군대가 장식되어 있었다.

　카르케미시 발굴은 제1차 세계대전의 발발로 끝이 났다. 거트루드 벨('챕터 19' 참조)과 마찬가지로 울리도 귀중한 정보원으로 대접받았으며, 결국 터키에서 전쟁 포로가 되고 말았다.

　1922년 전쟁이 끝난 뒤 울리는 영국박물관과 펜실베이니아 대학 박물관의 후원으로 시작된 칼데아 우르Ur of the Chaldees라는 성서의 도시 장기 발굴의 야심 찬 책임자가 되었다. 낮에는 뜨거운 햇볕, 그리고 밤이면 추위가 찾아오는 혹독한 사막경관에서 떨어져 있는 우르는 복잡하고도 발굴하기 어려운 유적이었다. 폐허가 된 신전 피라미드와 파묻힌 도시, 수많은 점유층은 모두 가장 솜씨 좋은 발굴가일지라도 어려운 도전이었다. 그러나 울리는 이 작업에 이상적인 인물로 정력적이고 아이디어도 풍부했다.

　울리는 까다롭고 힘든 현장 책임자이기도 했는데 소수의 유럽인 조사보조원, 강력한 하모우디와 함께 엄청난 분량의 작업을 했다. 발굴은 새벽에 시작되었고 유럽인 조사원에게 자정 이전에 끝나는 일은 별로 없었다. 울리의 가장 훌륭한 동료는 막스 말로완Max Mallowan이었는데, 이 사람은 훗날 일급 고고학자가 되어 처음으로 님루드에서 레이어드의 뒤를 이어받았다. 말로완은 탐정 소설가 애거사 크리스티Agatha Christie와 결혼했다. 애거사는『메소포타미아의 살인Murder in Mesopotamia』이라는 소설에서 우르에서 만난 사람을 토대로 등장인물을 구성했다고 한다.

　1922년 발굴 트렌치 하나에서 황금 유물이 나왔는데, 아마도 무덤이었을 것이다. 울리는 대단한 보물로 채워졌으나 부서지기 쉬운 조건의 왕릉을 발굴하고 있는지도 모른다고 생각했다. 무덤을 발굴하는 일은 자신의 기술적 능력의 한계를 시험하는 것이고, 섬세한 작업을 하도록 일꾼들을 훈련시켜야 함을 알고 있었다. 그래서 더 발굴해 들어가기 전까지 4년을 기다렸다.

그동안 울리는 도시의 윤곽을 파악하기 위해 시굴 트렌치를 팠다. 그런 다음 유적 근처의 작은 마을 마운드를 발굴했다. 발굴에서 아주 이른 시기의 채색토기가 나왔지만 금속기는 없었다. 주민은 아마도 우르의 수메르인 건축가들의 조상이었을 것이다.

울리는 하모우디 아래에 400명의 노동자를 두고 작업했다. 하모우디는 가끔 골칫거리이기도 하고 예민하기도 했지만, 엄격한데다 피로를 견디고 일꾼들의 사기를 북돋우는 능력이 뛰어났다. 한번은 일꾼들이 힘겹게 흙을 파는 동안 울리는 유프라테스 강의 뱃사공이라도 된 듯이 삽을 노 삼아 경쾌한 노래를 불렀다고 한다.

마침내 울리는 왕릉을 발굴했고, 큰 트렌치를 파서 우르의 바닥까지 들어갔다. 바닥에서는 홍수 퇴적층을 팠으나 유물은 없었다. 그 아래에도 점유의 증거가 더 있었다. 이전에 발굴했던 작은 농경 마을에서 나온 토기와 비슷한 것들이 나왔다.

울리의 아내 캐서린은 가끔 발굴 구덩이를 보면서 수수께끼 같은 층이 성서에 나오는 노아의 홍수일 수 있지 않느냐고 말했다. 그런 제안은 늘 부족한 자금에 시달리는 조사로서는 대중의 흥미를 자극하는 꿈같은 일이었다. 사적으로 울리는 그런 생각을 별로 신뢰하지 않았다. 왜냐하면 트렌치는 크기가 작았고, 어쨌든 우르는 홍수에 취약한 곳에 자리 잡았기 때문이었다. 그러나 훗날 잘 알려진 저술에서는 우르의 홍수를 충분히 활용했다. 성서에 나오는 홍수의 흔적을 찾는다는 것은 대중에게 커다란 매력을 줄 것이고, 기금을 확보하는 데도 도움이 될 것임을 잘 알고 있었던 것이다.

우르 발굴이 끝나갈 즈음 울리는 오늘날 그 자리를 압도하고 있는 우르남무Ur-Nammu의 지구라트에서 유물 수습을 마쳤다. 그리고 수많은 작은 주거지와 수메르 역사에 대해 많은 것을 알려주는 수백 개의 점토판을 발굴했다.

왕릉 발굴은 엄청난 일이었다. 사실 그곳엔 두 개의 공동묘지가 있었다. 하나는 아시리아의 것이고 다른 하나는 수메르의 것이었다. 4년 동안의 철저한 작업 동안 조사단은 2,000개가 넘는, 대체로 무미건조한 일반인의 무덤을 들어냈다. 울리는 풍성한 왕릉급 무덤 16기를 발굴했다. 인장 명문과 점토판을 이용해 무덤을 서기전 2500년에서 서기전 2000년 사이로 편년했는데, 이는 문자로 기록된 이라크 역사에서 가장 이른 시기였다. 유물은 발굴갱에서 9미터 아래에 있어서 비스듬히 발굴해야 했다. 왕의 시신은 돌과 벽돌로 만든 무덤 안에 안치되어 있고 순장된 희생자들이 둘러싸고 있었다. 공들여 만든 쓰개를 장식한 열 명의 여성이 두 줄로 정렬되어 있는 사례도 있었다. 섬세한 의례용품을 발굴하는 일은 많은 상상과 독창성을 필요로 한다. 예를 들어 울리는 윤곽이 불분명한 구멍에 액체를 부어 부식된 나무 수금(현악기)의 틀을 만들 수 있었다. 이 수금은 구리로 만든 황소 머리와 조개로 장식되어 있었다.

몇 달 동안의 힘든 일이 끝난 뒤 울리는 장례식에 대한 유명한 이야기를 썼다. 스스로를 과거로 투영시킬 줄 아는 몇 안 되는 고고학자로서 울리는 왕릉을 훌륭하게 해석했다.

'화려한 복장의 신하와 무신들이 줄을 서서 무덤으로 향한다. 암소가 끄는 왕가의 수레와 사육사들이 구덩이로 들어간다. 모두가 점토로 만든 작은 잔에 든 독약을 마시고 쓰러져 죽는다. 마침내 누군가가 마지막으로 암소를 죽이고 구덩이를 묻는다.'

불행히도 울리의 발굴 기록은 불완전했다. 그래서 이 이야기가 신빙성이 있는지는 검증할 수 없다. 사실 새로운 연구에 따르면 순장된 사람들은 독약을 마신 것이 아니라 머리를 얻어맞아 죽었다. 시신들은 보존되도록 처리되었으며, 무덤 안에 누여졌다. 그러나 울리의 드라마 같은 생생한 재현을 용서할 수 있다. 울리가 고고학이란 무엇보다도 사람에 대한 이야기임을 믿었다는 것을 기억한다면 말이다.

이 발굴은 어느 고고학자가 주도한 거대한 유적 조사의 마지막이었다. 이런 형태가 초기 고고학을 규정했다. 그래서 레너드 울리는 위대한 고고학자 중 한 명으로 당당히 자리를 차지하고 있다.

1922년 하워드 카터는 이집트에서 투탕카멘의 무덤을 발견했다.('챕터 21' 참조) 그리고 끝내 울리가 쓴 책은 황금으로 장식된 파라오에 대한 사람들의 열광 아래에 묻혀 잊히고 말았다.

CHAPTER 21

경이로운 것들

    1922년 11월 25일, 이집트의 '왕가의 계곡'. 하워드 카터, 영국의 귀족 카나번 경과 딸 이블린 허버트Evelyn Herbert는 무더운 날 사람들로 북적이는 투탕카멘의 무덤 통로에서 기다리고 있었다. 일꾼들이 마지막으로 돌무더기를 걷어내며 닫힌 문으로 가는 길을 열고 있었다. 또 다른 문에서 왕의 인장이 확인되어 사람들은 이미 이것이 투탕카멘의 무덤임을 알고 있었다.

    사람들은 흥분에 휩싸인 채 밀도가 높고 습하며 먼지가 뿌연 곳에서 땀을 흘리고 있었다. 카터는 떨리는 손으로 석고 문에 작은 구멍을 뚫어 쇠막대기를 집어넣었다. 뒤편에서 뜨거운 공기가 밀려들었다. 많은 사람이 지켜보는 가운데 카터는 구멍을 더 넓힌 뒤 양초를 집어넣었다. 촛불이 깜박거리다가 멈추었다. 카나번이 참지 못하고 물었다.

"뭐가 보입니까?"

카터가 숨을 헐떡이며 대답했다.

"예, 보입니다. 경이로운 것들이."

카터는 구멍을 더 넓히고 유물이 가득한 방에 불빛을 비추었다. 3,000년 만에 처음으로 방이 열리는 순간이었다. 카터의 눈앞에 금으로 만든 침대와 옥좌, 접을 수 있는 마차와 뒤죽박죽 섞인 보물이 그득했다. 7년 동안 허탕만 치다가 드디어 사람 손이 닿지 않은 투탕카멘의 무덤을 찾은 것이었다.

발견으로 향하는 길은 1881년에 시작되었다. 룩소르 반대편 나일 강 서안의 언덕 바위틈에서 놀랄 만한 왕가의 미라와 부장품이 발견된 것이었다. 1880년대가 되면서 부유한 유럽인과 여행가들 사이에 이집트는 수에즈 운하를 통과하는 멋진 겨울 관광지가 되었다. 룩소르 반대편 나일 강 서안에 있는 쿠르나의 무덤 도굴꾼들은 큰돈을 벌고 있었다. 1881년 대단한 유물이 시장에 나왔다는 소문이 돌았다. 아주 멋진 항아리와 눈부신 보석, 훌륭한 조각상들이었다. 독특하고 왕릉에서 나온 것이 분명한 유물도 있었다.

아흐메드Ahmed와 무함마드 엘라술Mohammed el-Rasul이라는 그 지역의 도굴꾼 둘이 혐의를 받았다. 도굴꾼은 의복이나 바구니 안에 유물을 숨겨 룩소르에 밀반입했다. 두 사람을 체포해 고문도 했지만 허사였다. 아흐메드가 도굴품을 어떻게 나눌지를 두고 형제인 무함마드와 다툰 후 등을 돌리게 될 때까지 입을 다물고 있었다. 무함마드는 결국 자백했고, 독일에서 태어나 이집트 고대유물국Egyptian Antiquities Service의 회원이었던 고고학자 에밀 브룩슈Émile Brugsch를 나일 강 서안의 외딴 바위틈으로 안내했다. 그 안에는 투트모세 2세, 세티 1세, 람세스 2세를 포함한 이집트의 가장 위대한 파라오들의 미라가 잠들어 있었다.

3,000년 전 '왕가의 계곡'을 담당했던 묘지 신관은 무자비한 고대의 무덤 도굴꾼들을 피해 왕들의 미라를 정신없이 이쪽저쪽 옮기며 숨겨놓을 곳을 찾았다. 그런데 매우 서둘러 옮겼기 때문에 바위틈은 귀중한 유물로 어수선하게 어질러져 있었고, 왕비의 관들도 쌓여 있었다. 브룩슈는 놀라운 발견에 충격을 받았고, 정신을 차린 뒤 일꾼 300명을 고용하여 파라오 시신 40구를 수습했다. 훗날 미라 몇 개의 아마포를 벗겨내어 고고학자들은 이 고대 세계의 가장 강력했던 사람들의 얼굴을 들여다볼 수 있었다. 세티 1세(무덤 자체는 벨조니가 발견했다)의 미라가 가장 잘 보존되어 있었으며, 얼굴에 부드러운 미소까지 띠고 있었다.('챕터 2' 참조)

파라오 미라의 발견은 세상을 놀라게 했다. 부유한 관광객들이 나일 강으로 몰려들어 금으로 치장된 눈부신 무덤을 찾고 '왕가의 계곡'에서 발굴하고 싶어 했다. 그렇게 해서 덜 중요한 무덤에서 나온 유물에 많은 돈을 썼다. 파괴와 도굴이 계속되는 것은 불가피한 일이었다. 관리들도 모른 척했다. 다만 이 시기에 플린더스 페트리 같은 고고학자들은 젊은 발굴가들을 양성했는데, 이는 고고학에 다행스러운 일이었다. 페트리는 젊은 조사보조원들을 고용해 몇 년간 야외조사를 했으며, 영국인 제도사 퍼시 뉴베리Percy Newberry도 있었다. 1890년대에 뉴베리는 하워드 카터라는 재능 있는 화가와 같이 일했다. 뉴베리는 카터를 페트리에게 보내 발굴법을 익히게 했다. 이로써 1922년 이전에 투탕카멘 발견에 중요한 역할을 한 두 사람 중 한 명이 등장했다.

카터는 가난한 집안에서 화가의 아들로 태어났다. 그런데 이집트 수집품을 많이 가지고 있던 부유한 영국인 윌리엄 티센 암허스트William Tyssen-Amherst가 카터의 놀라운 재능을 눈여겨보았다. 1891년 암허스트 가족은 열일곱 살의 카터를 고용해 수집품을 그리게 했다. 그리고 그해 이집트 탐사기금은 카터를 퍼시 뉴베리에게 보내 조수로 일하도록 했다. 당시 뉴베리는 서기전 2000년 즈음으로 편년되는 중이집트의 베니하산Beni Hasan에서 귀족들의 장식된 무덤을 조사하고 있었다. 그런데 카터가 그린 베니하산 무덤의 벽화가 너무나 훌륭했기에 뉴베리가 엘아마르나에서 조사 중인 페트리에게 카터를 보낸 것이었다. 이제 젊은 화가는 자연스럽게 발굴을 배우게 되었다.

1899년 프랑스의 이집트학자이자 이집트 고대유물국의 국장이었던 가스파르 마스페로Gaspar Maspero는 카터를 상이집트의 고대 유물 감독관에 임명했다. 당시 이집트에서 그런 직책을 가진 사람은 두 명밖에 없었다. 카터는 감독관으로서 바쁘게 일했다. 일은 대부분 '왕가의 계곡'에 집중되어 있었는데, 몇몇 무덤에서는 전기로 불을 밝히기도 했다.

부유한 방문객들 중 '왕가의 계곡' 발굴 허가를 신청하는 이들도 있었지만, 무덤을 찾는 데 준비가 되어 있지 않다는 이유로 거부당했다. 신청을 받고 허가 여부를 판단한 고고학자는 카터였다. 가장 잘 준비된 사람은 뉴욕의 부유한 변호사인 시어도어 데이비스Theodore Davis였다. 1902년 데이비스는 계곡에서 일할 수 있는 허가를 받았다. 카터는 데이비스를 도와 발굴했고, 우세르헤트Userhet라는 귀족과 투트모세 4세의 무덤을 조사했다. 카터는 투트모세 4세의 마차 일부와 승마용 장갑 하나를 수습했다. 데이비스의 발굴은 거칠었지만 발굴을 수행하는 고고학자를 고용하는 감각은 있었다. 카터가 투탕카멘에 접근했던 방법은 대부분 데이비스와의 경험에서 익힌 것이었다.

그렇게 북쪽에서 놀라운 성공을 거두자 1904년 마스페로는 감독관 카터를 하이집트로 보냈다. 그곳에서 카터가 맡은 일은 유적을 보존하고 때로 힘든 방문객을 대하는 것이었다. 카터는 뻣뻣한 사람이었다. 관광객의 잘못을 봐주는 법이 없었다. 1905년 사카라Saqqara에서 술에 취한 프랑스 관광객 몇 명과 크게 다툰 뒤 카터는 넌더리가 나서 사임하고 말았다. 그 뒤 2년 동안 카터는 화가로, 그리고 룩소르 가이드로 근근이 먹고살았다. 1907년, 한창 어려운 시절에 영국의 귀족 카나번George Edward Stanhope Molyneux Herbert, Fifth Earl of Carnarvon(1866~1923)을 만났다. 이렇게 투탕카멘 발견에서 또 다른 주요 인물이 등장했다.

카터와 정반대로 카나번 경은 귀족으로서 좋은 안목과 예리한 감각을 지닌 미술품 수집가였고 경마 도박을 즐겼다. 포체스터 경Lord Porchester으로 태어났으며 소년 시절에 병약했고 내성적이었다. 10대 시절에는 이튼 칼리지에서 자주 괴롭힘을 당했다.

아마도 학습 장애가 있었던 듯한데, 교육도 엉망이었다. 이튼 칼리지에 다니는 동안 인도 마하라자의 아들이자 습관적 경마 도박가인 빅터 둘립 싱Victor Duleep Singh과 평생의 친구 관계를 맺었다. 포체스터는 옥스퍼드에 들어갔지만 자퇴했고 입대를 고민하다가 경마와 보트 타기, 사격, 여행 등과 같이 스스로 열정을 느낀 것들에 충실했다. 그러면서도 닥치는 대로 책을 읽어 미술과 인문학 교양을 쌓았다.

1890년 포체스터 경은 제5대 카나번 백작이 되어 아버지의 사유지를 물려받았다. 그로부터 5년 뒤에는 귀족 알미나 웜웰Almina Wombwell과 결혼하여 알미나 또한 최상류층의 일원이 되었다. 폐가 좋지 않았던 카나번에게 건조하고 따뜻한 나일 강 유역이야말로 겨울을 나는 데 최적의 장소였다. 그리하여 나일 강을 정기적으로 찾았고, 고대 미술과 사진에도 관심을 갖게 되었다. 1905년 즈음, 카나번은 끝없는 무도회와 통상적인 관광에 싫증이 났다. 그리고 고고학에 마음을 두게 되었다.

카나번은 발굴을 조금 해본 많은 부유한 방문객 중 한 사람이었다. 고고학을 하면서 즐겁게 시간을 보낼 수 있었고 1907년 좋은 인맥 덕분에 이미 잘 조사되고 있던 테베 공동묘지의 발굴 허가를 받았다. 처음 6주 동안 어떤 전문가의 도움도 없이 조사했으며, 분명 발굴을 즐겼다. 다만 중요한 발견이라곤 고양이 미라와 명문이 있는 점토판 정도에 불과했다. 이후 그 점토판은 해독을 거치며 중요한 발굴품이 되었다. 점토판에는 파라오 하모세Khamose가 힉소스Hyksos의 왕을 격퇴한 것을 기념하는 글이 쓰여 있었다. 힉소스인들은 서기전 1640년 즈음 비옥한 나일 강 삼각주를 차지하고 있었다. 그 유물은 이제 '카나번 점토판Carnarvon Tablet'이라고 불린다.

그즈음 고대유물국의 국장인 가스파르 마스페로가 직업이 없던 하워드 카터를 카나번에게 소개시켜주었다. 카터는 '왕가의 계곡'에 더욱 집착했지만, 그곳에서 발굴을 하려면 부유해야 했고 정부의 고위 관료와도 관계를 맺어야 했다. 데이비스가 '왕가의 계곡'에서 힘만 들이고 성과를 올리지 못하고 있을 때 카터와 카나번은 친구를 넘어 잘 맞는 팀을 이루었다. 오랜 발굴 경험을 가진 카터가 주도적인 위치에 섰다. 카터는 데이비스나 플린더스 페트리보다 높은 발굴 기준을 가지고 있었다. 카나번은 자금을 지원했고, 아이디어의 공명판 역할을 했다. 카나번은 일찍이 두 사람이 잘 발굴된 공동묘지에서 유물을 찾을 때부터 카터가 발견에 대해 놀라운 감각을 가지고 있음을 알고 있었다. 다른 모든 사람이 이제 더 이상 나올 것이 없다고 할 때도 카터는 계속해서 유물을 찾았다. '왕가의 계곡'에서 두 사람은 시어도어 데이비스의 구역에서 발굴할 기회를 얻고자 기다렸다. 그리고 지난 5년간의 조사에 대한 귀중한 보고서도 발간했다.

섬세한 성격인 카터는 여전히 데이비스와 연락을 주고받았지만 데이비스의 방법을 신뢰하지는 않았다. 늘 유적을 지킨 카나번과 달리 데이비스는 손을 놓고 있는 고고학자의 전형이었다. 발굴은 하지 않고 나일 강에 정박시켜놓은 보트에 손님을 태우고 돌아다니길 좋아했다. 그러나 무덤을 열 때는 자리를 지켰으며,

조사보조원(특히 하워드 카터)을 잘 두었다는 점에서 행운이 있었다.

데이비스는 조사를 서둘렀으며, 세부 사항에는 별로 주의하지 않았다. 다만 무덤을 찾는 데는 체계적이었다. 왕릉 몇 개를 찾았는데, 그중에는 서기전 1401년에 죽은 제18왕조의 파라오 아멘호테프 2세Amenhotep II의 무덤도 있었다. 서기전 1390년 즈음 전차 부대의 고위 장교인 유야Yuya와 아내 투야Tuya의 무덤에서는 완전한 전차가 나왔고 침대 두 개, 금도금한 안락의자 세 개, 그리고 관 세 개가 확인되었다. 유야와 투야의 무덤은 도굴되었지만, 투탕카멘의 무덤이 발견되기 전까지는 가장 완전한 무덤이었다. 데이비스는 몇 해에 걸쳐 돌무더기만 걷어내는, 그리 성공적이지 않은 발굴을 이어갈 만큼 자제력과 재원을 가지고 있었다. 그렇게 1912년까지 지속하다가 결국 그만두고 말았다. 그러면서 '왕가의 계곡'에서는 더 이상 발굴할 것이 없다고 선언했다. 그러나 실제 투탕카멘의 교란되지 않은 무덤 입구에서 불과 2미터 앞까지 들어갔다고 한다. 1914년 카나번에게 '왕가의 계곡' 발굴 허가가 전해졌지만, 바로 그때 제1차 세계대전이 일어났다. 카나번과 카터는 1917년이 되어서야 조사를 시작했다.

카터는 철저하지 못한 시어도어 데이비스와 전혀 다른 부류의 고고학자였다. 계곡의 구석구석을 걸어 다니며 조사하면서 알려진 모든 무덤을 잘 인지하고 있었다. 무덤 하나가 빠져 있었다. 서기전 1323년에 죽은 투탕카멘이라는 잘 알려져 있지 않은 파라오의 무덤이었다. 카터는 투탕카멘의 무덤도 발견을 기다리고 있을 것이고, 잘 알려진 람세스 6세의 무덤 근처에 있으리라 확신했다. 7년 동안 두 사람은 카터의 직감을 믿었으며, 계곡 바닥에서 돌무더기를 걷어내고 무덤을 찾았다.

1922년 카나번은 발굴을 멈추려 했다. 해마다 몇천 파운드의 비용이 들어갔다. 카터는 한 차례의 발굴에 자신이 돈을 대겠다고 했지만 카나번은 마지못해 람세스 6세의 무덤을 발굴하는 동안 일꾼들의 막사를 세워놓았던 곳 근처를 발굴하는 비용을 지원하는 데 동의했다.

1922년 11월 4일 발굴에 들어간 지 4일 만에, 카나번이 영국에 머물고 있을 때, 일꾼들이 바위를 깎은 계단이 무덤 문으로 향하고 있음을 발견했다. 카터는 카나번과 딸 이블린 허버트가 도착할 때까지 3주를 기다렸다. 그런 다음 11월 24~25일 무덤 문을 노출시켰고, 석고 위에서 투탕카멘의 인장을 찾았다. 그리고 마침내 구멍을 뚫고 '경이로운 것들'을 보았다.

투탕카멘의 무덤은 카터와 카나번의 친구 관계에도 커다란 압박을 주었다. 카터는 무덤을 정확하고도 체계적으로 발굴해야 한다고 주장했지만, 소년 시절부터 도박을 즐겼던 카나번은 한번에 모두 들어내자고 했다. 많은 돈을 투자한 상황에서 유물을 팔고 전시하고 싶었던 것이다. 두 사람 사이에 긴장이 커지고, 특히 1924년 2월 공식적으로 무덤방을 연 뒤에 심한 다툼이 있었다. 불행히도 그로부터 몇 주 뒤 카나번이 전염성 모기에 물려 죽었다 (신기하게도 투탕카멘 역시 그러했다). 이로써 14년에 걸친 파트너 관계도 끝이 났다.

하워드 카터가 투탕카멘의 무덤 발굴을 완료하는 데는 8년이라는 시간이 걸렸다. 1929년에 전문가들로 이루어진 조사단의 도움으로 발굴을 마무리할 수 있었다. 카터의 야장과 기록은 아주 세밀해서 오늘날의 전문가들도 여전히 참고하고 있다. 카터는 어려운 시절에도 발굴을 계속했는데, 이때 이집트는 무덤에서 나오는 모든 발굴품은 이집트의 소유라고 주장했다. 1930년 카나번의 딸은 무덤과 출토 유물 모두를 이집트 정부에 양도하는 데 서명했고, 그 대신 무덤 발굴에 들어간 자금을 돌려받았다. 하워드 카터는 압박에 지칠 대로 지쳐 발간하고자 했던, 많은 사진이 들어간 보고서를 완성하지 못하고 말았다. 그러나 무덤 조사는 하나의 성취였다. 특히 당시 카터가 이용할 수 있는 장비를 생각할 때 더욱 그러하다.

투탕카멘의 무덤은 고고학 조사에서 획기적인 사건이었다. 파라오의 어깨에 놓여 있던 황금 가면은 고대 이집트 유물의 상징이 되었고, 이집트 박물관에서 볼 수 있다. 파라오는 왕가의 코브라 장식을 한 황금색과 파란색 두건을 쓰고 있었으며, 똑바로 쳐다보고 있었다. 섬세하게 엮은 수염은 최근 우연한 사고로 깨졌지만, 다시 붙였다고 한다.

우리가 이런 눈부신 발굴품을 볼 수 있는 것은 모두 카터의 재능 덕분이다. 성품은 격렬했지만 무덤을 들어내는 일은 훈련된 조사단이 협업한 결과이다. 이제 다른 학자들도 나일 강 유역의 조사에 진지하게 임했다. 그중에는 시카고 대학의 이집트학자 헨리 브레스테드Henry Breasted도 있었다. 1929년 브레스테드는 명문을 복제하는 장기 프로젝트를 시작했는데, 오늘날에도 계속되고 있다.

　이집트의 고고학자들은 발굴과 지표조사, 기록에서 더욱 적극적인 역할을 했다. 다른 나라와 마찬가지로 이집트에서도 고고학이 더 국제적이고 전문화할수록 더 많은 발견(큰 것일 수도, 작은 것일 수도)이 이루어져 국가적 자부심의 대상이 된다. 투탕카멘이라는 소년 왕과 부장된 보물을 발견한 일은 고고학에 새로운 장을 열었다. 이로써 팀워크, 곧 협동 조사와 느리고도 아주 섬세한 발굴이 규범이 되었다.

CHAPTER 22

족장을 위한 건축

　높은 석벽의 좁은 출입구를 지나 외벽과 내벽 사이의 좁은 통로에 섰다. 그 안에 무엇이 있는지는 알 수 없었다. 내 앞에 돌덩이를 조심스럽게 쌓아 만든 깔때기 모양의 탑이 서 있었다. 단단한 건축물로, 문도 없고 기능도 분명하지 않았다.

　돌로 만들어진 미로와 그레이트 짐바브웨Great Zimbabwe의 대응벽 안의 오두막 기초를 배회하는 동안 나는 혼란스럽기 그지없었다. 하루 내내 그 지역에서 초가지붕과 나무 기둥, 진흙 벽의 오두막으로 이루어진 아프리카 마을을 돌아보았다. 오두막과 석벽 건축물이 너무나 대조되었다. 왜 이런 공동체에 사는 농민과 유목민이 함께 모여 이 놀라운 건축물을 세웠을까? 유적은 삼림경관에서 이상하도록 이국적이고 수수께끼 같았다. 엄청난 궁전이나

214　　　　　　　　고고학의 역사

신전이 있었다는 흔적은 없었다. 그저 대옹벽만 높이 서 있을 뿐이었다.

그레이트 짐바브웨는 24만 제곱미터가 넘는 지역에 걸쳐 있다. 거대한 돌덩이로 덮인 화강암 언덕이 돌로 뒤죽박죽 얽힌 구조물을 내려다보고 있다. 그 가운데에 대옹벽이 있는데, 유적에서 가장 눈에 띄는 구조물이다. 흔히 아크로폴리스라고 불리는 이 언덕은 돌덩이와 석벽으로 이루어진 옹벽의 미로다. 그중에서 가장 큰 서쪽 옹벽은 아주 오랫동안 이곳에 있었다.

대옹벽은 모르타르를 쓰지 않고 세운 높은 석벽과, 외벽 위로 솟아 오른 견고한 깔때기 모양의 탑으로 유명하다. 그레이트 짐바브웨를 다스렸던 족장은 아마도 백성과 유리되어 이 울안에 살았을 것이다. 다른 몇 개의 더 작은 옹벽은 서북쪽에 있다.

그런데 도대체 그레이트 짐바브웨는 정확히 무엇이었을까? 중요한 의례 중심지였음은 분명하다. 아크로폴리스는 유적의 다른 부분과 분리된 신성한 언덕이다. 인도의 유리구슬과 중국 자기, 바닷조개 같은 수입된 중요 물품들로 판단하건대, 족장은 금과 구리, 코끼리 상아를 동아프리카 해안에서 온 사람들과 교역했을 것이다.

대옹벽 안에서는 아프리카에서 전통적으로 지도자를 상징하는, 쇠로 만든 공이 나왔다. 그 때문에 여기에 살았던 사람이 족장이었음도 알 수 있다. 방사성탄소연대측정('챕터 27' 참조) 덕분에 그레이트 짐바브웨는 서기 950년에서 1450년 즈음에 번성했음도 알려져 있다. 1497년 포르투갈 배가 인도양 해안에 나타나기 얼마 전 유적은 버려졌다.

포르투갈 사람들은 오늘날 케냐의 말린디Malindi와 몸바사 Mombasa 같은 해안 마을에 배를 타고 들어와 내륙으로부터 온 상 아와 금, 노예를 교역했다. 이미 1505년 소팔라Sofala에 교역소를 세웠다. 소팔라는 잠베지 강Zambezi River 하구의 이슬람 교역장으로 오랫동안 유지되었다. 포르투갈 사람들은 이곳으로 들어와 작은 무리를 이끌고 값싼 인도 옷과 다채로운 유리구슬과 바닷조개를 들고 상류로 가서 내륙의 고지대로 들어가는 반半아프리카인 상인들을 만났다. 교역자들은 사금을 얻고, 호저 깃과 구리 덩어리, 그리고 무엇보다도 코끼리 상아를 거두어들였다.

중국 자기와 옷 같은 교역품들 중에는 그레이트 짐바브웨까지 들어온 것도 있었다. 포르투갈 사람들은 산발적으로 내륙 탐험에 나서면서 돌로 만들어진 건축에 대해 알게 되었으나 그곳을 찾지는 않았다. 1531년 소팔라 주둔군의 대위인 빈센테 페가도 Vincente Pegado는 유적을 '믿기 어려운 크기의 돌'로 만들어진 곳이라는 뜻의 '심바오에Symbaoe'라고 불렀다.

1867년에는 애덤 렌더Adam Render라는 독일계 미국인 사냥꾼이자 탐광자가 우연히 이 유적을 발견했다. 그로부터 4년 뒤 렌더는 독일의 탐험가이자 지리학자인 칼 마우크Karl Mauch에게 이곳을 보여주었다. 마우크는 깜짝 놀라 그레이트 짐바브웨가 성서에 나오는 시바 여왕의 궁전이며, 남부 아프리카에서 풍부한 금을 가진 위대한 지중해 문명의 흔적이라고 주장했다. 심지어 나무로 만든 문기둥門柱이 고대 지중해 세계의 여행자가 가져온 레바논

삼나무를 깎은 것이라고 했다.

　이즈음 백인 이민자의 물결은 남아프리카와 현재 짐바브웨의 경계인 림포포 강Limpopo River의 북쪽으로 향하고 있었다. 황금을 찾아 부자가 된 사람도 있었지만 대부분은 땅을 얻고자 했고, 농장을 건설하기 시작했다. 새로 들어온 많은 사람은 제대로 교육을 받지 못했으며 아프리카 사람들을 멸시했다. 많은 사람이 그레이트 짐바브웨가 서 있는 마쇼날란드Mashonaland라 불리는 비옥한 땅에 정착했다. 그래서인지 아프리카 밖에서 들어온 백인이 만든 아주 부유했던 고대 왕국이 북쪽에 자리 잡고 있었다는 생각이 널리 퍼져 있었다.

　내가 그레이트 짐바브웨를 찾아가 느꼈던 경탄은 아마도 1871년 이후 이 유적을 처음 보았던 유럽인들의 느낌과 다르지 않을 것이다. 유럽인들은 틈새로 식물이 자라고 허물어져가고 있던 미로 같은 돌로 세운 벽 사이를 더듬거리며 거닐었다. 깔때기 모양의 탑은 나무와 덤불 사이로 간신히 형체만 드러나 있을 뿐이었다. 그레이트 짐바브웨는 커다란 충격으로 다가왔다. 그리고 고고학적 수수께끼가 되었다. 이 독특한 석조 건축물을 누가 세웠단 말인가? 오래전 사라진 외부에서 들어온 문명이 만든 것인가? 버려진 지는 얼마나 되었을까? 대응벽 안을 대충 팠을 때 황금으로 만든 구슬 같은 것이 나오자 흥분은 더욱 고조되었다.

　1891년 소문은 영국의 사업가 세실 로즈Cecil John Rhodes, 그리고 영국학술진흥회British Association for the Advancement of Science에까지 미쳤다. 로즈와 협회는 그레이트 짐바브웨와 림포포 강 북쪽의 다른 석조 유구 발굴을 후원하게 되었다. 그리고 영국의 호고가 시어도어 벤트J. Theodore Bent에게 발굴을 맡겼다. 벤트는 정식으로 고고학 훈련을 받은 적이 없었지만 아라비아, 그리스, 터키를 폭넓게 여행한 경험이 있었다(이것도 당시로서는 대단한 자격 조건이었다). 다행히도 지표조사 전문가인 스완E. W. M. Swan을 데리고 갔다.

스완은 그레이트 짐바브웨에 대한 첫 지도를 작성했다. 그러는 동안 벤트는 황금 유물을 찾았고 거칠게 트렌치를 팠다. 1892년에는 『마쇼날란드의 폐허가 된 도시The Ruined Cities of Mashonaland』를 출간하여 유적이 아주 오래되었고, 지중해 지역이나 아랍에서 들어온 사람들이 만든 것이라고 발표했다. 지역의 식민주의자들은 부유한 비아프리카 문명이 그레이트 짐바브웨를 건설했다고 주장하는 이 책을 좋아했다. 학자들과 백인 이민자들은 모두 외부에서 들어온 사람들이 이 유적을 만들었다고 주장했다. 아무도 그 지역 아프리카 농민의 조상이 그렇게 엄청난 건축을 했을 거라고 믿지 않았다. 아프리카인은 너무나 원시적이고 전문 지식을 갖추지 못했기에 그런 건축물을 축조했을 리 없다는 것이었다.

벤트의 발굴에서는 금과 구리로 만든 유물이 나왔다. 지역의 백인 정착자들은 모두 오래전에 사라진 놀라울 만큼 풍요로웠던 과거 문명과 황금을 찾아 마쇼날란드를 식민지로 삼았던, 지중해 세계에서 온 위대한 지배자들에 대해 이야기했다. 이는 그리 놀라운 일이 아니다. 왜냐하면 초기에 이곳을 식민지로 삼았던 사람들은 그들 자신이 황금을 찾아 부유해지기 위해 아프리카에 들어온 사람들이었기 때문이다.

더구나, 만약 지중해에서 온 외국인들이 그레이트 짐바브웨를 건설했다면 당시 새로이 들어와 원주민의 땅을 차지하고 농장을 지었던 백인들은 그 후손이 될 것이다. 그리고 이들의 정착은 바로 아프리카 사람들이 과거에 위대한 왕국을 물리치고 차지한 땅을 되찾는 일일 뿐이라는 것이었다.

이보다 더 야심 찬 정착자들은 벤트의 짐바브웨 황금 유물 발굴에 힘입어 1895년 고대 유적지 회사Ancient Ruins Company를 세워 자신들의 이득을 위해 고고학 유적을 이용하려 했다. 이것은 그저 그레이트 짐바브웨와 다른 고고학 유적을 빨리 발굴하여 부를 얻고자 하는 일과 다름없었다. 말하자면 이집트의 무덤 도굴과 같은 것이었는데, 다만 회사를 세워 조직적이었을 뿐이다. 다행히도 별로 귀중한 유물이 나오지 않자 회사는 곧 문을 닫고 말았다.

그런 다음 리처드 홀Richard Hall이라는 지역 기자가 무대에 등장했다. 홀은 고고학 지식과 경험이 전혀 없었지만, 그레이트 짐바브웨 학예사로 임명되었다. 1901년 파괴적인 발굴을 시작했다. 사실 홀이 한 일이라곤 그레이트 짐바브웨의 가장 큰 건축물, 곧 대옹벽에서 모든 점유층을 삽으로 파낸 것이었다. 트렌치에서는 금붙이와 구슬, 구리 덩어리와 쇠공 등과 같은 유물이 나왔다. 그역시 중국에서 들어온 자기 조각을 찾았다.

홀은 다른 지역에서 나온 고고학 발견물에 대해 알지 못했으며, 대중적이면서 인종차별주의적인 역사 외에는 별다른 지식이 없었다. 무엇보다도 기자로서 돈을 벌기 위해 이야기를 만들어 글을 쓴 사람이었다. 그래서 여러 잡동사니 발견물을 엮어 오래전에 사라진 문명 이야기를 꾸며냈다. 홀은 정력적이고 열정이 넘치는 사람으로, 당대의 전형적인 식민주의적 관점을 가지고 있었다. 그레이트 짐바브웨를 남부 아라비아(현재의 예멘)의 사바Saba 왕국에서 온 사람들이 만든 것이라고 여겼다. 이곳은 성서에 나오는 시바 여왕 — 솔로몬 왕을 방문했던 — 의 땅으로 알려져 있었다.

지역의 백인 이민자들에게 홀의 발굴은 커다란 흥분거리였다. 하지만 영국학술진흥회의 냉정한 회원들은 더욱 체계적인 발굴을 하고 싶어 했다. 1905년 협회는 고고학자 데이비드 랜달매카이버David Randall-MacIver(1873~1945)를 단장으로 조사단을 구성했다. 랜달매카이버는 그곳을 조사하면서 중세 시기 이전의 외래 유물이 전혀 없다는 데 충격을 받았다. 고대의 지중해 문명이나 사바 왕국의 시기로 편년되는 유물을 전혀 찾지 못한 것이었다.

발굴에서는 아프리카의 동쪽 해안에서 들어온 중국 자기 조각이 확인되었다. 디자인을 보면 정확히 편년할 수 있었다. 이 발굴품에 근거하여 랜달매카이버는 그레이트 짐바브웨가 서기 16세기, 또는 그보다 조금 이른 시기에 속한다고 단호하게 말했다.

편년할 수 있는 외래 유물을 주의 깊게 분석한 결과, 짐바브웨는 지중해 문명보다 훨씬 나중에 건설된 것이었다. 돌 유구에서 발견된 모든 자기 조각은 중세 시기의 것이었고, 인도양을 건너 교역된 것이었다. 그래서 외부에서 온 사람들이 아니라 그 지역의 아프리카 사람들이 건축물을 만들었다고 판단했다. 이런 결론은 논리적인 고고학의 좋은 사례라고 할 수 있다. 그러나 백인 이민자들은 화가 나 랜달매카이버의 말을 믿으려 하지 않았다.

지역의 백인들 사이에서 불신이 팽배해져서 그로부터 25년쯤 지나서야 그레이트 짐바브웨를 다시 발굴하게 되었다.

1929년 남아프리카에서 영국학술진흥회의 연례 학술회의가 열릴 때 학회는 이를 염두에 두고 새로운 그레이트 짐바브웨 발굴을 후원하기로 결정했다. 그리고 영국의 고고학자 거트루드 케이튼톰슨Gertrude Caton-Thompson(1888~1985)에게 그 일을 맡겼다. 플린더스 페트리와 함께 이집트에서 고고학을 익혔던, 강하고 순리에 따르는 여성 고고학자였다. 그러나 페트리가 귀족의 무덤을 찾았던 반면에 케이튼톰슨은 훨씬 이전의 석기시대 유적을 힘들여 조사했다. 이미 1924년에 런던의 지질학자 엘리너 가드너Elinor Gardner와 함께 자신의 이집트 조사를 시작한 터였다. 두 사람은 나일 강 서쪽 파이윰 분지에서 작은 농경 유적들을 발굴했다. 케이튼톰슨은 유적의 연대를 서기전 4000년 즈음으로 추정했는데, 이는 당시로서는 가장 이른 농경 집터가 되는 셈이었다.

이 전도유망한 고고학자는 그레이트 짐바브웨 조사의 이상적인 후보였다. 페트리와 함께 훈련된 케이튼톰슨은 작은 유물, 그리고 알려진 연대의 유물을 이용해 선사시대 집터의 연대를 추정하는 교차편년의 중요성을 잘 알고 있었다.

1928년 케이튼톰슨은 소가 끄는 수레를 타고 그레이트 짐바브웨에 도착했다. 우선 아주 세심하게 트렌치를 배치하고 아크로폴리스의 서쪽 옹벽에서 깊게 파 들어갔다. 그리고 트렌치에서 나온 중국 자기 조각과 이슬람 유리를 이용해 어떻게 그레이트 짐바브웨가 작은 농경 마을에서 시작하여 석벽과 옹벽을 가진 중심지로 발돋움했는지를 보여주었다. 결론적으로 랜달매카이버가 옳았음을 확인했다. 그레이트 짐바브웨는 1497년 포르투갈 사람들이 아프리카의 동쪽 해안에 도착하기 전 몇백 년 동안이 전성기였다. 이 놀라운 고고학 유적은 전적으로 아프리카의 독자적인 발전이고 건축이었다.

1929년 케이튼톰슨은 영국학술진흥회 학회에서 그런 결론을 발표했다. 다시 한 번 백인 이민자들 사이에서 소란이 일었다. 그러나 모든 고고학자가 케이튼톰슨이 치밀하게 연구한 결론을 받아들였고, 그 결론은 시간이 흘러서도 마찬가지였다. 케이튼톰슨의 연구는 백인 이민자들의 분노를 불러일으켰고, 1950년대까지 아무도 그레이트 짐바브웨를 조사하러 들어오지 않았다. 그때에 이르러 방사성탄소연대측정으로 케이튼톰슨의 편년이 확인되었다. 케이튼톰슨은 매도당했지만 물러서지 않았다. 수많은 협박 편지는 그저 '미친Insane'이라고 표시한 파일에 집어넣어버렸다. 1928년에 진행된 케이튼톰슨의 발굴은, 제2차 세계대전이 끝난 뒤 아프리카 흑인 역사 연구의 토대가 되었다.

거트루드 케이튼톰슨은 그 이후 다시는 아프리카에서 조사하지 않았다. 그러나 케이튼톰슨의 조사로 인종주의적 해석이 훌륭한 발굴로 얻은 고고학 자료를 세심하게 연구하는 데에 미치지 못한다는 사실이 드러났다. 그레이트 짐바브웨 발굴은 고고학이 유럽이나 지중해로부터 먼 곳에서 커가던 중요한 시기에 나왔다.

CHAPTER 23

유라시아의 동쪽과 서쪽

고고학은 아시아와 유럽, 곧 유라시아의 동쪽과 서쪽에서 서로 다른 길을 걸으며 발달했다. 약 2,000년 전 중국의 역사가들은 적어도 서기전 3000년까지 거슬러 올라가 역사적 사실의 연원을 찾았다. 북중국에는 하夏, 상商, 주周라는 세 왕조가 있었다. 역사가들은 수많은 전쟁과 작은 나라의 흥망성쇠를 기록했으며, 마침내 서기전 221년 진秦의 시황제가 등장하여 통일에 이르렀다.('챕터 31' 참조)

중국인들은 중국의 역사가 복합적이고 끊임없이 진화했음을 알고 있었다. 왕조가 나타나고 멸망하기를 되풀이했지만, 문명은 유지되었다. 그러는 데는 서기전 1500년 즈음까지 올라가는 독자적인 중국 문자 체계의 도움도 있었다. 그림 상징으로 시작되었지만 점차 문자로 발전하여 서기전 500년 이후에는 정부 관리들이 광범위하게 사용했다.

유럽은 대체로 그와 다른 역사 과정을 겪었다. 문헌 기록은 로마 시대, 그리고 서기전 54년 율리우스 카이사르가 골족(프랑스)을 정복하면서 시작되었다. 그 이전의 것은 모두 고고학의 방법으로만 연구할 수 있다. 예를 들어 삼시대체계와 오스카 몬텔리우스 등의 연구는 철기시대 이후의 선사시대를 확인했다.('챕터 11' 참조) 유럽의 고고학자들은 문헌 기록에 의지하지 않고 발굴과 지표조사법을 발달시켰으며, 브로치나 핀 같은 작은 유물에 주목했다.

중국의 학자들도 2,000년이 훨씬 넘는 먼 과거의 역사에 호기심을 가지고 있었다. 고대 문명의 역사에 대해서도 오랫동안 관심을 가지고 있었다. 중국에서 고고학은 수집에 대한 열정으로 시작되었다. 과거의 좋은 유물을 소유하는 것이 하나의 특권이기도 했다. 호고가들은 이미 송나라(서기 960~1279년) 때부터 활발하게 활동했다. 그때부터 중국의 황제들은 관습적으로 좋은 고대 유물을 수집했다.

수백 년 동안 중국 북부의 농민들은 논이나 밭을 갈다 온갖 동물의 뼈가 나오면 그것을 '용골龍骨'이라 불렀다. 그리고 화석 조각을 갈아 약으로 썼다. 1899년 무언가가 새겨진 뼈가 북경국자 감北京國子監의 수집가인 왕이룽王懿榮의 손에 들어왔다. 왕이룽은 고대의 청동기를 수집했으며, 뼈에 새겨진 명문이 주나라 그릇에 있는 것과 같다는 사실을 알았다. 1908년 호고가이자 언어학자인 뤄전위羅振玉는 뼈의 명문을 해석하고 연원을 황허 유역의 안양安陽

까지 추적했다. 안양은 중국 최초의 문명 중 하나인 상나라의 수도였다.

1928년부터 1937년까지 고고학자 리지李濟는 안양에서 발굴하여 명문이 새겨진 뼛조각(소 견갑골) 2만 점을 찾았다. 뼈는 복골로서 뜨겁게 달구었다가 뜨거운 금속 꼬챙이로 깨뜨린 것이었다. 신관들이 이 깨진 것을 근거로 하늘의 뜻을 해석하여 명문을 새겼다. 명문을 해석해보니 상나라 왕가를 위한, 또는 왕가에서 한 예언 같은 것임이 드러났다. 건강이나 농사에 이르기까지 갖가지 사정과 전쟁에서 승리를 점친 것도 있었다. 리지는 상나라의 왕릉 11기를 발굴했고, 수많은 귀중한 청동 유물을 수습했다.

베이징 근처에서 이루어진 저우커우뎬 발굴에서 호모 에렉투스 화석이 나온 것을 제외하고('챕터 8' 참조), 근대 고고학의 초창기에 대부분의 발굴은 중국인이 아닌 조사자들의 손으로 이루어졌다. 물론 몇몇 지역의 고고학자들이 나름의 조사를 했지만, 대부분의 경우 외국 연구자들이 중국의 서북부와 몽골, 티베트에서 조사했다. 가장 유명한 학자로는 아우렐 스타인Aurel Stein(1862~1943)을 꼽을 수 있다.

스타인은 탐험가이자 강박적인 여행가, 고고학자였으며 진정한 마지막 고고학 모험가라 할 수 있다. 부다페스트에서 태어나 10대 시절부터 상당한 지성을 보여주었고, 헝가리 군대에서 훈련을 받아 지형을 보는 안목과 지표조사의 전문 지식을 얻었다. 외딴곳에서 일하는 다른 고고학자들과 마찬가지로 스타인은 언어에 타고난 재주를 지녔으며, 잘 알려지지 않았던 중앙아시아까지 여행했다. 고대 실크로드와 그 밖의 교역로를 제외하면 서양 세계에서 중앙아시아는 지리적 공백 상태였다. 실크로드는 중앙아시아를 가로질러 중국과 서양을 잇는 교역로 네트워크였다.

스타인은 1887년 인도교육청Indian Education Service에 들어갔으나 1910년 인도고고학조사국Indian Archaeological Survey으로 자리를 옮겼다. 이때 스타인은 중국과 인도 국경 근처의 먼 곳까지 들어가 인도에서 중국으로 불교를 전했던 허텐국Khotan Empire*을 조사했다. 허텐국은 서기 8세기에 실크로드 교역으로 부를 쌓았다. 스타인의 주요 관심사는 유럽 수집가들에게 팔려가던 유물과 책들이었다.

1906년에서 1913년 사이 스타인은 중국에서 가장 접근하기 어려운 곳으로 사라졌다. 중국 서부의 둔황敦煌에서 사암을 깎아만든 천불석굴을 찾아갔다. 서기 306년에 중국의 수도승들은 이석굴들에 최초의 사당을 만들었다. 결국 이 실크로드의 중요한 분기점에 492개의 불당이 세워졌다. 그리고 4만 5,000제곱미터의 동굴 벽에 그림이 그려졌는데, 그중 어떤 것은 지금까지 알려진 중국 예술품 중에서 가장 오래된 것이었다.

스타인은 고대의 문서 더미가 있다는 소문을 들었다. 수소문하자 어느 수도승이 온갖 종류의 문서들을 쟁여 넣고 닫은 방을 보여주었다. 중국식 불경으로, 서기 3~4세기에 쓰인 것들이었다.

---

* 고대 내륙 실크로드에 위치한 불교 왕국으로, 한에서 당에 이르기까지 우전于闐으로 알려져 있었다. 수도는 오늘날 신장자치구의 호탄和田 서쪽에 있었다.

고고학의 역사

많은 문서는 불당에 걸어놓도록 되어 있었다. 스타인은 그 문서 전체, 그리고 또 다른 문서 일곱 상자와 300점이 넘는 그림을 은편자(말발굽) 네 개를 주고 샀다. 그러고는 모든 유물을 조심스럽게 포장하여 낙타와 조랑말에 싣고 재빨리 영국박물관으로 옮겼다. 스타인은 이렇게 정직하지 못한 약탈을 했다고 비판을 받는다. 다만 초기 불교와 고대 중앙아시아의 문화에 관련된 수많은 귀중한 유물이 시장에 팔리지 않도록 한 것도 사실이다.

유물 수집 활동과는 전혀 별개로 인도고고학조사국은 스타인에게 오랫동안 자리를 떠나서 중요한 지리 및 정치적 정보를 수집하게 했다. 1913년에서 1916년 사이에 스타인은 실크로드의 긴 교역로의 흔적을 찾아 몽골에까지 들어갔다. 그러나 이제 다른 고고학자들과 경쟁도 해야 했고, 관리들의 의심도 받았다. 그렇게 어려운 상황에서도 스타인은 많은 양의 문서와 옥 제품, 좋은 도기들을 가능한 한 가장 싼값에 사거나 사막 유적 지표에서 수집했다.

스타인은 일흔을 훌쩍 넘긴 나이까지 중앙아시아의 외딴곳으로 들어가기를 멈추지 않았다. 1920년대에는 인더스 문명의 도시 하라파Harappa와 모헨조다로Mohenjodaro의 문화적 연관성을 찾아 잘 알려져 있지 않은 페르시아와 이라크를 샅샅이 돌아다녔다.('챕터 25' 참조) 1940년대 후반에는 로마 제국의 동부 경계까지 답사했다. 이 놀라운 여행가는 거의 혼자서 고대 유라시아의 동쪽과 서쪽을 연결했다. 스타인을 도둑으로 여기는 중국인들에게 스타인의 방법은 문제가 있었지만, 서양의 고고학자와 역사가들에게 중앙아시아라는 거대한 공백이 있음을 주지시켰다.

그렇다면 서아시아와 중국은 고대 유럽에 어떠한 영향을 주었을까? 오스트레일리아에서 태어난 고고학자이자 언어학자 비어 고든 차일드Vere Gordon Childe(1892~1957)는 그에 대해 어느 정도 해답을 주었다. 차일드는 영국국교회(성공회) 신부의 아들로 태어났으나 남부럽지 않은 교육적 배경에 반기를 품었고, 시드니 대학에 다닐 때에는 정치활동가가 되기도 했다. 그런 다음 옥스퍼드 대학에서 그리스와 로마의 고고학을 공부했고 오스트레일리아 노동당에 잠시 몸담은 뒤 다시 영국으로 돌아와 5년 동안 유럽을 여행하며 과거를 연구했다.

고든 차일드는 늘 선사시대를 역사의 연장선에서 인지했다. 차일드의 연구 원천은 문헌 기록이 아니라 유물과 유적, 선사시대 사회의 행위였다. 초기의 많은 고고학자와 달리 차일드는 과거를 아주 폭넓은 시각에서 보고자 했다. 이는 당시의 다른 고고학자들이 유물에 집착하는 좁은 시각을 가진 것과 크게 대조되었다. 그리고 유럽 전역에서 유적과 도구를 연구한 경험을 바탕으로 농경의 등장부터 로마인의 도래에 이르기까지 유럽 사회의 발달에 대한 그림을 그렸다. 그 과정에서 서아시아의 고대 사회에서 영감을 얻어, 그곳으로부터 혁신과 새로운 관념이 유럽으로 퍼져나갔다고 설명했다.

이런 생각은 그리 새로운 것이 아니었다. 차일드 이전의 고고학자들도 오랫동안 문명이 이집트와 메소포타미아에서 발달했다고 믿었던 것이다. 그러나 차일드는 유럽이 새로운 모든 것을 외부로부터 수입했다고 보았던 사람들과 다른 생각을 가졌다. 서아시아 사회는 점점 더 큰 정치적 단위, 그리고 결국 문명을 형성했지만, 유럽의 선사시대와 고대 사회는 수많은 작은 정치적 단위로 조각나 있었다고 보았다. 차일드는 그런 파편화로 말미암아 장인과 상인들이 넓은 지역에서 이동하며 생각과 혁신을 확산시켰다고 주장했다. 그런 다음 모든 사람이 철기를 사용하게 되었을 때 진정으로 첫 민주국가가 탄생했다는 것이다.

차일드는 편안한 문체를 가진 능수능란한 집필가로 많은 사람이 읽을 수 있는 책을 썼다. 가장 유명한 저서는 『유럽 문명의 여명 The Dawn of European Civilization』으로, 1925년에 출간되어 1960년대까지 학생들의 고전으로 읽혔다. 이 책은 고고학에 바탕을 둔 이야기체 역사서인데, 차일드는 왕이나 정치인이 아니라 유물군(토기나 청동 브로치, 동검 등)이나 건축과 미술로 알 수 있는 인류 문화에 대해 이야기했다.

차일드는 땅이 비옥하고 강수량이 많은 동유럽의 다뉴브 강 유역이야말로 여러 유럽의 농경 및 금속기 사용 사회가 발달한 곳이며, 그곳에서 멀리 대서양 연안까지 서쪽으로 확산했다고 믿었다. 이렇게 차일드는 유물과 장식품을 이용하여 시간의 흐름에 따라 인간 사회의 변화를 추적했다. 이런 접근은 '문화사'라 불리며, 모든 지역 고고학자들의 기본적인 접근법이 되었다. 그러나 차일드가 제시한 초기 농경과 같은 발달이 일어난 시점은 자신의 주장에 근거한 추정이었으며, 이후 부정확함이 드러났다.('챕터 27' 참조)

1927년 차일드는 에든버러 대학의 선사고고학 교수로 임명되었다. 그러나 훌륭한 강의를 하지는 못했으며 여행과 저술로 많은 시간을 보냈다. 자신의 이름을 달고 수행한 발굴이 많지 않아서 스코틀랜드와 아일랜드에서 15개 유적 정도를 조사했다. 가장 유명한 것은 스코틀랜드 북부 오크니 제도Orkney Islands의 석기 시대 마을 스카라브레이Skara Brae 발굴이었다. 유적에는 돌 유구가 그대로 남아 있었고, 현재는 서기전 3000년 즈음으로 연대 측정되고 있다. 차일드는 이 유적을 19세기 스코틀랜드 고지대 시골 마을의 돌로 만든 집과 비교하여 해석했다.

차일드는 유물에 치중하다가 나중에는 경제 발달, 특히 농경과 문명의 기원에 주목했다. 차일드에 따르면 빙하시대가 끝난 뒤 시작된 광범위한 가뭄 때문에 인간 사회는 오아시스를 찾아 나섰다. 사람들은 오아시스에서 재배할 수 있는 다양한 야생초와 길들일 수 있는 동물들을 접하게 되었다. 이로써 농경과 목축 사회가 등장했고, 차일드는 이것을 농업혁명Agricultural Revolution이라 불렀다.('챕터 30' 참조) 1934년에는 도시와 문명의 등장을 가져온 도시 혁명Urban Revolution에 대해서도 언급했다.

차일드는 이 두 혁명으로 중요한 기술 발전이 이루어져 더 많은 식량을 생산하고 인구가 증가했으며, 이로써 결국 수공업의 전문화와 문자, 문명이 등장했다고 결론을 내렸다. 또한 농업혁명과 도시 혁명은 18세기에 증기기관과 공장, 도시를 불러온 산업혁명만큼 인류의 역사에 중요한 영향을 미쳤다고 주장했다.

1946년 차일드는 에든버러 대학을 떠나 런던 고고학연구소 London Institute of Archaeology의 유럽 고고학 교수가 되었다.* 1950년대에 이르러 차일드의 생각은 공격을 받게 되었다. 방사성탄소연대 측정법이 등장하면서 차일드의 유럽 고고학 편년이 뒤집힌 것이었다.('챕터 27' 참조) 부분적으로는 이 때문에 새로운 세대의 고고학자들이 서아시아로부터 들어온 영향을 축소시키기도 했다. 새로운 연구는 외부로부터의 전파보다 사회 내부의 변화를 강조했다. 말년에 차일드는 침체되어 자신의 생애가 실패했다고 여기기 시작했다. 자신이 과거에 대해 쓴 이야기도 더 이상 사회의 변화 방향에 영향을 미치지 못한다고 생각했다. 그리고 1956년에 은퇴하여 오스트레일리아로 돌아온 뒤 이듬해에 스스로 목숨을 끊었다.

고든 차일드는 우리에게 인류의 선사시대에 대한 거대한 이야기를 제시해주었다. 어떤 특정한 나라나 지역보다 훨씬 큰 규모로 이야기를 전개한 것이다. 차일드와 아우렐 스타인, 그리고 안양에서 조사한 중국의 고고학자들은 유라시아의 동쪽과 서쪽을 종합하려 애썼다. 이로써 고고학은 과거에 대한 전 세계적인 연구가 되었다.

＊ 모티머 휠러('챕터 25' 참조)에 이어 고고학연구소의 소장이 되었으며, 1956년에 은퇴할 때까지 재임했다.

CHAPTER 24

조개더미와 푸에블로, 그리고 나이테

미국 캘리포니아 주의 샌프란시스코에서 만灣을 건너면 에머리빌Emeryville에 셸마운드 스트리트Shell Mound Street라는 도로 나들목이 있다. 여기엔 충분한 이유가 있다. 독일에서 태어난 고고학자 막스 울Max Uhle(1856~1944)은 이 거대한 조개더미를 근거로 캘리포니아 인디언 사회가 수천 년 동안 변화 없이 정체되었다는 당시의 지배적이었던 생각에 용감하게 도전했다. 상황은 그레이트 짐바브웨와 비슷했다. 캘리포니아의 아메리카 원주민이 혁신을 일으킬 만한 능력이 있다고 믿는 사람은 없었기 때문이다.

막스 울이 발굴한 선사시대의 엄청난 조개더미(패총)는 현대의 건축물이 들어선 탓에 오래전 사라졌다. 그런데 1902년 울은 페루에서 고고학 유적을 발굴한 경험을 바탕으로 샌프란시스코만 지역의 조개더미 발굴 조사를 위한 일에 임용되었다. 울은 가장 큰 조개더미였던 에머리빌에서 일을 시작했다. 유적은 길이 30미터에 높이는 9미터가 넘었으며, 주변의 평지에 탑처럼 쌓여 있었다.

울은 트렌치를 지하수위, 그리고 그 아래까지 팠다. 그러고는 층위 단면에서 열 개의 주요 층을 설정하고, 각각에서 나온 유물의 수를 셌다. 당시 캘리포니아에서 발굴했던 이들 중에 오랜 점유의 흔적이 연쇄적으로 층층이 남아 있을 것이라고 생각한 사람은 거의 없었기에 이는 중요한 진전이었다. 당시까지 사람들은 주로 무덤이나 유물을 찾느라 성급하고 어수선하게 패총을 팠다. 조개더미는 별로 흥미 있는 유적이 아니었으며, 발굴도 단조로웠고, 그저 조개를 채집한 사람들이 되는 대로 쌓아놓은 무더기라 여겼다. 그 사람들이 인류 진보의 사다리에서 가장 낮은 단계에 있다는 초기의 편견은 그대로 유지되고 있었다.

마침내 울은 열 개의 층을 두 개의 주요 '성분'으로 줄였다.*
하부 성분의 사람들은 주로 굴에 의지해 생활했으며, 죽은 사람을 조개더미에 묻었고, 현지의 돌을 사용해 도구를 만들었다. 나중에 들어온 주민은 시신을 화장했고, 굴이 아니라 엄청난 양의 조개를 소비했으며, 외부에서 정질의 돌을 들여와 도구를 제작했다. 울은 에머리빌의 패총이 1,000년 넘게 이용되었다고 추산했다.

---

* 여기서 '성분components(구성)'이란 고고학 유적에서 보이는 단일한 점유기를 뜻한다. 이것이 더 커지면, 다시 말해 몇 개의 비슷한 성분이 모이면 초점focus이 되고, 그리고 점점 양상aspect, 단계phase로 발전하는 식이다.

오늘날의 기준에서 보면, 막스 울은 세련되지 않은 발굴가였다. 그러나 울의 발굴법은 당시 다른 유적에서 흔했던 거친 파기와 달랐다. 뿐만 아니라 다른 지역의 발굴과 유물 및 점유층 분석에서 많은 실제적 경험을 갖고 있었다. 1894년에는 볼리비아의 고지대 티와나쿠Tiwanaku에 있는 잉카 이전 시기의 의례 중심지에서 조사한 적이 있었다. 이곳에서 막스 울은 지역의 군인들이 더이상 바위그림을 훈련 때의 과녁으로 사용하지 못하게 하기도 했다. 1896년 이후에는 건조한 페루 해안 지대에서 조사하면서 건조한 환경 덕분에 보존되어 있던 직물과 토기의 양식이 시간의 흐름에 따라 어떻게 변화했는지에 주목했다. 페루에서 조사한 모든 곳에서 울은 편년 연쇄를 세웠으며, 그러기 위해 묘지 자료를 활용했다. 어떤 면에서 울은 또 다른 사막 환경에서의 플린더스 페트리였다고 말할 수 있다. 다만 볼리비아와 페루의 지역 고고학자들을 혹독하게 비판했고, 지역의 동료들은 막스 울이 이득을 취하기 위해 유물을 팔고 있다는 혐의를 제기했다. 이렇게 해서 남아메리카를 떠나 캘리포니아의 조개더미 발굴을 하게 된 것이었다.

울은 경험이 매우 많기도 했지만, 또한 효율적이었다. 상세한 발굴 보고서도 빠르게 발간했다. 다른 고고학자들도 에머리빌에서 조개를 채집했던 사람들의 삶에서 드러나는 변화를 철저히 고찰하는 것을 반겼으리라 생각할 수도 있을 것이다. 울의 결론은 분명했으며, 페루에서 아메리카 원주민 문화의 진화를 연구한 오랜 경험을 바탕으로 입증 자료도 잘 제시했다. 그러나 지역 고고학자들에 대한 분노는 울의 머리끝까지 치밀었다. 지역 고고학자들은 오랫동안 캘리포니아 인디언 문화가 과거로부터 정체되어 있었다고 생각했으며, 그런 생각을 바꿀 이유를 찾지 못하고 있었던 것이다. 앨프리드 크로버Alfred Kroeber라는 강력한 인류학자도 울의 결론을 감당할 수 없는 것으로 치부했다. 울은 자신이 옳다고 확신했으며, 연구를 계속 이어나갔다. 결국 조개더미를 조사한 후대의 고고학자들은 울이 옳았음을 입증했다.

막스 울만 고대의 아메리카 사회가 수천 년 동안 변화를 겪었음을 보여준 것은 아니었다. 울은 그리 각광받지 않았던 조개더미와 석기, 조개를 조사했다. 그런데 미국 서남부에서 그보다 더 주목받은 고고학 유적과 복층 구조의 푸에블로 유적이 있었다. 건조한 기후로 석기나 토기뿐 아니라 바구니와 직물, 샌들, 무덤 같은 것도 잘 보존되어 있었다. 울이 활동하던 시기에 서남부에서 고고학자의 수는 아주 적었다. 이 가운데 토기의 양식과 푸에블로 유적을 편년하려는 한 사람이 있었다. 바로 앨프리드 키더 Alfred Kidder(1885~1963)였다.

키더는 미국 서남부에 층위에 따른 발굴 방법을 소개했으며, 나중에는 마야 고고학의 주요 인물이 되었다. 미시간 주 마켓 Marquette에서 광산 기사의 아들로 태어나 하버드 대학교 의과대학 예과에 입학했지만, 곧 인류학에 집중했다. 당시 하버드는 인류학에서 가장 앞서 있는 기관이었다.

1907년, 뛰어난 마야 전문가인 앨프리드 토저Alfred Tozzer를 포함한 하버드 대학 교수들은 키더를 미국 서남부의 포 코너스Four

Corners 지역에 고고학 지표조사를 하도록 보냈다. 미국의 4개 주가 만나는 지역이었다. 키더는 미시간 주 너머 서쪽에는 간 적이 없었지만, 곧바로 그 지역에 푹 빠졌으며 서남부 고고학에 매료되었다. 1908년 대학을 졸업한 뒤 그리스와 이집트를 가족과 여행했다. 그리고 이듬해 대학원에 진학했다. 처음에는 유명한 이집트학자인 조지 라이스너George Reisner의 고고학 야외조사법 강의를 들었다. 키더는 라이스너의 이집트와 수단 발굴 현장에 가보았다. 거기서 층위 분석과 수단 고고학의 중요한 부분이었던 대규모의 분묘 유적 발굴법을 배웠다.

키더의 박사 학위 논문은 서남부 토기 양식 연구였다. 사실 당시 발굴가들은 층위를 무시했기 때문에 연구가 거의 불가능한 상황이었다. 현재 로스앨러모스Los Alamos가 있는 뉴멕시코 주 파하리토 플라토Pajarito Plateau에서 야외조사를 할 때 키더는 과거와 현대의 토기를 이용해 문화 연쇄를 개발해냈다. 그리고 1915년에 영향력 있는 논문을 발간했다.

그해 매사추세츠 주 앤도버Andover의 피바디 고고학재단Robert S. Peabody Foundation for Archaeology은 키더를 뉴멕시코 주 페코스의 장기 발굴조사단 단장으로 임명했다. 그 유적은 아직 누구도 손대지 않은 깊은 폐기물이 쌓여 있어서 버려진 푸에블로로 알려져 있었다. 하지만 그때 제1차 세계대전이 일어났다. 키더는 서부전선에서 공훈을 세웠으며, 1918년 대위까지 진급했다. 페코스 조사는 1920년에 재개되어 1929년까지 계속되었다. 이 프로젝트는 놀라운 성공을 거두었다. 키더는 열정적이면서도 역동적인 지도

자로, 젊은 학생을 끌어들이는 성품까지 지니고 있었다. 키더의 많은 학생들은 훗날 여러 지역에서 활발히 활동했다.

다른 서남부 고고학자들처럼 키더 역시 푸에블로 방들을 발굴했지만, 방법은 달랐다. 키더는 토기 양식의 변화를 자세히 들여다보았으며, 그 변화가 무엇을 의미하는지 질문했다. 페코스 폐기장을 대규모로 발굴했으나 임의적인 깊이로 파지 않고 유구와 버려진 뼈와 부러진 도구 같은 것에 대해 상세한 기록을 남겼다. 라이스너를 따라 모든 유물의 3차원 맥락을 기록했으며, 이로써 아주 작은 층위적 차이도 알 수 있었다. 키더의 아주 자세한 토기 기록은 라이스너의 관행을 따른 것이었다.

몇 년이 지나지 않아 키더는 페코스 토기 양식의 변화를, 예컨대 흑색 무늬 같은 표면 장식에 초점을 맞추어 훌륭한 편년을 세웠다. 무덤 역시 수백 기를 발굴했다. 고대 인골 전문가인 하버드대학의 인류학자 후튼E. A. Hooton이 발굴지를 찾아와 뼈를 살펴보고 나이와 성별을 판정하기도 했다. 이 조사에서 기대 수명과 고된 노동이 인골에 미치는 영향에 대해 귀중한 정보를 얻게 되었다. 후튼은 가장 이른 시기의 페코스 사람들은 평균적으로 20대에 죽었음을 밝혔다.

실제 페코스 발굴은 1922년 이후로 거의 이루어지지 않았다. 이때 키더는 전략을 바꾸었다. 푸에블로의 건축과 유적의 확장에 대해 정보를 얻었으며, 최초의 점유 레벨까지 발굴했다. 이제 다른 유적의 지표조사와 발굴에까지 확장했으며, 엄청난 발굴 유물을 정리하고 분석했다. 키더의 연구는 고고학을 넘어 현대 푸에블로 인디언의 농업과 대중 건강에 이르기까지 폭넓었다. 페코스 프로젝트는 북아메리카 고고학이 세련되지 못했던 시절 눈부신 협동 조사의 사례로 남아 있다. 페코스는 오늘날 고고학에서 이루어지고 있는 긴밀한 협업의 전조가 되었다.

1927년 키더는 미국 서남부에서 푸에블로와 선푸에블로pre-Pueblo 문화의 상세한 변화 연쇄에 관해 충분한 정보를 취합했다. 키더가 제시한 장기간의 편년 연쇄는 적어도 2,000년 이전의 바스켓 메이커Basket Maker라 불리는 문화에서 시작한다. 바스켓 메이커 사람들은 토기를 만들지 않았으며, 영구 정착하지도 않았다. 그 뒤를 선푸에블로 문화와 푸에블로 문화가 잇는다. 페코스 유적에서는 적어도 6개 취락이 층을 이루며 발견되었다. 이를 바탕으로 서기전 1500년(바스켓 메이커)부터 서기 750년까지 적어도 여덟 개의 문화 단계가 있었다고 주장했다. 서기 750년 이후에는 다시 다섯 개의 푸에블로 단계가 이어지다가 문헌 기록의 시기가 시작되는 1600년에 끝난다. 페코스 연쇄는 서남부의 사람들이 고유한 문화와 제도를 다른 지역과 달리 상당히 독자적으로 발전시켰음을 보여주었다. 키더의 서남부 고고학 편년은 이후에 이어지는 모든 연구의 토대가 되었다. 물론 수많은 수정도 있었지만, 그것은 시간이 흐르면서 불가피한 것이었을 뿐이다.

키더는 이런 생각을 더욱 발전시켜서 1927년 8월 페코스 현장에서 비형식적인 학술회의를 주재했다. 고고학자 40명이 모여 진전된 사항을 점검하고 서남부 고고학 연구에 필수적인 문화사 편년의 기본 골격을 마련했다. 학술회의에서는 바스켓 메이커 3단계

(가)와 푸에블로 4단계의 문화 편년을 잠정적으로 채택했다. 유럽의 삼시대체계와 마찬가지로 페코스 편년 체계는 초기 발굴을 두고 벌어졌던 혼란을 잠재웠다. 페코스 학회는 지금도 서남부에서 수백 명의 학자가 참여하는 연례행사가 되었다.

페코스 편년 연쇄는 큰 단점이 하나 있었다. 실제 역년曆年을 측정할 방법이 없다는 것이었다. 다행히도 애리조나 대학의 천문학자 더글러스A. E. Douglass(1867~1962)는 1901년 이후의 기후변동을 연구하고 있었다. 더글러스는 태양의 흑점 같은 천문 현상이 기후에 미치는 영향에 관심을 가졌다. 놀라운 통찰력으로 미국 서남부 지역에서 자라는 나무의 나이테에 크고 작은 기후변동의 기록이 담겨 있을 거라고 주장했다. 더글러스는 나이테의 두께와 연간 강수량이 직접적인 상관관계가 있음을 발견했다. 얇은 나이테는 가물었던 해, 두꺼운 것은 강수량이 많았던 해를 나타낸다는 것이었다.

더글러스는 이런 관찰로 200년 정도를 거슬러 올라갈 수 있었다. 살아 있는 가장 오래된 전나무와 소나무를 바탕으로 식민지 시대에 스페인 교회의 기둥으로 쓰인 나무까지 확장시켰다. 그런 다음 선사시대 유적에까지 눈을 돌렸다. 1918년에는 고대 건축물의 기둥으로 쓰인 나무에서 구조를 건드리지 않고 나무를 뚫어 나이테 표본을 추출하는 방법을 고안했다.

더글러스는 아주 오래전에 베인 고대 푸에블로 나무 기둥에서 처음으로 나이테를 추출했다. 너무나 오래된 나무였기에 나이를 아는 살아 있는 나무의 나이테와 연결시킬 수 없었다. 뉴멕시코 주 북부의 아즈텍 유적에서 80년의 연쇄를, 그리고 차코캐니언의 반원형 푸에블로 보니토에서도 또 다른 연쇄를 확보했다. 그러나 더글러스는 정확한 연대를 확정하지 못했다. 여러 자료의 나이테 연쇄는 시간상 서로 멀리 떨어져 있었던 것이다.

알려진 나이테 역사와 이전 시기의 유리된 연쇄를 연결시키기까지는 10년이 걸렸다. 1928년 애리조나 주 북부의 호피 인디언은 더글러스가 마을의 기둥에서 나이테를 추출하도록 허락했으며, 이로써 서기 1400년까지 거슬러 올라갈 수 있었다. 1년 뒤 애리조나 쇼로Show Low 유적에서 확보한 기둥 조각은 이전 시기의 유적에서 서로 떨어져 있던 연쇄와 겹치는 나이테 연쇄를 가지고 있었다. 이제 더글러스는 페코스에서 나온 나이테 연쇄와 자신의 나이테 기초 자료의 연대기를 연결시킬 수 있었다. 이렇게 등장한 나이테 편년법은 마침내 페코스 편년 연쇄의 연대를 알 수 있게 해주었다. 푸에블로 문화는 서기 10세기에서 12세기 사이에 번성했음이 드러난 것이다.

앨프리드 키더의 유물 분석과 발굴법은 점차 북아메리카 전역으로 확산되었다. 서남부, 그리고 아메리카 대륙의 상당 부분에서 이루어진 이후의 모든 연구는 궁극적으로 페코스 프로젝트에서 기인한 것이다. 키더의 야외조사 훈련 덕분에 학생들은 다른 여러 지역에서 최신 발굴법을 적용했다. 키더 자신도 1929년 워싱턴 DC의 카네기 재단에서 마야 연구를 관할하는 중요한 직책을 맡았다.

1950년 키더는 매사추세츠 주 케임브리지로 돌아왔다. 이곳에서 키더의 집은 1963년에 세상을 떠날 때까지 많은 고고학자와 학생들이 모이는 공간이었다. 그때가 되면 미국 고고학은 키더가 놓은 토대 위에서 크게 성장하여 더 상세한 연구에 나서게 된다. 키더는 정확하고 세심한 관찰을 했으며, 협동 조사를 미국 고고학의 토대로 만들었다.

CHAPTER 25

불을 뿜는 거인

1947년, 파키스탄의 모헨조다로. 혼란스럽게 뒤섞인 흙벽돌 앞에 젊은 고고학자와 학생들이 모여 있다. 인더스 강 유역의 고대 도시 유적에 모래가 높이 쌓여 있다. 콧수염을 짧게 기른 중년의 고고학자가 똑바로 서서 앞으로 나서자 정적이 흐른다.

모티머 휠러Robert Eric Mortimer Wheeler(1890~1976)는 무시무시한 인물이었다. 학생들은 공포를 느끼기도 했다. 몇 마디 말도 하지 않았지만, 위압적인 몸짓으로 젊은 사람들에게 지역 일꾼들을 감독하게 하면서 모래를 걷어냈다. 풍화된 벽돌이 점점 더 많이 보였다. 그리고 거대한 기단 위에 아무런 장식을 하지 않은 벽이 언덕에 드러났다. "성채"라고 휠러는 큰 소리로 알렸다. "평지 위에 엄숙하고 높이 솟아 있군." 젊은 학자들과 학생들은 고개를 끄덕이며 동의를 표시했다. 이처럼 대담한 발표는 이 고고학자의 전형적인 모습이었다. 이 모습에 언짢았던 동료들은 휠러를 '불을 뿜는 거인'이라 부르기도 했다.

여러 초기 고고학자들은 강한 성품을 지니고 있었다. 흔히 외딴곳에서 거의 홀로 조사해야 하는 시절이었기에 그럴 수밖에 없었다. 많은 발굴이 일꾼들을 데리고 대규모로 이루어졌다. 모티머 힐러는 태어날 때부터 지도자의 성품을 갖추었는지도 모른다. 그러나 제1차 세계대전 때 포병 장교로 근무하면서 지도력이 더욱 발전했다. 휠러는 모헨조다로에서 발굴하며 젊은 인도 고고학자들을 엄격하게 훈련시켰다. 그리고 누구나 강하게 다루어 대장이 누구인지 분명히 알도록 했다. 휠러가 학생들에게 벽돌이 얽힌 구조가 성城이라고 말하면, 성이었다. 이견은 없었다.

이 '불을 뿜는 거인'이 모헨조다로에서 조사한 첫 고고학자는 아니었다. 인도에서 고고학은 새로운 분야였다. 문헌 기록의 역사는 서기전 326년 알렉산드로스 왕의 침략으로 시작되었다. 처음으로 발굴한 전문 고고학자는 영국인 존 마셜John Marshall이었는데, 1921년 인도에 만들어진 고고학조사국의 수장이 되었다.

마셜은 많은 사람을 데리고 모헨조다로에 들어왔다. 1925년부터 1926년까지 야외조사를 할 때는 일꾼 1,200명을 동원했다. 발굴을 하면서 젊은 인도 고고학자들도 훈련시켰다. 조사에서 벽돌집과 도로망, 잘 만들어진 배수 체계 같은 유구가 드러났다. 도시 위에 높이 들어선 건물들 사이에선 의례용 목욕을 위해 돌을 돌려 만든 거대한 욕조도 발견되었다. 메소포타미아에서 조사하던 고고학자들이 서기전 3000년기(서기전 3000년에서 서기전 2001년까지)로 추정되는 모헨조다로에서 나온 것과 똑같은 유물을 찾았을 때, 마셜은 거칠게 편년을 하기도 했다. 모헨조다로와 인더스 문명에 대한 마셜의 보고서는 이 주제에서 표준 인용 문헌이 되었다. 모티머 휠러가 등장하기 전까지는 그러했다.

모티머 휠러는 마치 벼락과도 같이 인도 고고학에 들어와 1944년 고고학조사국의 수장이 되었다. 결단력 있고, 불같은 성품을 지녀 쇠락해가는 기관에 새로운 숨을 불어넣기에 적당한 인물이었다.

휠러는 에든버러에서 언론인의 아들로 태어났다. 런던 대학 유니버시티 칼리지에서 고전학을 공부했고, 졸업 후에는 독일의 라인란트Rhineland*에 가서 로마 도기를 연구했다. 제1차 세계대전 중 포병대에서 복무하면서 자신이 병참과 조직에 대한 재주가 있음을 깨달았다. 이것은 발굴가에게 중요한 자질이었다. 1920년 휠러는 카디프Cardiff**에서 웨일스 국립박물관의 고고학부장이 되었으며, 4년 뒤 관장으로 승진했다.

웨일스에 있는 동안 휠러와 아내 테사Tessa는 로마 국경 요새를 연이어 발굴했다. 그리고 당시 거의 잊혔던 피트리버스 장군의 발굴법을 연구하기도 했다.('챕터 16' 참조) 피트리버스처럼 휠러 부부도 흙 속의 얇은 층에 주의해서 가장 작은 유물까지 수습하고, 신속히 보고서를 발간했다. 휠러의 훌륭한 그림은 삽화 역할

---

* 라인 강 서부 지역.

** 영국 웨일스 남쪽의 도시.

을 했다. 로마 고고학에서 이런 식의 연구는 전혀 없었다. 휠러는 거기서 더 나아갔다. 자신의 조사에 대해 대중이 알 권리가 있다는 확신을 가지고 유적을 방문할 것을 권하고 수많은 대중 강연도 했다.

1925년 고든 차일드의 『유럽 문명의 여명』('챕터 23' 참조)과 같은 해에 출간된 『선사 및 로마 시대의 웨일스*Prehistoric and Roman Wales*』로 휠러는 명성을 얻었다. 그리고 에든버러 대학의 교수직을 사양하고(이후 고든 차일드가 그 교수직을 받았다) 1926년 사람들의 관심 밖이던 런던 박물관London Museum의 관장이 되었다. 그리고 무한한 에너지를 바탕으로 박물관을 빠르게 바꿔나갔다. 그동안 휠러 부부는 로마에서 들어온 정착민과 영국에 살던 원주민의 관계를 연구하기 위해 치밀하게 여러 유적을 선택하여 발굴했다. 또한 정신없이 바쁜 발굴 도중에도 젊은 세대의 고고학자들을 훈련시켰다.

1928년과 1929년에 휠러는 글로스터셔Gloucestershire의 리드니Lydney에 있는 로마 성소를 발굴했다. 그리고 런던 북쪽에 있는 베룰라뮴Verulamium이라는 로마 도시로 눈을 돌렸다. 넓은 개활지여서 대규모의 발굴이 가능한 곳이었다. 1930년부터 1933년까지 휠러 부부는 도시의 거의 4만 5,000제곱미터를 노출시켜 복잡한 토루와 초기 취락의 역사를 밝혀냈다.

런던 박물관의 체계를 갖춘 뒤에도 휠러는 여전히 에너지가 넘쳤다. 1937년에는 런던 고고학연구소를 설립하여 초대 소장이 되었다. 휠러의 지도하에 연구소는 야외조사와 발굴 및 토기 분석 같은 과학적 방법을 훈련하는 기관으로 유명해졌다.

휠러 부부는 이제 로마 시대는 충분히 조사했다고 여겼다. 그리고 잉글랜드 남부에서 2,000년이나 된 거대한 토루를 가진 언덕 위의 성채 메이든 캐슬Maiden Castle을 조사하는 매우 야심 찬 발굴을 기획했다. 1934년부터 1937년까지 부부는 복잡한 성채에서 깊은 수직 트렌치를 팠다. 그런 다음 일련의 얕은 트렌치를 사각형으로 파서 내부를 조사했다. 그렇게 평면적으로 트렌치를 파 노출시켰기에 넓은 지점에 걸쳐 여러 층을 추적할 수 있었다. 트렌치 하나하나에 이름을 붙인 뒤 세심히 기록하고 층위를 확인하면서 한 유적에서 다른 유적까지의 편년을 세울 수 있었다.

메이든 캐슬 발굴은 당시로서는 들어보지 못했을 정도로 세련된 수준의 조사였다. 휠러는 여러 사람에게 유적을 방문해달라고 당부하고, 유적에 대해 생생한 설명을 쓰기도 했다. 휠러의 가장 유명한 이야기는 서기 43년에 로마가 이 성을 공격한 것을 묘사한 것이다. 휠러는 트렌치에서 묻힌 사람들을 확인했는데, 생존자들이 밤에 조심스럽게 들어와 죽은 사람들을 묻었다고 이야기를 풀었다. 이때가 휠러에게 가장 즐겁고 대담했던 시절이었다.

휠러는 감당하기 힘든 성품을 지녔고, 번쩍이는 눈으로 머리카락을 휘날리며 현장을 누볐다. 비판을 싫어했고 바보짓에 관대하지 않았다. 조사에 고용한 사람과 자원자들을 호되게 대했다. 그리고 일하는 사람들의 감정을 거의 고려하지 않았다. 대중의 이목을 좋아하면서도 거친 행동과 야심 탓에 적을 만들었다. 그러나 휠러 부부는 철저한 계획으로 세심하게 트렌치를 배치하여 좋은 유물이 아니라 정보를 얻고자 발굴했다. 이로써 영국의 유적 발굴을 현대적 기준으로 올려놓았다.

제2차 세계대전이 일어나자 휠러는 왕립 포병대로 돌아갔다. 그리고 북아프리카의 엘 알라메인El Alamein 전투에 참전하여 포화 속에서 전쟁 시기를 보냈다. 그런 다음 갑자기 1944년 인도에서 의 승리로 인도고고학조사국의 수장이 되었다.

휠러는 거의 하루아침에 게으른 기관을 흔들어놓았다. 탁실 라Taxila에서는 그동안 인도에서 들어보지도 못한 6개월 동안의 엄격한 훈련을 거쳐 학생 61명에게 발굴법을 가르쳤다. 휠러의 첫 인도 발굴은 아리카메두Arikamedu라는 동남해안의 교역소 유적 이었다. 여기서 로마 시대의 항아리 조각을 찾아 로마의 상품이 멀리 이곳까지 교역되었음을 밝혔다.

그런데 휠러는 하라파와 모헨조다로에서 도전에 직면했다. 휠러는 이전에 소도시와 성채를 발굴한 경험이 있었지만 하라파 와 모헨조다로처럼 크고 복잡한 고대 도시를 다루어보지는 못했 다. 휠러는 5년 동안 훈련된 직원들과 함께 두 유적을 조사했다.

휠러는 모헨조다로를 두 구역, 즉 서쪽의 높은 건물과 성, 그 리고 낮은 지대의 주거지역으로 나누었다. 발굴에서는 벽돌집이 줄지어 있는, 격자형으로 배치된 좁은 도로가 드러나기도 했다. 도로는 북에서 남으로, 동에서 서로 나 있었다. 도로와 골목을 이 어놓은 배수 시설은 덮여 있었다. 이렇게 세련된 배수 시설과 하 수 체계는 고대 세계에서 찾아볼 수 없었다. 휠러, 그리고 또 다른 유능한 영국의 고고학자 스튜어트 피고트Stuart Piggott(휠러와 같이 전쟁 시기의 일부를 인도에서 보냈다)는 그리 대단치 않아 보였던 문명에서 출토된, 발달된 기술의 흔적에 충격을 받았다. 이집트나 메소포타미아와 달리 궁전과 신전 벽에 정복을 자랑하는 신과 같은 지배자는 없었다.

휠러는 모헨조다로와 하라파의 성채를 발굴하면서 상부의 구조물을 공공건물로 해석했다. 그리고 벽돌이 뒤섞인 곳은 창고라고 주장했다. 그러나 훗날 그것이 기둥을 가진 건축물임이 드러나기도 했다. 이처럼 휠러는 틀리기도 했다. 휠러는 주의 깊은 발굴가였지만, 때로 공격적이었다. 그리고 중요한 발견이 지니는 대중성의 가치를 날카롭게 인지하고 있었다. 발굴 과정에서 스스로 과거에 깊이 심취했는데, 그런 성격 탓에 발견물의 중요성을 과장하기도 했다. 발굴 조사 중 상당 부분은 모헨조다로의 창고 같은 영감에 힘입은 것이었다. 레너드 울리와 마찬가지로 휠러는 생생한 묘사에 능한 집필가였다. 작은 발굴품을 바탕으로 고대에 일어났을 행위를 그려 많은 대중이 호감을 느끼게 했다.

고대 인더스 문명은 그 모든 도시와 성채를 보면 다른 문명과 달랐다. 궁전이나 왕릉은 없었다. 인더스 사람들을 그린 초상화도 남아 있는 것이 거의 없지만, 그중 잘 알려진 조각품 하나는 침착한 남자를 묘사하고 있으며, 강력한 지배자라기보다는 성직자인 듯한 인상을 준다.

휠러와 피고트는 이집트나 메소포타미아와는 다른 문명을 묘사했다. 성벽 안에 있는 도시에는 거대한 출입문이 있었고 도시는 사람들로 꽉 차 있었다. 그런 다음 인구가 증가하자 성벽 밖에 교외 주거지도 들어섰다. 그런 곳에서 고고학자들은 병영 같은 건물지를 찾았다. 휠러는 노동자들이 그곳에 살았다고 주장했다. 그러나 훗날 조사에 따르면 그 유구는 아마도 금속기와 토기를 만드는 작업 공간인 것으로 밝혀졌다. 거기서 일했던 사람들은 도시 안에서 살았을 것이다.

휠러는 전장에서 곧바로 인도에 들어왔으며, 군대가 주된 역할을 했던 로마 전문가였음을 기억해야 한다. 휠러는 인더스 도시의 성벽이 방어적 성격의 것이라고 생각했다. 모헨조다로의 도로에 누여 있던 남성, 여성, 어린아이 인골 37구 – 점유의 마지막 시기로 편년된다 – 를 발견했을 때는 자신들의 집을 지키는 이들을 마지막으로 몰살한 것이라는 결론을 내렸다. 그러나 틀리기만 한 것은 아니었다. '희생자'라는 사람들은 높은 성채가 아니라 낮은 소도시에 살던 여러 집단이었다. 성채에 살았던 사람들이 아마도 마지막까지 버텼을 것이다. 무덤에서는 폭력의 증거가 없었다. 생물인류학의 분석에 따르면 전쟁이 아니라 질병으로 죽었음이 드러났다. 거대한 기단과 성벽은 사실 침략자들로부터 방어하기 위한 것이 아니라 인더스 강의 홍수를 막기 위한 것이었다. 홍수는 예기치 못하고, 때로 엄청난 피해를 주는 것이었다.

휠러는 인더스 발굴에 대해 상세한 보고서를 발간하지 못했다. 예비보고서와 일반인을 위한 인더스 문명의 대중서를 쓰기는 했다. 어쩌면 인더스 도시에 대한 휠러의 해석이 오래 지속되는 것은 그 때문인지도 모른다. 오늘날 우리는, 인더스 문명은 예측 불가능하긴 해도 비옥한 환경에서 번성했음을 잘 알고 있다. 농경지와 목초지, 온갖 종류의 자원이 드넓고 다양한 경관에 흩어져 있었다. 이처럼 사람들과 공동체가 삶의 필수 조건을 채울 수 있는 곳에서 문명이 일어났던 것이다. 그리고 별다른 충돌 없이 번성했다.

휠러는 1948년 인도의 독립과 함께 그곳을 떠났다. 그리고 자신이 세운 런던 고고학연구소에서 로마 지역을 담당하는 교수로 5년을 보냈다. 그러고는 쇠락하고 있던 영국학술원의 관리자가 되어 기관에 다시 활기를 불어넣었다. 휠러는 조심스럽게 젊은 고고학자들이 외국에서 연구하도록 재정을 지원했다.

휠러의 고고학은 전 세계를 대상으로 했다. 고든 차일드가 유럽과 서아시아를 보았던 시각보다 훨씬 더 범위가 넓었다. 휠러는 훗날 BBC의 「동물, 식물, 광물?Animal, Vegetable, Mineral?」이라는 프로그램에 출연해 전문가로서 과거의 물건을 감정하는 역할을 하면서 텔레비전의 유명 인사가 되었다. 고고학자들은 자신의 조사와 연구를 일반 대중과 공유해야 한다는 믿음을 가졌으며 꾸준히 일반인을 대상으로 글을 썼고, 여러 곳에서 강연을 했다.

휠러는 지나치게 적극적인 성품을 지니고 있었는지도 모른다. 하지만 휠러의 눈부신 발굴은 새로운 기준을 제시했다. 너무 솔직한 성품이었을 수도 있지만 그 성취는 대단했다. 모티머 휠러는 세계 선사학의 토대를 놓은 국제적인 인물이었다.

CHAPTER 26

굽이치는 강어귀

　대부분의 사람들은 미국 서부의 그레이트베이슨에 사는 쇼
쇼니Shoshone 인디언에 대해 들어본 적이 없을 것이다. 쇼쇼니 인
디언의 생활양식이 미국 고고학자들이 과거를 생각하는 방식에
심대한 영향을 미쳤음을 생각하면 그런 사실이 더욱 안타깝다.

　이렇듯 학사적으로 놀라운 역할을 한 쇼쇼니 사람들은 미국
에서 가장 건조한 경관에서 작은 무리를 이루고 살았다. 작은 동
물을 사냥했고, 많은 종류의 식물을 채집했다. 아주 단순한 막대
기와 갈돌, 활과 화살만 사용하면서도 혹심한 건조 환경에서 수
천 년을 살아왔다. 그들은 왜 이토록 성공적이었을까?

　고고학을 잘 알고 있는 인류학자 줄리안 스튜어드Julian Steward
(1902~1972)는 쇼쇼니족과 여러 달을 같이 지냈다. 스튜어드는 쇼

쇼니족이 생존에 성공한 이유를 끊임없는 이동성과 이용할 수 있는 식량에 대한 놀라운 지식에서 찾았다. 아주 건조하지만, 먹고 살 수 있는 지리 환경이었던 것이다. 쇼쇼니족은 그레이트베이슨에서 끊임없이 옮겨 다녔다. 이동의 양상은 식량과 물 공급에 따라 결정되었다. 스튜어드는 쇼쇼니족의 주거가 계절에 따라 어떻게 변화하는지를 기록한 바 있으며, 이는 인류학의 고전적 연구이기도 하다. 스튜어드는 좁은 시각을 가진 인류학자가 아니었다. 어려운 환경에서 주거 유형의 변화는 과거 사회를 이해하는 열쇠가 됨을 알고 있었다. 스튜어드의 접근은 문화생태학이라 불렸으며, 사람과 환경의 관계를 연구하는 데 초점을 맞추었다.

스튜어드는 미주리 강 유역에 대한 거대한 고고학 프로젝트를 통해 고고학자들과 접촉하면서 학문적 경험을 쌓았다. 이 수몰지구 지표조사River Basin Surveys는 제2차 세계대전이 끝나고서 시작되었다. 1950년대와 1960년대 초 댐 건설의 열풍이 일면서 미국, 그리고 고고학을 변모시키기 시작했다. 수력발전을 하고, 농업용수를 확보하며, 홍수를 조절하고, 주요 강에서 유량을 확보하고자 대규모의 댐을 만들었다. 그러나 댐 건설로 수천 개의 고고학 유적이 사라졌다. 가장 큰 공사는 미주리 강의 물을 가두는 일이었다. 1,600킬로미터의 골짜기가 물로 차 강을 따라 있던 90퍼센트 이상의 역사 및 고고학 유적이 사라질 운명에 처했다.

지표조사 프로젝트는 고고학자들이 과거를 구제하기 위해 싸우면서 발달했다. 이러한 지표조사는 미국의 고고학을 몰라보게 변모시켰다. 이전 시기의 조사는 대부분 서남부 같은 한정된 지역에서만 이루어졌다. 그러나 지표조사 프로그램이 끝날 때가 되자 선사시대 북아메리카의 모습이 드러났다. 무덤 봉분과 푸에 블로만이 아니라 훨씬 더 다양한 자료가 나타난 것이다.

미주리 강 댐 건설과 지표조사의 규모는 엄청났다. 당시에는 여전히 지표조사를 수행할 만한 자격을 갖춘 고고학자가 많지 않았다. 미주리 강 수몰지구 지표조사에는 열두 개의 대학과 네 개의 박물관, 다른 몇 개의 기관이 합동으로 참여했다. 1968년 미주리 강 프로젝트가 끝났을 때 야외조사가들은 크고 작은 500개 정도의 저수지를 지표조사했다. 그리고 2만 개가 넘는 고고학 유적을 확인했다. 지표조사는 당시까지 알려지지 않은 지역을 조사했기에 많은 유적이 고고학 지도의 공백을 메웠다. 지표조사에서 약 2,000개에 이르는 중요한 보고서가 나왔다.

유물과 유적이라는 새로운 자료가 눈사태처럼 쏟아지면서 미국 전역의 고고학 실험실이 분주하게 움직였다. 아마도 가장 중요한 사실은, 많은 고고학자가 학문의 연구 대상인 파손되기 쉬운 과거의 유존물이 위협당하고 있다는 사실을 인지한 것이었다. 발굴은 유적을 파괴하는 것이기에 땅을 파는 것이야말로 마지막 수단임도 알게 되었다. 미주리 강 유역의 지표조사가 끝난 이후 미국에서 대부분의 고고학은 남아 있는 과거의 유존물(기록)을 보존하는 데 힘을 쏟게 되었다.

미국의 수많은 고고학자들이 미주리 강 프로젝트와 공공사업국Works Project Administration의 지원을 받은 동남부 프로젝트에 참여하면서 훈련을 받고 경험을 쌓았다. 이 프로젝트를 통해 젊은 고고학자들은 훼손될 위기에 처한 경관을 지표조사하고 물에 잠기기 전에 유적을 발굴했다. 장기간 점유한 유적의 대부분에서는 실로 엄청난 양의 유물이 나왔다. 젊은 연구자들은 수없이 많은 봉지에 석기와 토기의 조각을 담아 씻고, 출토지를 기록하고, 분류해야 했다.

이 일을 담당했던 사람들은 150년 전 크리스티안 톰센이 직면했던 것과 같은 문제에 부딪혔다. 어떻게 미국의 오래된 과거에 대해 편년의 골격을 세울 수 있을까? 당시 북아메리카 고고학에는 톰센의 삼시대체계 같은 것이 없었다.

미주리 강 프로젝트에 참여한 고고학자들 중에는 그 지역의 과거를 밝히는 데 전 생애를 바친 사람도 있었다. 이 가운데 한 명이 제임스 포드James A. Ford(1911~1968)였다. 포드는 유물 분석 전문가였으며, 수천 개의 유적에서 나온 수없이 많은 수집품을 종합하여 수천 년에 걸친 길고 세련된 편년표를 만들어냈다. 나는 포드의 발표를 들어본 적이 있다. 포드는 그래프와 플립차트로 발표를 준비했다. 컴퓨터가 등장하기 오래전의 일이었다. 포드의 강의는 그다지 흥미로운 편이 아니었고, 끝없이 이어지는 자료는 알기 힘들었으며, 지루하기도 했다. 나는 깜박 졸고 말았음을 고백해야겠다.

당시 대다수의 고고학은 불분명했고 유물에서 나타나는 조그만 변화에 매몰되어 있었다. 그저 기술 변화의 골격과 편년을 세우는 것을 넘어서지 않았다. 다행히도 몇몇 학자가 더 넓은 시각에서 연구하여 순수한 자료의 형태와 시공간 변이를 넘

고고학의 역사

어 과거 사람들의 삶을 연구하고자 했다. 고든 윌리Gordon Randolph Willey(1913~2002)는 그런 선지자였다. 이로써 윌리는 20세기의 고고학자 중에서 가장 널리 알려진 인물이 되었다.

윌리는 학창 시절 미주리 강의 지표조사와 플로리다 서북부의 지표조사에 참여했다. 그런 경험으로 수많은 종류의 유물에 대한 훈련뿐 아니라 어떻게 사람들이 수천 년 동안 변화하는 환경에 적응했는지를 이해할 수 있게 되었다.

윌리는 1943년부터 1950년까지 스미스소니언 연구소의 미국민족학부Bureau of American Ethnology에서 인류학자로 일했다. 여기에서 다시 미국 동남부의 지표조사 프로젝트에 참여했다. 윌리는 포드 등과 협력하고 일련의 보고서를 쓰면서 문화사 연구를 새로운 수준으로 올려놓았다.('챕터 23' 참조) 윌리와 포드의 연구는 30년 전 서남부의 페코스에서 앨프리드 키더가 수행한 연구('챕터 24' 참조)보다 훨씬 더 세련된 것이었다. 윌리는 지표조사를 하는 동안 줄리안 스튜어드와 가깝게 지냈다. 스튜어드는 윌리를 비롯한 고고학자들에게 유적 하나만 보지 말고 지리경관의 맥락에서 사람들과 주거 유형에 관심을 가지라고 조언했다.

지표조사를 끝낸 뒤 윌리는 고고학 야외조사에서 거의 타의 추종을 불허할 만큼 경험을 쌓게 되었다. 윌리는 고고학자였지만 인류학자이기도 했으며, 그러한 교육적 배경을 결합하려 애썼다. 윌리를 가르쳤던 사람들은 현존하는 인디언 사회를 고려하지 않고는 선사시대의 북아메리카 사람들을 알 수 없음을 분명히 했기 때문이다. 북아메리카에서 고고학은 발굴과 지표조사뿐만 아니라 인류학이기도 했던 것이다.

스튜어드는 윌리에게 페루의 건조한 북부 해안 지대에 있는 어느 강 유역의 고고학 지표조사를 적극 권했다. 그리고 윌리를 도와 이 잘 알려지지 않은 비루 밸리Viru Valley에서 다양한 지형경관과 선사시대의 주거(취락) 유형을 연구할 프로젝트를 조직했다. 윌리는 우선 항공사진을 이용해 계곡 전체를 들여다보았다. 그리고 가장 유망한 지역을 골라 걸어서 지표조사를 하고 제한된 발굴 조사를 실시했다. 1953년에 발간된 이 프로젝트의 보고서에서 그 계곡의 선사시대 문화를 지속적으로 변화하는 일련의 복잡한 경제, 정치, 사회적 경관의 측면에서 이야기했다. 층위 연쇄와 유물은 이 이야기에서 작은 부분에 지나지 않았다. 윌리의 비루 밸리 조사는 지금은 취락고고학이라 불리는 분야의 토대를 놓았으며, 오늘날 고고학 분야에서 중요한 줄기가 되었다.

비루 밸리의 조사로 윌리는 1950년 하버드 대학에서 권위 있는 중앙아메리카와 멕시코 고고학 보디치 교수직Bowditch Professorship of Central American and Mexican Archaeology에 임명되었다. 그리고 남은 생애 동안 하버드 대학에 재직하며 마야 문명에 대해 중요한 야외조사를 수행했다. 또한 벨리즈와 과테말라에서 중요한 유적들에 대해 취락 유형 조사를 했다. 윌리의 조사는 주요 도시가 아니라 그늘에 가려진 더 작은 주거 유적에 중점을 두었다.

고든 윌리는 매력적이고 학식 있는 고고학자였으며, 젊은 학생들에게도 좋은 선생님이었다. 무엇보다도 윌리는 좋은 고고학이란 그저 빛나는 아이디어뿐만이 아니라 자료를 기반으로 하는 것임을 강조했다. 이 책의 후반부에서 살펴보겠지만, 이는 중요한 지적이었다.

윌리만 그러했던 것은 아니다. 이 시기에 북아메리카에서 활동한 이들 중에는 다른 전설적인 인물도 몇 명 있었다. 그 가운데 제시 제닝스Jesse David Jennings(1909~1997)는 미국 서부 고고학의 주요 인물이었다. 제닝스는 1948년부터 유타 대학에 재직했다. 제닝스의 첫 그레이트베이슨 야외조사는 데인저 케이브Danger Cave(위에서 바위가 떨어져 고고학자 두 명의 목숨을 위협했는데, 그 때문에 이런 이름이 붙었다) 같은 몇 개의 건조한 동굴 유적을 발굴하는 것이었다. 제닝스는 동굴에서 아주 세심한 주의를 기울여 점유층을 4미터 깊이로 파 들어갔다. 그리하여 무려 1만 1,000년에 이르는 방문과 점유의 흔적을 찾아냈다.

건조한 층에서 보존 상태는 거의 완벽에 가까웠다. 이로써 제닝스는 이 지역의 변화하는 기후 조건에 적응하기 위해 주민들이 시도했던 자그마한 변화까지 연구할 수 있었다. 동굴에 사람이 살았을 때는 가까운 곳에 습지가 있어서 물고기와 오리, 식물성 식량이 풍부했다. 제닝스는 식물섬유로 만들어진 끈과 함께 가죽옷 조각, 바구니와 견과류를 갈기 위한 석기를 수습했다. 심지어 잘 보존된 딱정벌레도 나왔고, 사람의 똥 화석을 분석한 결과 주민들이 주로 식물성 식량에 의존했음을 알 수 있었다. 제닝스는 그곳에서 서기 500년까지 지속되었던 긴 문화 전통에 대해 글을 썼다. 동남부에서 조사한 윌리와 포드처럼 제닝스도 훗날의 모든 그레이트베이슨 조사에 튼튼한 토대를 놓았다. 제닝스는 기지가 넘치고 때론 까탈스러웠지만, 이론보다 자료와 발굴을 중시했다. 이렇게 제닝스의 발굴은 이후 세대에 고고학의 기준을 제시했다.

그러는 동안 북아메리카 동부에서는 캔자스 출신의 제임스 그리핀James B. Griffin(1905~1997)이 미시간 대학에 자리를 잡고 북아메리카 고고학의 변화에 기여했다. 그리핀은 무엇보다도 유물을 중시했다. 댐 건설에 따른 지표조사로 수습된 엄청난 양의 유물을 연구하는 데 상당한 시간을 보낸 학자였다. 포드, 그리고 윌리와 마찬가지로 그리핀도 분류되지 않고 창고에 쌓여 있는 수많은 유물에 질서를 찾아주고자 했다. 북아메리카 동부의 고고학 발견물에 대한 그리핀의 지식은 전설적이었다. 그리핀은 미시간 대학에 토기 수장고Ceramic Repository를 만들었다. 오늘날 연구자들에게 이 엄청난 토기 수집품은 커다란 자산이다.

1960년대 초가 되면 콜럼버스 이전 시기의 북아메리카에 대한 일반적인 편년의 골격이 널리 쓰였는데 발굴과 지표조사, 유물에 바탕을 두고 만들어진 것이었다. 유럽의 고든 차일드처럼, 편년의 골격을 세웠던 사람들은 인간의 문화가 널리 분포되어 있다는 것은 대체로 같은 시기에 번성했음을 의미하는 것이라고 받아들였다. 그리핀, 제닝스, 윌리는 무엇보다도 자료에 충실했던 전문가였다. 하지만 윌리는 비루 밸리의 조사를 통해 변화가 일어나고 있음을 잘 알고 있었다.

새로운 세대의 고고학자들은, 서남부에서 더글러스의 나이테 연대('챕터 24' 참조)와 같은 과거의 환경에 대한 연구의 필요성을 잘 알고 있었다. 그리고 미주리 강 프로젝트 같은 야외조사를 바탕으로 새로운 문제를 제기했다. 시간의 흐름에 따라 환경과 지형경관은 어떻게 변모했는가? 인간 사회는 그런 변화에 어떻게 적응했는가? 그런 적응에 대한 필요는 전체적으로 사회에 어떠한 영향을 주었는가?

1930년대부터 1960년대까지 북아메리카 고고학은 과거를 기술하고, 여러 도구를 상세히 분류하고, 기술에 근거하여 사회 변화를 확인하는 데 치중했다. 왜 문화가 변화하는지를 생각하는 사람은 별로 없었다. 예를 들어 왜 사람들은 사냥과 고기잡이, 식물 채집 대신 농경을 했을까? 왜 태평양 서북부 해안의 몇몇 수렵 채집 사회는 그레이트베이슨이나 알래스카 중부 같은 지역의 사회보다 더 복합적일까?

새로운 세대의 고고학자들은 형식분류를 넘어 과거에 대해 더 세련된 접근을 원했다. 나아가 과거 사회의 편년에서도 새로운 방법을 찾고 있었다. 그저 한 문화가 다른 문화보다 오래되었다고 말하는 것은 편년의 한 단면일 뿐이었다. 구체적으로 역년에 따라 얼마나 오래된 것일까? 한 문화는 다른 문화보다 역년으로 얼마나 오래되었을까? 앞으로 살펴보듯이 고고학에 혁명을 불러온 방사성탄소연대측정법('챕터 27' 참조)이 이제 막 개발되는 참이었다.

1950년대까지 고고학의 무게중심은 유럽과 지중해 지역, 그리고 서남아시아에 있었다. 그러나 고고학 연구는 점차 유럽을 벗어나 광범위하게 이루어진다. 이 과정은 사실 영국과 프랑스의 식민지가 전 세계에 분포되어 있었기 때문에 이미 이루어지고 있었다고 말할 수도 있다. 인도든, 아프리카든, 아니면 태평양 지역이든, 고고학과 인류학은 모두 식민 지배와 결부되어 이루어진 것이 사실이다. 세계 선사시대라 불리는 분야는 19세기에 그 뿌리를 내리게 된다. 이제 세계 선사시대가 꽃을 피울 차례였다.

CHAPTER 27

연대측정법의 등장

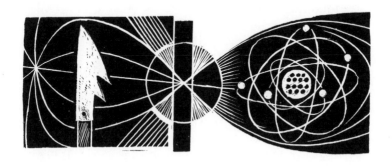

얼마나 오래된 것일까? 고고학자는 유적을 발굴하거나 어떤 유물을 관찰할 때 늘 이런 질문을 던진다. 지금까지 살펴본 편년 ― 현재로부터 몇 년 전이든, 아니면 서기/서기전이든 ― 이란 어림짐작에서 크게 벗어나지 않았다. 단지 나무의 나이테와 로마의 동전처럼 연대가 알려진 유물만 선사시대 유적의 연대를 알려줄 뿐이었다.('챕터 11·24·26' 참조) 이런 상황에서 1949년 윌러드 리비는 방사성탄소연대측정법을 제시했다. 최대 5만 년까지 유적과 유물의 연대를 측정할 수 있는 방법이 개발된 것이었다.

윌러드 리비Willard Libby(1908~1980)는 고고학자가 아니라 미국의 화학자였다. 그럼에도 그 누구보다도 고고학 연구에 혁명을 몰고 왔다. 리비는 농부의 아들로 태어나 방사성 및 핵과학 전문가가 되었다. 제2차 세계대전 중에는 핵무기를 만들었던 맨해튼 프로젝트의 일원으로 활약했다. 전쟁이 끝나자 시카고 대학에 재직하며 방사성탄소연대측정법을 고안하기 시작했다. 리비는 이 방법으로 고고학 유적을 역년에 따라 연대 측정할 수 있다고 믿었다. 결국 이 업적으로 노벨상을 받았다.

리비는 우주 광선이 대기 중의 질소를 만나 14C라는 방사성탄소가 일정하게 생긴다고 가정했다. 일반적인 비방사성의 탄소와 함께 공기 중의 14C도 광합성을 통해 식물에 흡수된다. 동물도 식물을 먹음으로써 방사성탄소가 몸에 들어간다. 그리고 동물과 식물이 죽으면 환경과의 상호작용이 끊겨 더 이상 방사성탄소가 들어오지 않는다. 이 순간부터 방사성인 14C는 일정한 비율로 붕괴하여 그 함량이 줄어든다. 리비는 죽은 식물과 나뭇조각이나 뼈에 남아 있는 14C의 함량을 측정하면 얼마나 오래전에 죽었는지를 계산할 수 있음을 깨달았다. 오래된 표본일수록 14C 함량은 적다. 붕괴하여 줄어드는 비율, 그 어떤 표본에서 방사성탄소의 함량이 반으로 줄어드는 데 걸리는 시간, 곧 반감기는 약 5,730년이라고 결론지었다.

실험은 수년에 걸쳐서 정교해졌다. 리비와 동료인 제임스 아널드James Arnold는 문헌 기록에 따라 대략 서기전 2625±75년으로 추정되는 이집트의 파라오 조세르Djoser와 스네프루Sneferu의 무덤에 쓰인 나무, 곧 역사 기록으로 연대가 알려진 표본을 시험 삼아 측정했다. 그리고 서기전 2800±280년이라는 방사성탄소연대를 얻었다. 리비와 아널드는 이 연구 결과를 1949년에 발표했다.

1955년까지 리비는 연대가 알려진 표본과 그때까지 연대 측정이 되지 않은 선사시대 유적에서 거의 1,000개에 이르는 방사성탄소 연대를 측정했다.

처음에 고고학자들은 방사성탄소연대가 얼마나 정확한지 궁금해했다. 여러 이유로 몇몇 고고학자는 알려진 연대 표본을 제공하기를 꺼려했다. 리비의 실험에서 나오는 연대에 회의적인 사람이 많았던 것이다. 방사성탄소연대측정으로 그동안의 학설이 무너질까 두려워한 사람도 있었다. 연구가 진전되면서 더 많은 협력자가 표본을 보내왔다. 물론 새로운 연대측정법이니만큼 예상했던 불확실성은 있었다. 그러나 1960년대 초가 되면서 고고학자들은 방사성탄소연대측정법을 열정적으로 받아들였다. 그 측정법은 과거 5만 년의 인류 역사에 대한 우리의 지식에 혁명적 변화를 몰고 올 잠재력이 있었기 때문이다. 다만 5만 년이 넘은 표본에는 방사성탄소가 극미량만 남아 있어서 측정에 사용할 수 없다.

방사성탄소연대측정이 정확하다면 잠재력은 엄청날 것이었다. 고고학자들은 아메리카 대륙에서 언제부터 첫 주민이 살았는지, 그리고 세계의 여러 지역에서 농경이 시작된 연대를 정확히 알기를 학수고대했다. 이론적으로 그 측정법은 문화 변화의 속도도 추산할 수 있을 것이었다. 수렵채집에서 농경으로의 전환이나 여러 선사시대 민족이 유럽과 태평양 제도로 확산하는 것과 같은 주제에도 적용될 수 있었다. 애타게 기다리던 미래였다.

하지만 극복해야 할 기술 장벽도 있었다. 예컨대 어떤 종류의 표본은 다른 것보다 더 정확한 연대가 나오는 것 같았다. 나무와 숯이 표준이 되었으며, 뼈와 조개는 그리 정확하지 않은 것으로 생각되었다. 곧 현장에서 표본을 오염되지 않게 세심히 채취해야 함도 분명해졌다. 유적에서 정확히 어디에서 채취했는지도 중요했다. 예를 들어 표본이 화덕(불땐자리)에서 얻은 숯인지, 요리하던 토기 안의 음식 잔존물인지, 아니면 점유층에 흩어진 숯 조각인지에 따라 결과가 조금씩 다를 수 있는 것이다. 이런 어려운 점은 점점 극복되어갔으며, 방사성탄소연대측정은 매우 정교해졌다.

또 다른 근본적인 문제는 방사성탄소연대는 역년이 아니라 방사성탄소연대일 뿐이라는 점이다. 리비는 본래 대기 중 방사성탄소의 농도가 일정하다고 가정했다. 그러나 정확히 일정하다는 가정은 잘못이다. 지구자기장의 세기와 태양의 활동에서 일어난 변화로 대기 중, 그리고 생물체 내의 방사성탄소의 농도는 어느 정도 달라질 수 있는 것이다. 예를 들어 6,000년 전의 표본은 오늘날의 표본보다 더 높은 방사성탄소의 농도에 노출되었을 것이다.

해결책은 방사성탄소연대를 나이테 연대와 비교하는 것이다. 방사성탄소연대측정이 개발되었을 때 나이테 연대로 미국 서남부 등지에서 이미 1만 2,500년 전까지 거슬러 올라가 정확한 연대를 알 수 있었다. 다시 말해 빙하시대가 끝나기 바로 전까지의 연대이다. 최근 과학자들은 카리브 해의 산호 화석, 그린란드 등지의 얼음 코어와 비교하여 그보다 더 오래된 구석기시대의 방사성탄소연대를 역년 보정한다.

　이 같은 환경 변화 탓에 방사성탄소 표본만으로 계산한 연대와 나이테와 얼음 코어, 역사 기록의 도움을 받은 연대는 때로 2,000년 정도(후기 구석기시대의 경우)까지 서로 다를 수 있다. 얼음 코어와 다른 자료를 이용한 집중적인 연구로 이제 연구자들은 방사성탄소연대를 보정하여 더 정확한 역년의 편년으로 전환할 수 있게 되었다.

　처음 방사성탄소연대가 제시되었을 때 농경의 기원 및 유럽으로의 농경 확산과 같은 문화 변화 연구에서는 놀라움과 함께 혼란이 일었다. 널리 쓰였던 고든 차일드의 문화 변화 편년은 너무 늦은 것임이 드러났다. 예컨대 농경의 기원은 서기전 4000년이 아니라 서기전 9000년까지 올라갔다. 오늘날 더 정확한 연대 측정에 따르면 곡물 재배는 1만 2,000년 전 즈음까지 올라간다. 연구자들은 수천 개의 방사성탄소연대를 종합하여 윌러드 리비가 활동하던 시절엔 상상도 못했을 정도로 정확한 연대를 바탕으로 과거를 분석하고 있다.*

　방사성탄소연대측정법이 개발될 때 고고학자들은 세계의 많은 지역에서 활동하고 있었다. 새로운 기법이 등장하자 근본적인 문제가 제기되었다. 농경은 얼마나 오랫동안 이집트와 시리아, 터키에 자리 잡은 다음 유럽을 가로질러 확산되었을까? 스톤헨지는 얼마나 오래되었을까? 세밀한 발굴에서 드러나는 서로 다

---

* 현재 한국에서만 1만 6,000건 이상의 방사성탄소연대가 알려져 있다.(김장석 외, 2017) 그러니 이제 수천 개가 아니라 수만 개라 해야겠다.

른 건축 단계의 실제 연대는 무엇일까? 이제야 비로소 스칸디나비아에 농경민이 이주한 시기, 아메리카 대륙의 첫 점유 흔적, 그리고 남아프리카에서 철기를 사용하는 농민의 출현을 연대 측정할 수 있게 되었다.

1960년대 초가 되면서 적은 수이지만 방사성탄소연대가 여기저기에서 나오면서 전 세계의 선사시대에 대해 거칠게나마 윤곽이 드러났다. 오스트레일리아, 아이슬란드, 페루, 그리고 멀리 태평양 제도에 이르기까지 세계 곳곳에서 방사성탄소연대측정을 위한 표본이 넘쳐났다. 이제 처음으로 학자들은 세계의 여러 곳에서 농경이 시작된 때를 역년으로 편년하여 비교할 수 있었다. 예를 들어 농경은 서아시아와 북중국에서 비슷한 시기에 시작되었다.

무엇보다도 이제 튼튼한 편년 골격 안에서 문자 문명 이전의 인류 역사를 진지하게 궁구할 수 있게 되었다. 이런 진전은 아주 중요하다. 특히 문헌 기록이 최근 몇 세기밖에 되지 않는 사하라 이남의 아프리카와 인도의 많은 지역, 그리고 아메리카 대륙에 중요하다. 중앙아프리카의 몇몇 지역에서는 1890년대에야 역사 기록이 시작되었다.

방사성탄소연대측정이 더욱 정교해지면서 연구자들은 질량가속기AMS를 이용해 더 정확한 연대를 얻는다. 질량가속기 분석은 커다란 발전이다. 이제 나이테 하나 크기의 조각, 또는 밀 한 톨(또는 씨앗의 조각) 같은 작은 표본도 연대 측정을 할 수 있다.* 또한 하나의 점유층에서 더 많은 표본을 측정하여 통계적으로 분석한다.

고고학의 역사

최근까지도 선사시대의 편년표는 여전히 듬성듬성한 부분이 있었다. 그러나 이제 새로운 통계 기법을 응용하면서 놀랄 만큼 정교한 편년을 하고 있다.

영국 서부의 웨스트케닛 롱배로West Kennet Long Barrow라는 유명한 유적이 한 사례다. 이 유적에는 40명의 남자와 여자, 어린아이가 묻혔으며, 서기전 3650년 즈음으로 추정된다. 공동묘지이지만, 얼마나 오랫동안 이용되었을까? 아주 정확한 방사성탄소연대만이 해답을 줄 수 있다.

무덤에서 얻은 수십 개의 표본을 정교하게 분석한 결과, 무덤의 연쇄는 서기전 3640년에 시작하여 불과 30년 정도 유지된 것으로 나왔다. 가까이 있는 다른 봉분도 기껏 3세대, 또는 4세대 정도만 이용되었다. 웨스트케닛 롱배로는 공동묘지로 짧은 기간만 이용되었던 것이다. 아마도 석기시대 농민의 거의 한 가족의 역사가 담긴 것으로 보인다. 이토록 짧은 시간 동안만 이용되었기 때문에 무덤 안에 묻힌 사람들은 이름도 모르는 오래전 조상이 아니었을 것이다. 살아 있는 사람들은 이곳에 묻힌 사람들을 개인적으로도 알고 있었을 것이다.

조금 더 덧붙이자면, 이 기다란 봉분의 이용 시기는 짧았고 서기전 3625년 즈음에는 더 이상 조성되지 않았다. 이 모든 것으로 아주 흥미로운 문제가 생긴다. 그 무덤에 묻힌 사람들은 땅을 두고 경쟁이 과열될 때 그 자리의 영유권을 주장하기 위해 그렇

---

* 예컨대 알타미라나 라스코 같은 구석기시대의 동굴벽화에서도 유기물 안료로 그려진 부분을 직접 연대 측정한다.

게 했을까? 죽은 사람을 묻은 공동체가 불안정하고 정치적 긴장의 시기를 견디지 못하고 짧게만 존속했을까? 이처럼 정교한 연대 측정으로 새롭게 편년하면서 가끔씩 일어나는 급격한 변화와 갑작스런 사건의 시점이 더 분명해졌다.

방사성탄소측정이 과거의 연대를 측정하는 단 하나의 방법은 아니다. 인간의 첫 과거는 300만 년 이전으로 올라가는데, 이는 방사성탄소연대측정의 범위를 훌쩍 넘어간다. 그래서 우리는 지질학적 연대측정법, 곧 포타슘-아르곤 측정법을 이용한다.

포타슘(칼륨)-아르곤 연대측정법은 바위에 들어 있는 방사성 포타슘이 방사성 아르곤으로 붕괴하는 데 걸리는 시간을 측정한다. 광물과 돌에 들어 있는 방사성 포타슘($40K$)은 방사성 아르곤($40Ar$)으로 붕괴한다. 그렇게 붕괴하는 데 걸리는 시간은 표본의 연대를 측정하는 데 쓰인다. 아르곤은 용암 같은 광물이 녹은 상태가 되면 빠져나가는 비활성기체다. 용암이 식고 화산암이 응결하면 아르곤은 더 이상 빠져나오지 못한다. 분광계分光計로 바위 안에 있는 아르곤의 농도를 측정할 수 있다. 연구자들은 알려진 반감기를 이용하여 암석의 연대*를 측정한다.

다행히도 탄자니아의 올두바이 고지Olduvai Gorge나 에티오피아의 하다르Hardar 같은 많은 초기 인류 유적은 화산활동이 활발했던 곳에 있어 포타슘-아르곤 연대측정이 유용하다. 몇몇 퇴적층은 화산재 층 사이에 놓여 있기도 하다. 올두바이에서 루이스

---

* 즉 용암이 식어 암석이 된 연대.

와 메리 리키 부부는 1950년대 말에 개발된 포타슘-아르곤 연대측정법을 이용하여 인류 화석이 나온 층의 연대를 175만 년 전* 즈음으로 추정했다.('챕터 29' 참조) 탄자니아의 라에톨리Laetoli에서 발견된, 두 발로 걸어서 생긴 발자국은 370만 년 전으로 추정된다. 포타슘-아르곤 연대측정은 이전 시기에는 불과 수십만 년 전이라고 생각했던 인류 진화의 편년표를 크게 확장시켰다.

사람들은 새로운 연대측정법을 꾸준히 실험하고 있다. 그러나 현재 그 어느 것도 방사성탄소연대측정과 포타슘-아르곤 연대측정만큼 큰 역할을 하지는 못한다. 정확도 역시 해마다 높아지고 있어서 나중에는 한 세대의 척도로 연대 측정을 할 수 있을 것이다.

1950년대 이후 많은 것이 변했다. 예를 들어 사람은 남태평양의 먼 섬에 언제 들어왔을까? 1,500개가 넘는 방사성탄소연대가 있어 이 주제에 흥미로운 답을 주고 있다. 하와이와 라파누이 Rapa Nui(이스터 섬)를 포함한 태평양 중부와 동부의 섬에 사람이 정착한 것은 서기 1000년 이후에야 시작되어 단 한 세기 만에 이루어졌다. 놀랄 만큼 짧은 시간에 이루어진 기나긴 항해였던 것이다. 이제 우리는 왜 사람들이 그런 항해를 해야 했는지를 알아야 한다.

무엇보다도 새로운 연대측정법으로 고고학자들은 진정한 선사시대의 세계사, 곧 15세기 유럽인의 대항해시대보다 훨씬 이전

---

* 원서에는 250만 년 전으로 나와 있지만, 175만 년 전 즈음이 맞기에 바로잡는다. 아래의 라에톨리 발자국 화석도 원서에는 350만 년 전이라고 되어 있지만, 본문에 좀 더 정확한 연대를 제시했다.

시기에 여러 대륙을 연결했던 인류의 과거를 연구할 수 있게 되었다. 이제 우리는 진정한 인류의 역사, 곧 농경과 도시 문명의 발달 같은 일들이 오늘날과 똑같이 다양했던 세계의 곳곳에서 어떻게 펼쳐졌는지를 이야기할 수 있다.

CHAPTER 28

생태학과 세계 선사학

　　1931년 영국의 저인망어선 '콜린다Colinda' 호의 선장은 북해
의 리만오워뱅크Leman and Ower Banks에서 그물이 갯벌 덩어리를 건
져 올리자 운이 없다고 생각했다. 선원이 허리를 구부려 시커먼
덩어리를 던지자 흙더미가 열렸다. 갈색의 미늘이 달린 어떤 것
이 여전히 흙이 묻은 채 갑판에 떨어졌다.

　　고고학으로서는 참으로 다행스럽게도, 선장은 흥미로운 일
이라고 생각해 그것을 버리지 않고 항구로 가져왔다. 발견물은
결국 노위치 박물관Norwich Museum으로 옮겨졌고, 전문가들은 스칸
디나비아의 석기시대 사냥꾼이 만든 고전적인 뼈작살임을 확인
했다. 1932년 이스트앵글리아 선사학회Prehistoric Society of East Anglia
학술회의에서 그것이 전시되기도 했는데, 당시 청중들 중에 케임

브리지 대학에서 온 젊은 고고학자 존 그레이엄 클라크John Graham Clark(1907~1995)도 있었다.

클라크는 10대 시절 말버러 칼리지에서 석기와 동물 뼈에 매료되어 '돌과 뼈'라는 별명으로 불렸다고 한다. 클라크가 처음으로 고고학을 접한 것은 플린트제 석기를 수집하면서부터였다. 당시 고고학은 대부분 아마추어의 손으로 이루어졌다. 아마추어 고고학자들은 관심의 범위가 좁아서 석기와 토기를 찾아 채석장과 강변을 쫓아다녔다. 그러나 클라크는 아마추어들과 어울리면서도 많은 것을 배웠다.

고고학의 세계는 여전히 지역의 유적들에 국한되어 있었다. 고든 차일드 같은 몇몇 학자만 폭넓은 시각을 갖고 있었다. 차일드는 유럽의 과거를 역사의 한 형태로 생각했다. 다만 사람들이 아니라 유물이 주요 등장인물이었을 뿐이다. 클라크는 그것이 단지 석기를 설명하는 것보다 훨씬 더 흥미로운 것임을 알게 되었다.

1920년대 케임브리지 대학에는 고고학 전공만으로 3년간의 학위 과정이 없었다. 그래서 1926년 클라크는 대학에 들어가 첫 2년 동안 역사를 공부했다. 이는 아주 귀중한 경험이었으며, 몇몇 아주 저명한 학자를 접하기도 했다. 그중에는 조지 트리벨리언George Trevelyan이라는 세계사학자도 있었다. 경제사학자인 마이클 포스탄Michael Postan은 클라크에게 중세 경제에 대한 최신 연구를 소개해주었다. 이 경험은 훗날 클라크의 사고방식 형성에 중요한 역할을 했다.

클라크는 2년간의 고고학 전공 우수 교육 과정을 시작했고, 이미 선사시대뿐만 아니라 생물인류학과 사회인류학 지식도 가지고 있었다. 그리고 논리적으로 여러 학문 분야를 폭넓게 참조하면서 과거를 바라보았다. 이것은 색다른 접근이었다.

당시 케임브리지 고고학은 거의 전적으로 유럽만 대상으로 삼았다. 그러나 클라크는 레너드 울리의 우르 무덤('챕터 20' 참조), 거트루드 케이튼톰슨의 이집트 파이윰 분지에서의 초기 농경 마을 조사('챕터 22' 참조), 그리고 고든 차일드의 유럽 청동기시대에 대한 강연을 들었다. 당시 많은 고고학자는 선사 문화가 모든 곳에서 같은 방식으로 발달했으며, 유럽에서 발견되는 자료는 다른 모든 곳에서도 되풀이하여 나올 것이라고 여겼다. 1928년 클라크는 도로시 개러드Dorothy Garrod라는 또 다른 영국의 고고학자가 이스트앵글리아 선사학회에서 결코 그렇지 않다고 말하는 것을 들었다. 그들이 소중히 여기는 유럽 문화라는 것은 서아시아의 문화와 사뭇 달랐다. 그런데 이런 생각은 석기시대 고고학이 유럽에 집중되었던 시절에 그리 일반적이지 않았다. 클라크는 개러드의 주장을 귀담아들었다. 또한 루이스 리키의 실험실에서 오랫동안 아프리카에서 나온 석기를 검토하는 시간을 갖기도 했다.('챕터 29' 참조) 강의와 실험실 경험으로 클라크는 고고학에 깊이 빠져들었고, 전 세계적인 주제에 점점 관심을 갖게 되었다.

케임브리지의 교수들은 클라크에게 빙하시대의 끝에서 농경이 들어오기까지의 영국 석기시대 문화를 연구하라고 권했다. 이 시기는 중석기시대라 불리며, 농경 이전의 전환기로 생각되었다. 클라크는 박물관과 개인 소장품을 섭렵하면서 작은 플린트제 화살촉 수천 점과 날카로운 돌날 미늘을 관찰했다. 따라서 논문은 불가피하게 작은 석기에 대한 따분한 연구였다. 대부분의 유물은 점유층에서 발굴된 것이 아니라 우연히 지표에서 수습된 것이었다. 클라크는 1932년에 『영국의 중석기시대*The Mesolithic Age in Britain*』를 출간했고, 이로써 이 모호했던 주제에서 권위를 인정받게 되었다.

클라크는 연구 조사의 일환으로 스칸디나비아를 광범위하게 답사하면서 북해의 맞은편에서 무슨 일이 일어났는지를 알아야 할 필요성을 느꼈다. 스칸디나비아에서 중석기시대 문화는 저습지에 잘 보존된 탓에 훨씬 더 풍부하게 남아 있었다. 습지에서는 뿔이나 뼈로 만든 찌르개 같은, 다른 곳에선 부식되어 사라지는 유물이 출토되곤 했다. 심지어 얕은 물에 덮인 야영지에서 통발이나 그물의 흔적도 확인되었다.

클라크는 현재의 해수면보다 위에 있던 해변을 걷기도 했다. 과거의 발트 해 연안은 오늘날보다 훨씬 넓었다. 클라크는 빙하시대가 막 끝난 시점에 북유럽이 겪었던 변화의 크기를 짐작할 수 있었다. 이는 클라크에게 잠을 깨우는 시계 소리와도 같았다. 당시의 인간 사회를 이해하려면 극적인 환경 변화의 맥락에서 생각해야 한다고 믿게 되었던 것이다.

클라크는 논문을 쓰면서 바쁜 나날을 보냈다. 그러면서 아마추어 수집가들이 유물의 사소한 사항들에만 치우치는 데에 갈수록 불만이 쌓였다. 클라크는 머뭇거리지 않고 당시 상황을 비판했다. 클라크와 스튜어트 피고트 – 당시 에이브버리에서 조사하고 있었으며, 훗날 저명한 고고학자가 된다 – 는 젊은 반항아 무리의 일부였다. 이들은 대학 강의실에서 활발한 논의를 이어갔다. 젊은 나이임에도 이들의 목소리는 점점 커졌다. 클라크는 『영국의 중석기시대』의 마지막 부록에서, 케임브리지에서 가까운 펜스Ferns라는 저습지를 언급하며 환경고고학이 무한한 잠재력을 가지고 있음을 주장했다. 이런 연구 조사에는 고고학자뿐 아니라 식물학자와 지질학자 같은 사람들도 참여할 것이다. 북해의 바다에서 건져 올린 작살로 클라크의 연구는 새롭고도 흥미로운 방향으로 진전되었다.

북해에서 뼈작살이 발견된 것은 클라크 등의 고고학자가 층위를 이룬 중석기시대의 유적을 찾아 잉글랜드 동부의 저습지에 주목하는 계기가 되었다. 클라크는 박사 학위 논문을 준비하면서 식물학자 해리와 마거릿 고드윈Harry and Margaret Godwin과 친구가 되었다. 고드윈 부부는 영국 생태학의 창시자인 아서 탠슬리Arthur Tansely의 학생이었다. 탠슬리는 부부에게 화분(꽃가루) 분석을 전문으로 하는 화분학을 공부하라고 추천했다. 저습지 이탄층에서 나온 아주 작은 화분을 분석하여 빙하시대 이후 식생의 변화를 연구할 수 있는 것이다. 이는 제1차 세계대전 동안 스웨덴의 식물학자 레나르트 폰 포스트Lennart von Post가 개척한 분석법이었다. 고드윈 부부는 리만오워뱅크스에서 건져 올린 작살에 붙어 있던 이탄층을 연구하여 덴마크에서 나온 동일한 도구와 같은 시기의 유물임을 밝혔다. 그들은 클라크의 새로운 프로젝트에서 이상적인 동반자였다.

고드윈 부부와 클라크 등은 1932년에 저습지조사단Fenland Research Committee이라는 다학문적 연구단을 구성했다. 클라크는 연구단에서 가장 활발한 활동을 했으며, 일리Ely에서 동북쪽으로 11킬로미터에 있는 농장 대지에서 이탄층에 묻힌 유적을 조사하기 시작했다. 그곳 모래언덕에서 플린트 유물을 채집했으며, 과거에 습지 안의 모래섬이었던 곳을 파 들어가 흩어져 있는 석기를 수습했다. 발굴에서는 두 개의 이탄층 사이에서 높은 해수면에 의해 형성된 고운 모래층이 중간에 끼어 있는 것이 확인되었다. 석기시대에서 청동기시대에 이르는 유적이었다.

1934년 클라크와 고드윈 부부는 그곳 가까이에서 피콕스팜 Peacock's Farm 유적을 발굴했다. 이탄층에 트렌치를 팠는데, 이번에는 고고학적으로 큰 성과를 거두었다. 석기시대의 토기 조각이 나오는 층 아래에서 중석기시대의 플린트 석기가 소량 수습되었다. 신석기시대의 층 위에서는 청동기시대의 초기 토기가 나왔다. 선사시대의 상당 기간을 포괄하는 층위 연쇄가 나오는 드문 유적을 발굴한 것이었다. 연구자들은 화분과 조개 표본을 이용해 식생의 흐름에 따라 중요한 환경 변화를 추적했다. 이는 영국에서 처음으로 이루어진 다학문적 환경고고학의 사례다.

1932년 클라크는 케임브리지 대학 피터하우스 칼리지의 연구원이 되었고, 곧이어 고고학 전임강사로 승진했다. 그리고 생애 내내 케임브리지 대학에 몸담았다. 1932년부터 1935년까지는 연구비를 받아 강의를 하지 않고, 주로 자전거를 이용해 북유럽을 광범위하게 여행했다. 그러면서 나무와 다른 유기물로 만들어진 온갖 유물에 대한 지식을 쌓았다. 그리고 저습지 유적에 대한 관심도 키웠다. 이제 그런 경험이 영국에서 빛을 발하는 것은 시간문제였다.

클라크는 북유럽을 여행하며 민속 문화와 민족지, 고고학, 환경 변화를 연구한 것을 바탕으로 1936년에 두 번째 책 『북유럽의 중석기시대 The Mesolithic Settlement of Northern Europe』를 출간했다. 이 눈부신 저작에서 클라크는 선사시대 사회가 환경과 상호 작용했음을 지적했다. 그리고 선사 사회를 서로 상호 작용하는 요소들로 이루어진 커다란 생태계의 일부로 파악했다. 이는 당시로선 급진적인 생각이었다. 이 훌륭한 책의 주제는 생태와 환경이었다.

그레이엄 클라크야말로 외골수로 인식되는 고고학자의 전범이다. 클라크는 스스로를 전적으로 사람과 변화하는 환경의 관계를 연구하는 환경고고학에 바쳤다. 그리고 고고학은 사회에서 중요한 역할을 할 수 있다는 확신을 가졌다. 클라크는 고고학의 가장 중요한 기능은 선사시대 사람들이 어떻게 살았는지를 설명하는 것이라고 주장했다.

전쟁 중(클라크는 몸이 좋지 않아 참전하지 않았다)에는 과거의 사람들이 어떻게 먹고살았는지를 연구하는 경제고고학에 대한 일련의 논문을 썼다. 1952년에는 그 논문들을 종합하여 선사시대와 고대의 양봉에서 고래 사냥에 이르기까지 여러 주제로 에세이를 써서 『선사시대 유럽 : 경제적 토대 Prehistoric Europe: The Economic Basis』라는 책을 출간했다.

클라크는 고고학적 증거와 북유럽 여행 중에 수집한 스칸디나비아의 전통 민속 문화를 결합하고자 애썼다. 클라크의 경제 및 생태적 시각은 매우 영향력이 있었다. 심지어 그의 이름이 전혀 알려지지 않았던 미국에서도 그러했다. 이 중요한 책이 출간되면서 클라크는 케임브리지의 디즈니 교수Disney Professor of Prehistoric Archaeology가 되었다. 당시로서는 세계 선사고고학에서 주도적인 석좌교수직이었다.

클라크는 저습지의 중석기 유적이 언젠가 빛을 볼 것이라는 믿음을 버리지 않았다. 1948년에 한 아마추어 고고학자가 요크셔 북부의 북해에서 가까운 스타카Star Carr에서 유적일 가능성이 있는 지점을 찾았다는 보고를 접했다. 클라크는 지표에서 채집한 돌도끼가 스칸디나비아의 유물과 비슷하고 저습지 이탄층에서 나왔을 가능성이 높음을 곧바로 알아보았다. 그리고 1949년부터 1951년까지 아주 적은 재원으로 스타카 유적을 발굴했다. 유적은 빙하가 녹은 호숫가에 자리 잡은 자작나무와 갈대밭에 있었다. 방사성탄소연대측정으로 서기전 7500년이라는 기본 편년이 제시되었다.

클라크는 발굴 보고서에서 자작나무 숲의 경관에 작은 야영지가 들어서 있고, 주민이 붉은사슴과 노루를 사냥하는 모습을 그려놓았다. 스타카를 단지 도구와 동물 뼈가 아니라 주변 환경의 맥락에서 묘사했던 것이다. 영국에서는 처음 있는 일이었다. 50년 뒤 최신의 발달된 기술로 스타카를 다시 발굴한 결과, 주거지는 클라크가 보고한 것보다 더 넓다는 사실이 드러났다. 질량 가속기를 이용한 방사성탄소연대측정에 따르면 현재 그 유적은 서기전 9000년에서 서기전 8500년 사이로 추정되고 있다.

클라크는 케임브리지에서 처음으로 세계 선사시대를 가르친 도로시 개러드를 이어 디즈니 교수가 되었다. 그리고 고고학과를 이끌어 선사시대를 전 세계적인 주제로 만들었다. 클라크는 멀리, 오스트레일리아까지도 여행했다. 클라크와 동료 교수들은 여러 젊은 고고학자들을 배출했다. 그리고 그들에게 외국, 특히 고고학적으로 잘 알려지지 않은 지역을 조사하라고 권장했다. 나도 그 학생들 중 한 명이었고, 아프리카로 떠났다.

클라크의 여행과 방사성탄소연대 혁명은 『세계의 선사시대 World Prehistory』라는 유명한 책으로 귀결된다. 1961년에 출간될 당시 이 책은 독특했다. 고든 차일드 같은 다른 저술가들은 선사시대와 고대의 유럽이나 마야 문명, 북아메리카의 선사시대 등에 대해 요약했다. 그러나 그 어느 누구도 세계 모든 지역의 초기 인류 역사를 개괄하려 하지 않았다. 『세계의 선사시대』는 3판까지 출간되어 널리 읽혔다.

그레이엄 클라크는 수줍어하고 남과 잘 어울리지 않는 성품이었다. 그럼에도 동료 고고학자들을 호되게 비판하곤 했다. 클라크의 권위 있는 저술과 경제고고학의 중요성을 강조한 점은 그가 세상을 떠난 뒤에도 오래도록 남았다. 클라크는 그것을 20세기 고고학의 중심으로 만들었을 뿐 아니라 고고학을 오늘날의 전 세계적 학문으로 만드는 데 큰 역할을 했다. 클라크, 그리고 그 이후의 몇몇 고고학자는 유물과 편년 연쇄에 지나치게 집착하는 데에 반기를 들었다. 클라크의 저술은 이후 세대의 고고학자들에게 영향을 미쳤다. 클라크의 학생들은 전 세계에서 연구 활동을 했으며 몇몇은 여전히 활약하고 있다.

CHAPTER 29

디어 보이!

1959년 7월 17일, 동아프리카 탄자니아의 올두바이 고지. 루이스 리키Louis Seymour Bazett Leakey(1903~1972)는 몸에 열이 나서 캠프 안 침대에 누워 있었다. 그사이 아내 메리Mary Leakey(1913~1996)는 8년 전 부부가 함께 석기를 발견했던 지점을 다시 조사하러 나갔다. 메리는 보드라운 흙을 솔질하여 털어내고 커다란 이빨 두 개를 찾았다. 이빨들은 사람의 턱뼈처럼 보이는 것에 들어 있었다. 순간 심장이 멎는 것 같았다. 메리는 황급히 랜드로버 차에 올라타고 캠프로 향했다. "찾았어!"라고 메리는 소리쳤다. 흥분 속에 열은 잊고, 루이스와 메리는 함께 이빨을 자세히 들여다보았다.

그러나 흙에 누워 있던 호미닌(인류의 조상이나 사람과의 종)의 형태는 어떠한가? 메리는 모든 조각을 수습한 뒤 단단해 보이는 유

인원 같은 인류의 두개골을 끼워 맞추었다. 그리고 이 화석을 진
잔트로푸스 보이세이*Zinjanthropus boisei*라고 불렀다. '보이시Boise의
남쪽 원인류'라는 뜻으로, 조사를 후원한 보이시라는 사람의 이
름을 딴 것이다. 진잔트로푸스 보이세이는 강한 체격을 가진 호
미닌으로, 남아프리카를 벗어난 지역에서 처음으로 발견된 호미
닌 화석이었다. 리키 부부는 진잔트로푸스를 '디어 보이Dear Boy(애
야)'라는 애칭으로 불렀다.

　아프리카에서 인류의 기원을 찾는 일은 이보다 더 오래전
에 시작되었다. 1924년 남아프리카의 해부학자 레이먼드 다트
Raymond Dart(1893~1988)는 남아프리카 케이프 주의 타웅Taung이라는
석회암 광산에서 조그만 호미닌 두개골 화석을 발견했다. 이빨은
상당히 최근의 것처럼 보였지만, 얼굴은 앞으로 튀어나왔고 머
리는 어느 정도 둥근 모양이었다. 다시 말해 최근 시기와 아주 오
래된 옛날의 특성이 섞여 있었다. 다트는 그 화석을 '아프리카의
남쪽 원숭이'라는 뜻을 가진 오스트랄로피테쿠스 아프리카누스
*Australopithecus africanus*라 명명했다. 다트는 오스트랄로피테쿠스가
현존하는 유인원과 사람을 연결시키는 고리라고 주장했다. 그러
나 다트는 지나치게 성급한 결론을 내리는 경향이 있었다.

　우리가 이미 '챕터 8'에서 살펴보았듯이, 당대의 학자들은
1889년 네덜란드 사람 외젠 뒤부아가 자바에서 찾은 피테칸트로
푸스 에렉투스 화석이 그 잃어버린 고리일지도 모른다는 가능성
을 받아들이지 않았다. 연구자들은 네안데르탈 화석에 넋이 빠
져 1912년 영국에서 발견된 커다란 머리와 작은 이빨을 가진, 필

트다운 두개골에 집착하고 있었다. 다트는 비웃음과 냉소를 받았다.* 뒤부아와 함께 믿을 수 없는 화석 사냥꾼들 중 한 사람으로 취급되었다.

심지어 20세기 중반이 되어서도 초기 인류의 진화에 대해 별로 알려진 바가 없었다. 유럽에서 네안데르탈 화석이 더 나왔으며, 서아시아에서도 그 존재가 알려졌다. 호모 에렉투스 화석이 중국의 저우커우뎬에서 발견되어 뒤부아가 옳았음이 증명되었다.('챕터 8' 참조) 남아프리카에서 확인된 오스트랄로피테쿠스가 인류의 조상일 가능성이 받아들여지던 때였다. 그 밖에 아프리카 지역은 거의 공백으로 남아 있었다. 그런 와중에 루이스와 메리 리키가 등장하여 모든 것을 바꾸었던 것이다.

루이스 리키는 케냐에서 영국 선교사의 아들로 태어나 20세기에 가장 주목받는 고고학자가 되었다. 자신만만하고, 의욕이 넘치고, 고집불통이었던 리키는 케임브리지 대학에서 고고학을 공부했다. 대학에서는 테니스 코트에서 반바지를 입어 논란을 일으킨 적도 있었다!

리키는 늘 아프리카에서 발굴을 하고자 했다. 아프리카에 인류 기원의 증거가 있으리라 확신하고 있었던 것이다. 1926년에 졸업한 뒤 작은 탐사단을 조직하여 케냐에 들어가 대협곡 Great Rift Valley에 있는 갬블스 동굴 Gamble's Cave을 발굴했다. 발굴에서는 적

---

* 당대의 학자들은 뒤부아와 다트의 주장을 신뢰하지 않았다. 다트의 학설은 1940년대 중반이 되어서야 받아들여졌다. 다행히 다트는 장수하여 자신의 명예를 찾을 수 있었지만, 오스트랄로피테쿠스가 강력한 포식자였다는 주장은 훗날 많은 비판을 받았다. 뒤부아의 주장 역시 1920~1930년대에 점점 많은 이가 동조했으나 정작 자신은 원통해하며 1940년에 죽음을 맞았다고 한다.

어도 2만 년 전으로 올라가는 점유 층위가 확인되었다. 이 동굴에 처음 사람이 들어와 살기 시작한 것은 아마도 유럽에서의 네안데르탈 문화와 같은 시기로 생각되었다. 이후의 층에서는 잘 만들어진 창끝찌르개와 자르개 등의 석기가 나왔다. 후대 층에 흔적을 남긴 사람들은 프랑스의 동굴에서 확인되는 후기 구석기시대 사람들과 같은 시대에 살았다.('챕터 10' 참조) 그런데 석기를 보면 아프리카의 선사시대 사회는 유럽의 선사시대 사회와 매우 달랐음을 알 수 있었다. 유럽보다 훨씬 이전의 아프리카 사람들이 남긴 투박한 유물도 다른 유적에서 나온 바 있었다. 루이스 리키는 동아프리카야말로 인류가 기원한 곳임을 확신하게 되었다.

1931년 리키는 독일의 고생물학자 한스 렉Hans Reck을 따라 올두바이 고지에 갔다. 올두바이는 탄자니아 북부의 세렝게티 평원에 있는 40킬로미터 길이의 들쭉날쭉한 협곡으로, 격렬한 지각운동으로 인해 깊은 곳에 묻혀 있던 오래된 호수 퇴적층이 드러나 있었다. 렉은 동물 화석을 찾고 있었다. 그동안 리키는 협곡에 초기 인류가 살았던 흔적이 있을 거라고 믿게 되었다. 렉은 리키에게 올두바이에서 석기를 찾지 못한다는 데 10파운드를 걸었다. 리키는 첫날부터 내기에 이겼다.

리키는 소년 시절부터 키쿠유Kikuyu어에 능숙했다. 그래서 자연스럽게 1936년부터 한 해 동안 지속된 키쿠유족 인류학 연구를 담당할 후보가 되었다. 그리고 같은 해에 두 번째 아내 메리와 결혼했다. 런던에서 태어난 메리 리키는 루이스와 정반대인 성품이었는데 조용하고, 겸손하고, 꼼꼼했으며, 예술적 재능도 뛰어났다. 메리는 세심한 발굴가였고, 석기 기술 연구의 전문가이기도 했다. 그리하여 남편의 많은 무모한 계획을 재검토하면서 결국 발굴을 완성해냈던 것이다.

리키 부부는 제2차 세계대전 중에도 조사를 멈추지 않았다. 1943년에는 나이로비 근처의 리프트 밸리에서 올로게세일리에 Olorgesailie 유적군을 발굴하여 선사시대의 사냥꾼이 도살한 대형 동물의 뼈를 수습했다. 유적은 30만 년 전의 것으로 추정되었다. 올로게세일리에는 방문자들에게 매우 흥미로운 유적이다. 이곳에서는 도살에 쓰였던 수십 개의 대형 석기가 수십만 년 전 버려진 그 자리에 놓여 있는 것을 볼 수 있다. 리키 부부는 석기와 동물 뼈가 밀집된 지점을 확인하고, 사냥꾼이 야영하면서 먹고 자던 곳도 찾았다. 불과 몇 미터 사이의 유적에서 선사시대 인류의 행위에 대한 귀중한 기록이 확인된 것이었다. 세심한 발굴로 아주 작은 도구부터 쥐 뼈, 뱀 이빨까지 찾을 수 있었다.

전쟁이 끝난 뒤 부부는 예산이 거의 없는 상태에서도 올두바이를 조사했다. 호수 퇴적층을 발굴해 석기 수천 점을 수습했다. 1951년 리키 부부는 단순한 화산암 조각 수준의 투박한 찍개로부터 시작하여 그 협곡에서 오랜 기간 동안 이루어진 석기 변화의 연쇄에 대한 보고서를 발간했다.

이런 석기 변화의 연쇄를 기본 틀로 삼아 이제 리키 부부는 협곡에 노출된 고운 흙과 모래로 관심을 돌렸다. 과거에 호수 바닥이었던 곳을 들여다볼 때, 크고 작은 동물들이 얕은 물웅덩이에서 물을 마셨을 것이라고 상상하기는 힘들다. 리키 부부는 이제 선사시대의 사냥꾼이 투박한 찍개와 날카로운 격지를 들고 사냥감을 해체했을 만한 호숫가 야영지를 찾아나섰다. 몇 개의 이빨 조각을 빼면 호미닌의 흔적은 없었다. 그런 와중에 1959년 7월 메리가 진잔트로푸스 보이세이, 곧 '디어 보이'를 찾은 것이었다.

'디어 보이'로 리키 부부는 국제적으로 유명 인사가 되었다. 미국지리학협회는 진잔트로푸스 유적 발굴 비용을 전액 지원했다. 메리는 뼈와 뗀석기가 흩어진 자리를 세심하게 발굴했다. 그리고 모든 유물과 뼈를 들어내기 전에 원래 있던 자리를 기록했다. 이로써 처음으로 고고학은 초기 인류의 생활을 복원할 수 있게 되었다.

나는 메리의 발굴지를 방문한 적이 있다. 메리는 우산 아래에서 쭈그려 앉았고, 달마시안은 옆에 누워 있었다. 메리는 솔과 치과용 도구를 사용하여 조심스럽게 작은 영양 뼈 주위의 호수 퇴적 모래층을 걷어냈다. 놀라울 정도로 참을성이 강했다. 이처럼 천천히 작업하는 발굴은 이제 오래된 유적 발굴에서 일반적인 방법이 되었다.

진잔트로푸스 보이세이는 얼마나 오래되었을까? 루이스 리키는 그저 60만 년 전 정도로 추정했다. 버클리의 캘리포니아 대학에서 온 지구물리학자 두 사람이 당시 새로이 개발된 포타슘-아르곤 연대측정 시료를 떴다. 분석 결과 무려 175만 년 전의 퇴적층임이 밝혀졌다.('쳅터 27' 참조) 리키 부부와 전 세계의 과학계는 놀라움에 휩싸였다. 하루 만에 인류 기원의 시간표가 거의 세 배로 올라간 것이었다.

이제 인류 조상의 흔적을 찾는 조사가 광범위하게 이루어졌다. 올두바이의 다른 지점에서 이루어진 대규모 발굴로 더 많은 호미닌이 알려졌다. 진잔트로푸스보다 조금 더 오래된 유적에서는 두개골 조각과 거의 완전한 발뼈를 찾아 '디어 보이'와는 달리 더 호리호리한 체격의 호미닌을 발굴했다. 남아프리카의 생물인류학자인 필립 토비어스Phillip Tobias는 이 화석을 연구하여 '재주 좋은 사람'을 뜻하는 호모 하빌리스Homo babilis라 명명했다. 루이스 리키는 특유의 대담함으로 200만 년 전으로 추정되는 이 호모 하빌리스를 최초의 도구 제작자라고 불렀다.

메리 리키는 이 초기 인류 유적들에 대해 방대한 기록을 작성했다. 보고서에서는 찍개와 격지를 만드는 단순한 기술도 정밀하게 묘사했는데, 이런 기술을 협곡의 이름을 따 '올도완Oldowan'이라 불렀다. 루이스는 또한 세계의 여러 곳을 여행하면서 인류의 기원에 대해 새로운 학설을 제안했다. 젊은 연구자들에게는 침팬지와 오랑우탄, 고릴라 등 영장류의 행위를 조사하면 초기 인류의 행위에 대한 통찰을 얻을 것이라고 말하기도 했다. 루이스는 영국의 제인 구달Jane Goodall과 미국의 다이언 포시Dian Fossey에게 중요한 인생 길잡이가 되었다. 구달은 침팬지 연구의 세계적 권위자가 되었고, 포시는 고릴라를 전문적으로 연구했다.

루이스 리키는 1972년에 세상을 떠났다. 1976년 메리 리키는 탄자니아의 라에톨리라는 또 다른 중요한 유적을 발굴했다. 메리는 무려 370만 년 전에 굳은 화산재 층에 두 줄로 새겨진 호미닌의 발자국을 찾아내어 동료 연구자들을 놀라게 했다. 라에톨리 발자국은 계절에 따라 흐르는 냇물의 바닥이 되는 지점에 있었다. 가까운 수원지를 찾아 동물들이 걸었던 길에 고운 화산 재가 쌓인 얇은 층이 있었다. 화산재가 굳은 층에는 코끼리와 하마, 기린, 검치호, 그리고 많은 영양 종의 발자국도 보존되어 있었다.

호미닌의 발자국은 24센티미터 정도 떨어져 두 줄로 나 있었다. 서로 다른 시기에 만들어졌을 가능성도 있다. 뒤꿈치와 앞발가락의 자국을 보면 키가 150센티미터 정도 되는 두 사람이 남긴 것임을 알 수 있다. 메리는 발자국이 오랫동안 천천히 움직인 걸음걸이의 산물이라고 했다. 아마도 현대인의 자연스러운 걸음걸이와 달리 기우뚱거리면서 엉덩이가 좌우로 흔들렸을 것이다. 이 발자국은 1974년 에티오피아에서 도널드 조핸슨Donald Johanson이 에티오피아의 하다르에서 발견하여 '루시'라고 부른 오스트랄로피테쿠스 아파렌시스*Australopithecus afarensis*의 일원이 남겼을 가능성이 높다. 라에톨리 호미닌은 두 발로 서서 직립보행을 했다. 나무에서 내려왔다는 사실이야말로 인간의 독특한 특성이기 때문에 두발걷기(직립보행)는 개활지에서 사냥과 채집의 성공 열쇠가 되었을 것이다.

화석을 바탕으로 인류의 기원을 연구해온 연구자들은 오랫동안 초기 인류의 진화를 단선적인 것으로 생각하는 경향이 있었다. 그러나 1970년대가 되면서 동아프리카, 그리고 아마도 다른 지역에서도 호미닌은 생각보다 훨씬 다양했으며, 그들 대부분이 아직 알려져 있지 않음이 분명해졌다. 이런 다양성은 조핸슨과 리키의 아들 리처드Richard Leakey 같은 더 많은 연구자가 동아프리카에서 조사함으로써 더욱 명확해졌다.

인류의 기원을 연구하는 고인류학에서는 이제 화석 연구뿐 아니라 당시 그 지역의 환경과 인간들의 행위에 관심을 가진 다양한 분야의 전문가로 조사단을 꾸린다. 리키 가족은 고립되어 조사하는 경향이 있었다. 스스로 지질조사를 하다가 식물학과 연대 측정, 동물학 등 관련 분야의 전문가를 조금씩 초빙하기 시작했던 것이다. 그러나 이렇게 관련 전문가와 제한적으로 협력함으로써 연구의 양상이 바뀌었다. 분자생물학에 바탕을 둔 새로운 편년이 제시되면서 우리와 가장 가까운 친척이라 할 침팬지와 인류는 700만~800만 년 전에 분지하여 진화했음이 알려졌다.

인류의 기원 연구는 이제 호모 하빌리스나 진잔트로푸스 보이세이*보다 훨씬 이전으로 올라간다. 리처드 리키는 케냐 북부 멀리에 있는 투르카나 호 동안에서 화석이 포함된 퇴적층을 조사했다. 리키의 조사단은 잘 보존된 오스트랄로피테쿠스 화석들과 원시적이면서도 더 진전된 특징이 혼합된 초기 인류의 흔적을 찾았다. 이제 훨씬 더 많은 초기 인류의 화석이 알려져 있다. 호모 하빌리스는 오늘날 초기 호모라 불리며, 우리의 가장 이른 직계 조상일 가능성이 높다.

1990년대 동안 미국의 고인류학자 팀 화이트Tim White는 에티오피아의 건조한 아와시Awash 지역에 있는 아라미스Aramis라는 곳

---

* 현재는 대체로 '파란트로푸스 보이세이Paranthropus boisei'라는 학명으로 불린다.

에서 적어도 열일곱 개의 작은 호미닌 화석을 발견했다. 화석은 아르디피테쿠스 라미두스*Ardipithecus ramidus*라 불렸다. 이 호미닌 은 450만~430만 년 전에 살았다. '아르디'는 사람보다 침팬지에 가까운 특성을 지니고 있으며, 이후의 여러 호미닌 종보다 나무 가 많은 환경에서 살았으리라 추정된다. 키가 60센티미터 정도밖 에 되지 않은 이 작은 생명체가 아마도 아프리카 유인원에서 처 음으로 분지하여 진화한 호미닌에 가까울 것이다. '아르디'의 뼈 는 아라미스에서 후대 오스트랄로피테쿠스가 포함된 층보다 아 래에서 발견되었다. 아르디피테쿠스의 기준으로는 조핸슨이 찾 은 300만 년 전의 '루시'는 상당히 후대인 셈이다.

오늘날 우리는 동아프리카에서 700만~200만 년 전에 상당 히 많은 호미닌속과 종이 살았음을 알고 있다. 물론 그중에서 많 은 것은 여전히 알려져 있지 않지만, 오스트랄로피테쿠스야말 로 가장 흔한 속屬이었으리라 생각된다. 또한 더 둥근 형태의 머 리를 가진 호미닌도 있었으며, 그저 우리의 최초 조상인 초기 호 모와 다른 엉덩이와 팔다리뼈를 가진 것도 있었다. 이런 많은 종 류의 호미닌이 언제 등장하여 진화했는지는 여전히 분명하지 않 다. 다만 300만 년 전 즈음에 진화하여 뗀석기를 만들었음은 분 명해졌다.

20세기 초반의 여러 고고학자와 마찬가지로 리키 가족 역시 오랜 세월을 재정 지원도 제대로 받지 못하고 홀로 조사하며 보 냈다. 이들의 발견을 토대로 인류의 기원 연구는 반석 위에 올라 섰다. 과거보다 초기 인류의 화석이 훨씬 많은 오늘날 우리는 인

고고학의 역사

류의 진화가 수많은 가지로 이루어져 있으며, 그중 대부분은 이미 사라졌음을 알고 있다. 그러나 몇 개의 진화의 가지는 결국 초기 호모, 그리고 호모 에렉투스, 그리고 궁극적으로 호모 사피엔스 현생인류로 이어졌다.

CHAPTER 30

최초의 농경민

1930년대에 고든 차일드는 서아시아에서 건조한 시기에 시작되었다는 농업혁명(신석기 혁명)을 이야기했다.('챕터 23' 참조) 차일드는 서기전 4000년, 또는 그보다 조금 이른 시기에 수렵채집에서 식물 재배와 동물 사육으로의 변화가 이루어졌다고 보았다. 이것은 그저 추정이었으며, 이런 생각을 뒷받침할 만한 정보는 거의 없었다. 그렇다면 서아시아에서 인간의 생활을 바꾼 요인은 무엇이었을까? 그로부터 70년이 넘는 세월이 흘렀고, 수많은 발굴과 방사성탄소연대측정법, 새로운 기후 자료가 쌓이면서 실마리를 얻고 있다.

차일드는 역사를 바꾼 혁명을 이야기했다. 농경은 참으로 인간 생활의 과정을 바꿔놓았다. 그러나 차일드도 잘 이해했듯이 농경은 발명이라기보다 전환이었다. 먹을 수 있는 풀을 채집했던 사람들은 모두 식물이 싹을 틔우고 성장한 뒤 씨를 퍼뜨린다는 사실을 잘 알고 있었다. 그러나 채집할 야생초가 있었다면 왜 그런 노력을 했을까? 사람들은 자연의 수확이 줄어들 때 생존 전략으로서 야생초를 재배하기 시작했다. 동물을 사냥하고 식물성 식량을 채집하는 데서 농경으로 변화한 것은 인류사에서 커다란 전환점이었다. 언제, 어디에서, 그리고 왜 이런 변화가 일어났을까?

고고학자들은 한 세기가 넘도록 이런 질문에 매료되었다. 그러나 불행히도 초기 농경 유적은 너무 적고 드물다. 고고학자가 야생 씨앗과 재배된 곡물을 구분하는 일도 쉽지 않다. 야생 염소와 양의 뼈는 사육된 동물의 뼈와 비슷하기도 하다. 연구를 하려면 아주 잘 보존된 유적에서 천천히 조심스럽게 흙을 걷어내야 한다. 작은 씨앗을 찾기 위해서는 미세한 눈금의 체를 쓰기도 한다. 또한 어떤 한 사람이 주도하여 여러 전문가가 협력해야 하는 일이기도 하다.

로버트 존 브레이드우드Robert John Braidwood(1907~2003)는 약사의 아들로 태어났다. 브레이드우드는 미시간 대학에 들어가 건축을 공부했고 건축학과 인류학, 역사학에서 학위를 받고 졸업했다. 이후 브레이드우드는 시카고 대학의 동방학연구소Oriental Institute에서 일하면서, 깊고 여러 층이 누적된 유적을 발굴하여 시간대를 파악하는 편년 전문가가 되었다. 1937년에 린다Linda와 결혼하고선 무려 66년 동안, 고고학에서 아마도 가장 긴 협업 관계를 유지했다. 부부는 90대에 불과 몇 시간 간격으로 삶을 마감했다.

브레이드우드는 '사람들은 재배할 만한 야생초를 어디에서 찾았을까?'라는 근본적인 질문을 던졌다. 그러면서 생물학자, 식물학자와 대화를 했는데 모두 서아시아 북부의 산간 지역을 지목했다. 이제 브레이드우드는 이라크 북부로 향했다. 그러곤 1940년대 말과 1950년대 초에 이라크의 자그로스 산맥 기슭에 있는 자르모Jarmo라는 마을의 마운드를 발굴 조사했다.

이 발굴 조사는 다른 방식의 프로젝트였다. 수 세대 동안 고고학자들은 동물 뼈와 탄화 곡물이 나오면 전문가에게 의뢰했다. 그러나 브레이드우드는 그저 일시적인 협업 이상이 필요함을 인식하고 있었다. 그리하여 전문 학자들과의 밀접한 협업을 강조했으며, 세심하게 조사를 계획했다. 지질학자를 동반하여 주민들과 환경의 상호작용을 연구했으며 동물학자, 식물학자, 토기 전문가와 방사성탄소연대 전문가로 조사단을 꾸렸다.

자르모 유적의 점유층은 열두 개였다. 석조 기단 위에 흙벽돌을 쌓고 진흙 지붕을 올린 집 25기가 확인되었다. 마을에는 아마도 150명 정도가 살았을 것이었다. 전문가들이 머리를 맞댄 결과 브레이드우드의 공동 조사는 결실을 맺었다. 주민들은 두 가지 형태의 밀과 렌틸콩을 재배했으며, 염소와 양을 길렀다. 브레이드우드는 편년 전문가답게 방사성탄소연대측정에도 매력을 느꼈다. 그런데 자르모에서 가장 이른 연대가 서기전 7000년 즈음이라는 사실에 놀랐다. 초기 농경은 차일드가 말했듯이 서기전 4000년 즈음일 것이라는 일반의 예상보다 훨씬 이른 시기였던 것이다.

자르모는 이처럼 아주 오래되었으면서도 농경이 이미 잘 확립된 유적이었다. 분명 마을 농경민과 이전의 수렵채집 사회 사이에는 상당한 공백이 있었다. 최초의 농경민은 자르모보다 더 단순한 마을에 살았을 거라고 생각한 브레이드우드는 터키 동남부로 가서 차외뉘Çayönü 유적 조사에 들어갔다. 이렇게 하여 잘 계획된 마을을 발굴했는데, 놀랍게도 현재 서기전 9400년에서 서기전 7200년 정도의 연대로 추정되고 있다. 브레이드우드는 농경으로의 전환이 지금까지의 생각보다 훨씬 더 복잡한 과정이었음을 알게 되었다. 그러나 비슷한 시기에 예리코Jericho에서도 아주 특별한 발견이 이루어졌다는 사실을 받아들이려 하지 않았다.

캐슬린 케년Kathleen Kenyon(1906~1978)은 발굴과 폭스테리어, 진을 사랑한 영국의 유명한 고고학자였다. 케년은 옥스퍼드 대학에서 역사를 공부했고, 1929년 거트루드 케이튼톰슨을 따라 그레이트 짐바브웨('챕터 22' 참조)에 간 것을 계기로 발굴에 열정을 가지게 되었다. 흠잡을 데 없는 현장 교육도 받았다. 1930년부터 1934년까지는 로마 도시 베룰라뮴에서 모티머와 테사 휠러의 발굴 작업에 네 차례나 참여하여 훌륭한 발굴법을 익혔다.('챕터 25' 참조)

케년은 발굴가로서 대단한 명성을 안고 고대 이스라엘의 수도였던 팔레스타인 사마리아Samaria 발굴 조사에 초빙되었다. 이후로는 서아시아에서 여생을 보냈다. 브레이드우드가 자르모 유적을 발굴할 때 케년은 재정 지원을 받아 현재 요르단에 있는 예리코의 고대 마운드를 발굴했다. 토기 조각으로 가득 찬 복잡하게 얽힌 층을 해석하는 데도 탁월했다. 그 작업을 케년보다 더 훌룽하게 해낼 사람은 없었을 것이다.

예리코는 성서에도 기록되어 있는 지점이다. 청동기시대의 방벽이 확인된 소도시 유적이기도 하다. 케년은 유적의 전체 역사를 밝히고자 했다. 텔 에스술탄Tell es-Sultan이라고도 불리는 유적의 기초까지 파 들어가 초기 층에서 수많은 방사성탄소연대측정 표본을 채집하여 연대를 측정했다. 바닥에는 우물 옆에 서기전 9500년 이전에 점유한 흔적이 있었다. 예리코는 곧 진흙으로 만들어 햇볕에 말린 벽돌로 지은 작고 둥근 건축물이 촘촘히 모인 마을로 발전했다. 100년 정도 뒤에는 집 70채가 들어찼다. 그리고 서기전 8350년에서 서기전 7300년 사이에는 돌을 3.6미터 높이로 세워 만든 커다란 방벽 안에 아마도 수백 명이 사는 소도시로 변모했을 것이다. 벽 안에는 내부에 계단을 놓은 돌로 만들어진 탑을 세웠다. 탑과 벽이 과연 요르단 강의 홍수에 대비했던 것인지, 아니면 사람을 막기 위한 것이었는지는 아직 분명하지 않다.*

소도시의 주민이 농경민이었던 것은 확실하다. 석조 기단 위에 지은 사각형 집에서 살았던 이후의 주민도 마찬가지이다. 서기전 6900년이 되면 주민들은 집 바닥 아래에 조상의 머리와 (가끔 머리 없는) 뼈대를 묻었다. 회칠을 하고 바닷조개를 눈으로 사용해 거친 형태의 '초상화'처럼 만든 두개골도 있었다. 집 바닥 아래에서 나온 구덩이 하나에는 회칠된 두개골 열 개가 빽빽이 담겨 있기도 했다.

----

* 과거에는 방어벽으로 생각했으나 최근 조사 결과 홍수를 막기 위한 시설로 생각되고 있다.(마이든, 2019 참조)

케넌의 예리코 발굴은 흔히 수직 발굴이라고 알려진 방법의 고전적 사례다. 이 방법으로 좁지만 길게 구덩이를 파서 누가 언제 소도시에 살았는지 상세한 정보를 얻을 수 있었다. 발굴 구덩이에는 시간의 흐름에 따른 과거 사회의 변화가 드러나 있었다. 사실 수직 발굴은 케넌이 선택할 수 있는 단 하나의 발굴법이었다. 예리코의 소도시 퇴적층은 너무 깊어서 최초의 층을 전면적으로 노출시키려면 비용이 너무나 많이 들어서 불가능한 일이었기 때문이다. 그러나 케넌의 수직 발굴로 수 세기에 걸쳐진 도시 역사의 기본 뼈대를 알 수 있었다.

케넌의 예리코 발굴로 농경의 시작은 수많은 지역에서 벌어진 아주 긴 과정이었을 것이라는 브레이드우드의 생각이 옳았음을 알 수 있었다. 오늘날 우리는 적어도 1만 1,000년 전 터키 동남부에서 시리아, 그리고 훨씬 남쪽에 이르기까지 흩어져 있는 여러 작은 마을에서 농사를 지었을 것임을 알고 있다. 하지만 광범위한 발굴이 이루어진 마을은 별로 없다. 다만 아부후레이라Abu Hureyra는 예외인데, 시리아의 유프라테스 강 주변 개활 숲의 가장자리에 있는 작은 마을이다. 1972~1973년 영국의 고고학자 앤드루 무어Andrew Moore가 수력발전을 위한 댐 건설로 침수 위기에 놓인 마을의 마운드를 발굴했다. 아부후레이라에서는 전문가의 발굴과 합동 조사로 서기전 1만 년의 초기 농경 마을이 어떤 모습이었는지 잘 드러났다.

이 지역의 기후는 오늘날보다 조금 더 따뜻하며 강수량도 많았다. 몇 가구가 땅을 일부 파고 지붕에 갈대를 덮은 작은 집에 살고 있었다. 주민들은 다양한 종류의 야생동물을 사냥하고 먹을 수 있는 풀과 견과류를 채집하며 살았다. 특히 매년 봄이면 남쪽에서 이동해오는 가젤(사막영양) 떼를 사냥했다. 작은 마을 집터에서 나오는 동물 뼈 중 80퍼센트 이상이 이 작은 동물의 것이었다. 주민들은 가젤 고기를 말려 보관하고 나중에 먹었을 것이다. 마을 사람들은 여섯 개의 주요 야생 자원을 소비하고 환각제와 염색 안료, 약재를 비롯한 200여 종의 생물을 이용했다. 아부후레이라 사람들은 주변 환경을 세심하게 관리하고 보살피면서 300~400명이 모여 성공적으로 마을 생활을 했다. 그런 와중에 가뭄이 지속되면서 갑작스럽게 마을을 버리고 만다.

점유층에서 나오는 식용 가능한 풀과 견과류의 종류에서 큰 변화가 있었다. 무어와 협력한 식물학자 고든 힐먼Gordon Hillman은 점유층에서 나온 식물 유체를 수습했다. 점유층의 흙을 체질하고 물을 이용한 부유법으로 많은 양의 식물 자료를 확보했다. 이를 바탕으로 서기전 1만 년 이후 기후가 건조해지면서 견과류를 채집할 수 있는 숲과 야생 초원이 아부후레이라 마을에서 훨씬 멀리 물러났음이 밝혀졌다. 건조한 조건이 지속되면서 식물성 식량은 더욱 희소해졌다.

이로써 커다란 전환의 조건이 커가고 있었다. 날이 갈수록 구름 한 점 없는 담청색 하늘에서 해가 솟았다. 먹구름이 몰려와 어둑해지며 비를 뿌리는 날은 거의 없었다. 대신 유프라테스 강 주변의 대체로 푸르렀던 평원을 가로질러 먼지구름이 날렸다. 이제 갈색으로 변한 개활 초원은 가뭄이 계속될수록 줄어들었다. 해마다 마을 사람들은 더 멀리까지 걸어가야 숲에서 견과류와 풀을 채집할 수 있었다. 수확량도 이전보다 훨씬 줄어들었다. 겨울이 되면 사람들은 배고픔에 시달렸다. 봄이 되면 더욱 굶주렸다. 이미 인구는 증가했고, 기온 하강으로 땔감의 수요가 높아져 벌목도 더욱 빈번해졌다. 힐먼과 무어는 가뭄과 삼림 훼손으로 결국 사람들이 마을을 버렸다고 보았다.

그런데 서기전 9000년 즈음 원래 있던 마을 마운드 위에 전혀 다르고, 더 큰 마을이 들어섰다. 처음에 사람들은 계속 가젤을 사냥했다. 그러자 가젤의 수가 줄어들어 몇 세대가 지나지 않아 사람들은 염소와 양을 기르기 시작했다. 불과 1,000년 만에 가젤 사냥이 쇠락하면서 염소와 양이 더 중요한 자원이 되었다. 마을은 12만 제곱미터로 성장했다. 사각형의 흙벽돌로 만든 단층집과, 좁은 통로와 마당이 있는 공동체가 들어선 것이었다.

전문가들은 야생초를 재배하고 사람이 수확하기까지는 1,000~2000년의 시간이 필요했을 거라고 추산한다. 사람들은 가뭄이 지속되는 환경에서 안정된 식량 공급을 위해 곡물 재배에 나섰을 것이다. 아부후레이라(그리고 다른 곳)에 살았던 사람들은 처음에 야생초를 그대로 심었다. 호밀에서 시작하여 밀과 보리 같은 씨앗 곡물의 수확을 늘리려 했을 것이다. 상당한 시간이 지난 뒤 사람들은 전업 농민이 되어 밭농사와 가축 사육에 매달리게 되었다. 농사는 전적으로 강수량에 의존했다. 조심스럽게 다음 비가 오기 전까지 곡물이 시들지 않도록 시간을 조절하여 씨를 뿌렸다. 강수량을 예측할 수 없는 상황에서 그것은 위험 부담이 아주 큰 농사였다.

농경을 촉발시킨 것이 서기전 1만 년 즈음 지중해 동부 지역에 찾아온 1,000년 동안의 가뭄*이었는지는 여전히 논란의 여지가 있다. 그러나 분명 가뭄은 수렵채집민이 농경민으로 전환한 주된 요인 중 하나였을 것이다.

아부후레이라는 서아시아라는 넓은 지역에서 우리가 알고 있는 서기전 1만 년 즈음의 초기 농경 마을 중 하나일 뿐이다. 그러나 그 모든 마을은 이 시리아에 있는 유적에서 나타나는 일반적인 특성을 지니고 있었을 것이다. 농경의 기원은 한 세기 전에는 어느 누구도 생각지 못했을 만큼 오래되었음이 드러났다. 전환은 서아시아에서만 국한되어 일어난 것이 아니다. 농경은 세계의 다른 지역, 중국에서도 비슷한 시기에, 그리고 그보다 조금 늦지만 아메리카 대륙 등지에서도 시작되었던 것이다.

이런 전환을 거쳐 인구가 폭발적으로 증가하고, 인류 사회는 더욱 복잡해졌다. 그리고 몇천 년이 지나지 않아 이집트와 메소포타미아에서 세계 최초의 고대 문명이 일어났다.

---

* 1,000년 동안의 가뭄이란 서기전 1만 800년부터 서기전 9600년까지 흔히 영거 드라이어스Younger Dryas기라 불리는 시기를 말한다. 이때 갑자기 기온이 내려가고 건조해졌으며, 그런 조건이 1,000년 이상 지속되었다. 그리고 서기전 9600년에 갑자기 지구온난화가 시작되면서 플라이스토세Pleistocene, 곧 빙하시대는 막을 내린다. 이러한 기후변동과 환경 변화가 세계 각지에서 시작된 농경의 기원, 그리고 신석기시대 문화가 진화하는 토대가 되었을 것이다.(마이든, 2019 참조)

CHAPTER 31

황제를 보위하라

중국의 진나라 시황제는 영원히 기억되길 원했다. 서기전 221년, 이 잔혹하고도 폭압적인 지배자는 여러 나라가 흩어져 있던 중국을 통일하고 11년 뒤 불과 마흔아홉의 나이에 죽음을 맞았다. 고대 중국에서는 수은으로 영생을 얻을 수 있다는 믿음이 있었다. 시황제는 엄청난 양의 수은을 먹었다. 수은은 영생이 아니라 죽음을 불러왔을 것이다.

황제는 해안에서 죽었지만, 어쨌든 내륙에 묻혀야 했다. 관에 안치해 운구하는 동안 충성스런 무관들이 동행하면서 시신이 부패하며 풍기는 냄새를 가리기 위해 썩은 물고기를 쓰기도 했다.

시황제는 황제가 되기 훨씬 전부터 중국 서북부의 시안西安 동쪽 40킬로미터에 무덤을 만들기 시작했다. 천하를 통일하고 황제가 된 뒤 작업은 더욱더 집중적으로 이루어졌다. 여산酈山 골짜기에서 장정 70만 명이 땅을 파 무덤 공간을 만들었다. 그러곤 병마용으로 군대를 만들어 지하 왕국을 건설했다.

인부들은 지하수가 나올 때까지 땅을 팠다. 그런 뒤 무덤과 다른 공간에 궁궐 등 건물 모형을 배치했다. 황제를 위해 청동으로 묘곽을 설치했다. 밤하늘을 모방하여 천장을 만든 뒤 별자리에 진주를 박았다. 서기전 94년에 쓰인 중국 문명 안내서에는 바다와 강도 본떠서 만들었고, 심지어는 흐르는 것처럼 보이도록 수은을 썼다고 한다. 이렇게 시황제를 죽음으로 몰고 갔을 것으로 여겨지는 물질인 수은이 당시 영생의 상징으로 사용된 것이다. 그렇기에 시황릉은 위험한 공간이기도 하다. 무덤 주위의 흙 표본을 분석한 결과 수은 오염도가 높음이 드러났다.

문헌 기록에 따르면 병마용은 침입자가 있다면 기계 쇠뇌(석궁)가 발사되도록 만들어졌다고 한다. 그리고 시황제의 장례가 끝나고서 무덤에서 일한 사람들까지 안에 집어넣음으로써 그 어떤 정보도 밖으로 유출되지 못하게 했다고 한다.

시황릉은 주변 대지에서 43미터 정도 솟아 있다. 나무를 심고 숲을 만들어 주변 경관과 섞이도록 했다. 황제의 무덤 공간은 5킬로미터에 이르는 외성이 둘러싼 이 거대한 죽음의 공원의 일부다.

1974년에 이르기까지 이 안에 무엇이 있는지는 알려지지 않았다. 그해 무덤으로부터 2.5킬로미터 정도 떨어진 곳에서 사람들이 우물을 파다가 테라코타 병사를 발견했다. 다른 것들도 계속 나왔다. 그 유명한 진시황릉 병마용이었다. 전모를 파악하기 위해 고고학 조사단과 보존 전문가가 조직되었다. 발굴조사단의 규모가 워낙 커서 어느 한 사람이 특별히 공을 세웠다고 말하기 어려울 정도였다.

불행히도 나는 발굴할 때 가까이서 볼 기회를 갖지 못하고, 그저 관광객으로 멀리서 병마용을 지켜보았을 뿐이다. 그래서 나의 이야기는 일반적일 수밖에 없다. 그럼에도 나는 그 광경에 놀라움을 감출 수 없었다. 인물상은 믿기 어려울 정도로 사실적이었다. 병마용은 각각 200미터에 이르는 열한 개의 통로에 서 있었다. 매트를 짜서 지붕을 만들고 진흙을 발라 단단히 고정해서 통로를 덮었다. 당시의 실제 군사력을 짐작할 수 있었다. 40명의 사병이 네 줄로 정렬해 있었다. 주위를 경계하며 잘 훈련된 군사들이 전투태세를 갖추고 똑바로 서 있었다. 군사들은 원래 점판암을 구리줄로 연결하여 오른쪽을 개폐할 수 있게 만든, 갑옷을 입은 모습으로 표현되어 있었다. 투구는 쓰지 않고 앞을 바라보고 있었다. 마치 실제 사람을 모델로 한 것인 양 각자 서로 다른 생김새였다. 그러나 표정을 드러내지 않고 분명 무감정한 모습이었다. 인물들은 이제 모두 명갈색이지만, 몇 개는 채색의 흔적이 남아 있었다. 실제 그들을 묻을 당시에는 화려하게 채색된 복장을 입고 있었고, 그렇게 해서 휘황찬란한 효과를 냈을 것이다.

거의 200명이나 되는 궁수와 석궁수가 앞의 세 줄에 도열해 있었다. 목화 옷을 입었지만, 갑옷은 걸치지 않았다. 근접전이 아니라 먼 거리에서 활과 쇠뇌를 발사하는 군대였기 때문이다. 사병들은 서로 교대하면서 지속적으로 화살과 쇠뇌를 발사했을 것이다. 현대의 실험에 따르면 당시 쇠뇌는 사거리가 200미터 정도였을 것이라고 한다.

궁수 뒤에는 전차 여섯 대와 세 무리의 비무장 보병대가 따른다. 말 네 마리가 전차를 끄는데, 각각 모는 사람이 있다. 병사 두세 명이 각 전차를 타고 전투에 나섰을 것이다. 전차 두 대는 사령부로, 북을 치거나 종을 쳐 전진과 후퇴를 명한다. 콧수염을 흩날리는 장교도 보이고 가벼운 미소를 머금은 사람도 있다.

나는 이 장면에 압도되었다. 공격을 위한 병사들은 방패도 없이 전장에 나섰다. 역사 기록은 진나라의 병사들이 흉포했다고 쓰고 있다. 병사는 모두 청동 검과 창, 또는 미늘창을 들고 있다. 근접전은 유혈이 낭자했으며, 잔혹했을 것이다. 창과 도끼를 단 한 번 휘둘러 적군을 죽였을 것이다. 시황제는 잘 훈련된 강력한 군대로 스스로를 보위했다. 그러나 아마도 그런 훌륭한 병사는 너무나 소중했기에 희생시키지 않고 병마용으로 대신 보위하게 했을지도 모른다.

더 많은 유구가 발견되었다. 2호 갱에는 1,500명이 조금 넘는 병사와 말이 네 집단으로 나뉘어 있었다. 한쪽에는 비무장 창병이 무릎을 꿇은 궁사를 에워싸고 있다. 다른 구덩이에는 전차가 있는데, 한곳에서만 64개가 확인되었다. 이 모든 것이 병사들은 외부 습격에 경계를 늦추지 않고 있다는 메시지를 전달하기 위한 것이다.

5년 동안의 고된 발굴과 보존 작업 이후, 1977년에 발굴된 제

3호 갱에서는 장군과 근위대의 전차가 확인되었다. 190센티미터에 이르는 아주 큰 키의 사람들로, 제1호 갱의 병마용보다 10센티미터 정도 더 컸다.

깨지기 쉬운 병마용을 발굴해내는 작업만도 섬세한 협업이 필요했다. 지역에서 구할 수 있는 점토는 실물 크기의 인물상들을 조각할 만큼 풍부했다. 병마용은 각각 부위별로 틀에 넣어 만들고 서로 붙였는데, 머리와 몸은 따로 만들었다. 이로써 장인들은 다소 표준화된 인물상을 생산해낼 수 있었으며, 머리는 개별적으로 생김새에 따라 조각했던 것이다.

보존이야말로 아주 힘든 일이었다. 수많은 조각을 붙여야 했으며, 그것 말고도 작은 채색 조각 하나로 어떤 색깔의 복장이었는지를 판단해야 했다. 이렇게 천천히 진행된 보존 작업은 관광객을 유치할 목적으로 완성되었다. 시황제의 병마용은 국제적인 관심을 끌었으며, 해마다 수십만 명이 찾아온다. 대중의 무대에서 이루어진 고고학의 사례다. 이제 고고학자는 병마용에 영향을 미치는 과다한 관광객과 공기 오염 같은 문제에 직면해 있다.

발견은 계속되었다. 1998년에 발견된 시황릉 서남쪽의 구덩이에는 무기와 투구 조각 수천 점이 있었는데, 아마도 무기고였을 것으로 추정된다. 그런데 앞으로도 그곳 땅에서 훨씬 더 많은 것이 나올 것이다.

그다음 해 남쪽에서 확인된 또 다른 구덩이에서는 열한 명의 병마용과 청동 솥이 나왔다. 정교한 조각상의 몸짓으로 판단하건대 곡예사들로 여겨지며, 아마도 사후 세계에서 황제에게 즐거움을 주기 위함이었을 것이다. 악기를 들고 있던(악기는 이미 오래 전에 부식되었지만) 악사 열다섯 명이 들어 있는 구덩이도 있었다. 황제가 정원을 산책할 때 기분 전환을 해주기 위한 사람들이었을 것이다.

또 다른 구덩이에는 물길 옆의 단 위에 청동으로 만든 새 46마리가 올라가 있었다. 한 마리의 부리에는 청동으로 만든 벌레도 물려 있었다. 우리를 과거로 돌려놓은 것은 바로 이런 우연한 발견이다. 벌레를 물고 있는 새는 고대인도 아름다움과 고요한 연못, 야생을 좋아했음을 말해준다.

시황제의 능원은 그 크기와 복잡함이 경이로울 뿐이다. 예를 들어 황제의 마구간은 중심부 밖에 자리 잡고 있는데, 실제 말이 무릎을 꿇고 있는 마부와 함께 묻혀 있었다. 말을 귀하게 여겼던 나라에서 아마도 황제의 애마였을 수도 있다. 또 다른 구덩이는 황제의 여인으로 가득 차 있었다는 미확인 보고도 있다. 이런 엄청난 무덤을 보면 황제의 행복한 영생을 위해 많은 사람이 희생되었음을 알 수 있다.

2012년에는 너비 90미터, 길이 250미터의 거대하고 많은 시설을 가진 궁궐이 드러났다. 중앙에는 뜰을 만들고 주 건물에서 내려다보도록 만들었다. 고고학자들은 앞으로 몇 세대 동안 이 시황제의 기념비적 건축물을 조사할 것이다.

그리고 아직 시황릉의 봉분이 남아 있다. 중국의 고고학자들은 무덤방을 발굴해 보존할 전문 기술(또는 재원)을 갖고 있지 않다며 발굴에 나서지 않고 있다. 물론 수은 중독의 위험도 있다.

　　　　　　　고고학의 역사

고고학자들은 자력계로 봉분 깊은 곳의 자성을 측정했다. 기기를 동원하여 분석하면 철과 벽돌, 불에 탄 흙, 그리고 부식된 나무 등 다른 유기물도 탐지할 수 있다. 이로써 봉분 중심부에 벽으로 둘러싸인 지하 궁전의 존재가 드러났다고 한다. 전문가들은 무덤방 안에 금속이 풍부하며, 배수 시설도 아주 훌륭함을 알게 되었다. 그리고 수은의 농도 역시 높은데, 아마도 서기전 94년에 기록된 사실을 확인시켜주는 것 같다.

시황릉 발굴 여부를 두고 큰 논란이 있다. 고고학자들은 현재 가지고 있는 방법으로는 적당하지 않다고 주장한다. 실제 발굴 과정에서 채색된 테라코타 병마용이 훼손되기도 했다. 그럼에도 도굴을 막기 위해 즉각 발굴에 나서야 한다는 사람들도 있고, 시황릉을 보러 오는 엄청난 관광객과 경제 효과에 주목하는 사람들도 있다.

이 모든 것은 세계 각지의 고고학자에게도 중요한 문제를 던진다. 순수한 고고학보다 관광산업을 더 우선시해야 하는가? 이집트 기자의 피라미드나 캄보디아의 앙코르와트 등지에서처럼 엄청나게 많은 관광객이 무리 지어 다니면, 중요한 유적이 점점 손상될 수 있다는 두려움이 있다. 중국의 고고학자들도 시황릉 발굴이, 역사상은 아닐지라도, 이번 세기의 가장 중요한 조사가 될 것임을 잘 알고 있다. 그렇지만 이런 특별한 조사 프로젝트를 완수하기 위해 필요한 도구와 지식이 충분히 갖추어질 때까지 기다리자는 것인데, 이는 옳은 결정이다.

논란이 계속되는 동안 중국의 고고학자들은 다른 왕릉을 발굴하면서 경험을 쌓고 있다. 서기전 74년 한나라의 황족은 유하劉 賀(서기전 92~서기전 59)를 보위에 오른 지 불과 27일 만에 내쫓았다. 즐거움만 탐하고 도덕을 저버린 호색한이기에 황제 자리에서 쫓 아냈다고 한다. 지도자의 재능도 없었다고 한다. 대신 고관들은 유하를 장시성江西省 북쪽 난창南昌 근처에 있는 작은 왕국의 해혼 후海昏侯에 봉했다. 이런 불명예에도 불구하고 유하는 아내의 것을 포함하여 열 개의 무덤으로 이루어진 화려한 능원의 주인공이 되 었다.

중국의 고고학 조사단은 2011년에 이 능원을 발굴하기 시작 했다. 유하의 무덤에서는 금괴와 금박을 포함해 황금만 78킬로 그램이 확인되었다. 동전 10톤과 가마솥 열 개도 묻혀 있었다. 야 생 기러기의 모습으로 만든 램프와 실제 말이 끄는 마차도 확인 되었다.

2015년에는 유하의 관을 비롯한 능의 내부 전체를 유압거중 기로 들어 올린 뒤 근처의 연구소로 옮겨 상세한 분석을 실시했 다. 관 안의 인장에는 유하의 이름이 있었다. 부장된 청동에 기록 된 것으로도 무덤의 주인공이 확인되었다. 무덤은 전혀 훼손되지 않은 독특한 사례였다. 한 귀족과의 관계를 파악하기 위해 해혼 후의 시신도 DNA 분석을 실시했다. 당시의 관습대로 옥 장식품 이 눈과 코, 귀, 입을 덮고 있었다. 유하의 무덤은 2,000년 전 한나 라가 놀라울 만큼 부유했다는 증거이기도 하다.

화려한 유구와 유물을 가진 시황릉은 미래의 중국 고고학자 들이 직면할 커다란 도전이다. 리모트센싱, DNA, 동위원소 분석

(뼈를 분석하여 살아 있는 동안 식단의 변화를 알 수 있다) 등과 같은 세련된 과학적 방법이 개발되면서 점점 짐을 덜 수 있을 것이다. 고고학자들은 장기간의 공동 프로젝트가 필요하며, 국내의 엄청난 관광 수요와 함께 발견과 보존이 병행되어야 함도 잘 알고 있다.

우리는 앞으로 훌륭한 고고학 조사가 중국에서 벌어질 것이라고 확신할 수 있다. 그리고 놀라운 발견이 우리를 기다리고 있는 것도 확실하다.

CHAPTER 32

수중고고학

　고고학자 조지 배스George Bass(1932~)는 그리스 본토의 미케네 문명 전문가다. 그러면서 수중고고학에서 세계적 권위자이기도 하다. 배스가 수중고고학자가 된 것은 우연이었다. 펜실베이니아 대학의 대학원 재학 시절, 대학 박물관은 터키 서남부 케이프 겔리도냐Cape Gelidonya의 바다에 가라앉은 난파선 발굴을 이끌 사람이 필요했다. 박물관은 배스를 선택했다. 박물관은 다이빙에 대해서 아무것도 몰랐던 배스를 지역의 청소년 클럽에 보내 스쿠버 다이빙 훈련을 받도록 했다. 결과적으로 탁월한 선택이었다.

　1954년 터키의 잠수부 케말 아라스Kemal Aras는 겔리도냐 곶 근처의 바닷속에서 청동 유물 꾸러미를 보았다. 선저가 바위에 찢겨나간 것임에 틀림없었다. 배가 침몰할 때 거의 27미터 깊이에서 불규칙한 선을 그리면서 유물이 쏟아졌다. 여기에 1959년 해안을 따라 고대 침몰선을 목록화한 적이 있는 미국의 기자이 자 아마추어 고고학자인 피터 스락모턴Peter Throckmorton이 끼어들 었다. 스락모턴은 난파선이 아주 오래된 것임을 알아보고 박물 관에 학술발굴조사단을 구성할 것을 제안했다. 이렇게 깊은 바 다에서 발굴하는 것은 사상 처음이었다. 그리하여 수중고고학이 탄생했다.

무엇보다도 조지 배스는 고고학자였다. 난파선을 확인하자 마자 땅 위에서의 발굴과 같은 방식으로 유물을 수습해야 한다고 주장했다. 배스는 무역선이 상품을 운반하는 도중이었음을 지적 했다. 이는 고대 교역로에 대한 중요한 정보가 될 수 있다는 것이 었다. 배는 침몰하면서 화물과 함께 바다 밑에 가라앉아 몇백 년 뒤에 발견되었다. 그동안 난파선을 건드린 사람은 아무도 없었 다. 그러므로 땅 위에 있는 다른 야영지나 고대 도시처럼 지속적 으로 이동하고 재건축되고, 훗날의 온갖 인간 활동으로 교란되는 여느 고고학 유적과는 달랐다. 그렇게 깊은 수중에 있는 유적은 잠수부들만 접근할 수 있다. 다른 보통의 유적은 수중 난파선과 같은 식으로 '밀봉'되어 있지 않다.

케이프 겔리도냐의 난파선은 바위로 이루어진 황량한 바다 에 가라앉아 있었다. 배스와 잠수부들은 먼저 난파선의 사진을 찍었다. 실측 자료나 유물의 위치를 종이에 옮길 수 없었기에 수 중에서도 쓸 수 있는 반투명 플라스틱판과 연필을 이용했다. 화 물 자체는 구리와 청동, 여러 물건으로 이루어져 바닥에 서로 엉켜 붙어 있었다. 배스는 자동차를 들어 올리는 기구를 사용하는 수밖에 없었다. 그런 다음 발굴자들이 물 밖에서 얽힌 화물들을 서로 떼어냈다.

화물은 아주 귀중한 자료였다. 상당 부분은 키프로스까지 원산지를 추적할 수 있는 구리덩이였다. 그리고 청동 무기를 만드는 데 쓰이는 주석이 있었다. 이런 금속은 당시 매우 귀한 것이어서 청동(폐품) 조각들을 묶어 고리버들로 만든 바구니 안에 담아놓기도 했다. 난파선의 많은 유물은 시리아와 팔레스타인에서 온 것이었다. 배스는 교역선이 키프로스까지 가서 구리와 폐금속 자재를 싣고 에게 해로 가는 길이었으리라 추측했다. 그런데 언제 배가 가라앉았을까? 채색토기의 편년과 방사성탄소연대측정에 따르면 화물은 대략 서기전 1200년 이전으로 추정되었다. 배는 청동기시대 말에 가라앉았던 것이다.

배스는 이렇게 비교적 분명했던 케이프 겔리도냐의 난파선 조사를 마친 후 1967년 터키 서부의 섬 야시아다Yassiada 근처에 가라앉은 비잔틴 선박의 조사를 맡았다. 그 난파선은 사실상 흙으로 만든 큰 저장 항아리 더미로 이루어져 있었다. 배스는 사진을 찍기 위해 수중에 탑 두 개를 세웠다. 고고학자들은 마치 땅 위에서 발굴할 때 그러하듯이 유적 위에 그리드grid*를 설치했다. 잠수부들은 그리드 위에서 모든 유물의 위치를 기록한 다음 건져 올렸다. 그리고 커다란 호스를 동원하여 해저의 진흙과 조개껍데

---

* 발굴 작업 때 흔히 쓰이는 격자 모양의 구획.

기 등을 제거했다.

이번엔 동전을 근거로 난파선이 서기 7세기 전반의 것임을 파악했다. 뱃머리와 선미의 중간에 있는, 타일로 덮은 부엌 공간을 연구할 수 있을 정도로 선체가 온전히 남아 있었다. 타일로 덮은 난로도 있고, 테이블과 조리 도구도 여전히 그대로였다.

철제 유물은 모래와 조개더미 안에서 부식되어 유적에 흩어져 있었다. 조사단의 일원인 마이클 카체브Michael Katzev는 그 더미를 톱으로 잘라 합성고무로 틀을 만들어 집어넣었다. 그리고 그 틀을 깨서 양쪽에 날을 가진 도끼와 목공구, 선박의 틈을 메워 물이 새지 않도록 하는 도구 등을 찾았다.

수중고고학적 발굴은 물 밖에서 진행하는 발굴보다 시간이 더 걸린다. 야시아다의 난파선을 조사하는 데는 잠수부 3,575명이 필요했다. 배의 목재는 가벼워서 잠수부들이 직접 모래흙을 떼어내고 자전거 바퀴살을 이용해 각각을 바닥에 고정한 다음 실측과 기록을 해야 했다. 그러지 않으면 부서지기 쉬운 나무가 물살에 떠내려갈 수도 있기 때문이었다. 조사단의 일원인 프레더릭 반 도어닉Frederick van Doorninck은 나뭇조각 하나하나를 맞물린 구멍까지 기록해 21미터 크기의 배를 실측했다. 무사히 실측하긴 했지만, 뱃머리와 선미는 상당히 훼손된 상태였다.

야시아다 발굴은 모든 난파선 연구에 쓰일 기본적인 방법을 제시해주었다. 발굴법은 1967~1969년 카체브의 발굴에서 더욱 발전했다. 카체브는 키프로스 북부의 키레니아Kyrenia 인근에서 서기전 4세기의 평범한 그리스 배를 발굴했다. 길이가 거의 15미터에 이르는 무역선은 왼쪽 옆으로 누워 있다가 훗날 갈라졌다. 다행히도 선체 목재 중 4분의 3 정도는 살아남았다.

이 배는 힘든 일을 많이 겪었다. 닳아 있는데다 몇 차례에 걸쳐 수리한 흔적도 있었다. 화물은 그리 화려한 것이 아니었다. 올리브유와 와인이 담긴 암포라(고대 그리스의 목이 달린 항아리)와 아몬드, 그리고 맷돌 등 35톤가량이 실려 있었다. 배는 에게 해와 지중해 동부 키프로스 사이의 항구와 항구를 옮겨 다녔을 것이었다. 그러나 키레니아의 배는 부유한 왕의 화물이 발견되어서가 아니라 일반인이 일상적으로 바다에서 했던 일을 알려주는 자료이기에 중요한 발견이었다.

키레니아 발굴은 일상용품을 운반하던 평범한 배의 모습을 알려주었다. 그런데 그보다 훨씬 더 귀한 화물을 싣고 바다에 가라앉아 있는 배들이 있었다. 서기전 1305년에 터키 남부의 울루부룬Uluburun에서 짐을 가득 싣고 벼랑에 부딪혀 침몰한 배가 그러하다. 배가 왜 가라앉았는지는 정확히 알 수 없다. 갑자기 폭풍우가 닥쳐 바위에 부딪혔을 수도 있다. 선원들은 바다로 뛰어들어 파도 속에서 목숨을 잃었을 것이고, 화물선은 바다 아래 45미터에 가라앉았다.

약 3,300년 뒤 사키르Mehmet Çakir라는 해면 채취 잠수부가 울루부룬 절벽 근처의 바닥에서 '귀가 달린' 금속 물체를 보았다고 선장에게 알렸다. 몇 년 동안 수중고고학자들은 그 지역의 항구에서 고대의 난파선이 어떻게 생겼는지 그림을 보여주면서 강의를 했다. 지역의 잠수부들이 우연히 그런 배를 찾을 수 있다고 생각한 것이었다. 다행히 이 선장도 그런 강의를 들은 적이 있었으며, 귀가 달린 물체가 동괴일 수 있음을 알고 있었다. 그래서 발견 신고를 했고 1982년 전문 잠수부들이 난파선을 찾아 청동기시대의 배임을 확인했던 것이다.

수중고고학 연구에서 유명한 기관인 텍사스 A&M 대학의 시멀 펄락Cemal Pulak과 돈 프레이Don Frey가 1996년에 이 유적을 조사했다. 조사단은 가파른 경사면의 9미터 아래에서 키프로스에서 온 큰 저장 항아리들과 함께 동괴가 교란되지 않은 채 쌓여 있음을 확인했다. 배스는 울루부룬의 배를 고고학자의 꿈이라고 불렀다. 풍부한 화물 때문이 아니라 여러 곳에서 온 이국적인 상품이 타임캡슐처럼 봉인되어 있었기 때문이다. 그리고 그보다 더 중요한 것은 배가 시리아, 키프로스, 터키, 크레타와 그리스 본토를 잇는, 잘 알려지지 않은 교역로의 존재를 알려주었다는 사실이었다.

이 배는 지중해 동부라는 유력한 교역로를 두고 경쟁이 치열했던 시기에 가라앉았다. 남쪽으로 이집트는 눈부신 문명이 강력했던 절정을 누린 시대였다. 북쪽으로는 전문 교역자이자 전사인 히타이트인이 있었다. 서쪽으로는 크레타의 궁전과 본토의 미케네 왕들이 올리브유와 와인 등의 상품을 에게 해 섬들과 교역했다. 무역선 수백 척이 지중해 동부 해안과 항구를 드나들었다.

길이가 15미터인 울루부룬의 배가 그리 특이한 것은 아니었다. 짧은 돛대와 네모난 돛은 많은 배가 정박해 있는 부두에서 그리 눈에 띄지 않았을 것이다. 가까이 가서 봐야만 동괴 수십 개를 신고 있음을 알아차렸을 것이다. 이처럼 배스와 펄락이 왕의 화물선이 아닌가 의심할 정도로 화물 자체는 예외적이었다.

조사단은 수년에 걸친 아주 복잡한 조사에 들어갔다. 난파선이 가라앉은 지점은 문제가 심각했다. 잠수부는 바다 바닥에서 제한된 시간 동안만 머물 수 있었으며, 수면으로 올라올 때는 잠수병을 막기 위해 도중에 순수한 산소를 마셔야 했다. 1984년에서 1992년 사이 잠수부 1만 8,686명이 무려 6,000시간 동안 발굴작업을 했으며 그 뒤에도 2년간 더 발굴했다.

울루부룬 발굴은 고도의 팀워크가 필요한 일이었다. 땅 위에서의 발굴보다 훨씬 더 긴밀히 협력해야 했다. 배스는 1개월간의 수중 조사에 필요한 실험실 분석은 땅 위에서 1년간 이루어진 발굴의 경우와 동등할 것이라고 추산했다. 잠수부들이 난파선의 단면도와 동괴가 열을 지어 쌓인 상황을 실측하면서 발굴이 시작되었다. 선체의 만곡도를 복원하려면 각 동괴를 측정하는 일이 필수적이었다. 돌로 만든 닻 같은 큰 유물의 위치를 기록하기 위해 위치 추적 시스템을 손에 들고 사용했다.

울루부룬의 배는 청동 모자와 흉갑 300개를 만들기에 충분한 구리와 주석을 싣고 있었다. 배의 선반에는 무기 6,000점이 있었는데, 보병 연대 하나를 구성하기에 충분한 양이었다. 하버드와 옥스퍼드 대학의 화학 및 금속 전문가들은 3,500년 전에 주요 구리 광산이었던 키프로스 북부에서 온 동괴와 동일한 독특한 화학 성분을 확인했다. 청동을 만드는 데 필수적인 주석의 산지를 밝히기는 훨씬 더 어렵지만, 아마도 터키 중부나 아프가니스탄에서 온 것으로 생각된다. 납은 그리스와 터키에서 온 것이다.

울루부룬의 금속 유물은 주로 난파선의 동쪽에서 수습했다. 커다란 저장 항아리에는 키프로스의 토기를 넣어 운반하고 있었다. 목이 긴 암포라는 훨씬 더 동쪽의 시리아와 팔레스타인 해안에서 온 것이었다. 에게 해 지방의 미노스와 미케네에서 만들어진 커다란 항아리 안에 넣어 운반된 물품도 있었다. 이집트에서는 신성한 딱정벌레 장식품인 스카라브와 상형문자가 새겨진 석판을 가져왔다. 설형문자가 새겨진, 흙이나 돌로 만든 작은 원통 인장은 시리아 북부의 우가리트Ugarit라는 무역도시에서 온 것일 수 있다.

울루부룬의 배는 시리아의 가나안 항구에서 키프로스까지 이전에 수없이 했듯이 둥그런 항로를 따라 서쪽으로 항해했을 가능성이 높다. 배는 서쪽 멀리 사르디니아Sardinia까지 가서 지중해를 건너 북아프리카 해안과 나일 강으로 돌아왔을 것이다. 이집트에서는 투탕카멘의 무덤에서 나온 침대와 의자, 간이의자를 만드는 데 쓰였던 귀한 흑색 나무와 똑같은 흑단을 짧은 통나무로 싣는 이국적 상품을 입수했다.

투탕카멘의 어머니인 이집트 왕비 네페르티티Nefertiti의 이름이 새겨진 스카라브를 포함한 금으로 만든 유물, 발트 해안에서 가져온 호박 구슬, 글씨 쓰는 판까지도 모두 난파선에서 수습되었다. 이런 유물로 판단하건대, 이 무거운 선박에는 여러 나라의 선원이 타고 있었을 것이다. 어설픈 배였지만, 커다란 돛을 달아 바람을 따라 항해할 수 있었다. 이 배는 돌로 만든 24개의 닻을 가지고 다니며 순풍을 만날 때까지 며칠 동안 정박할 수 있었다. 또한 갑판을 단단히 묶어 화물과 선원을 보호했다.

　울루부룬의 난파선 발굴은 수중고고학이 필요로 하는, 체계적으로 조직된 팀워크의 좋은 사례다. 배는 적어도 여덟 개 지점에서 온 화물을 운반하고 있었다. 최신의 과학기술을 활용한 분석과 세심한 보존 및 발굴로 약 3,000년 전에 있었던 국제무역로의 일단을 알 수 있었다. 같은 방법을 사용하여 예기치 못하게 아메리카 대륙에 들어온 유럽인들의 모습도 볼 수 있었다.

CHAPTER 33

아메리카에 들어온 유럽인을 만나다

'과거는 이국적인 것이어서 거기서 사람들은 다른 일을 한다.'* 그래서 과거의 사람들을 이해하려면 시간탐정가가 될 필요가 있다. 아이버 노엘 흄 Ivor Noël Hume(1927~2017)이 딱 그런 사람이었다. 노엘 흄은 미국에서 역사고고학이라 불리는 영역, 곧 문헌사학과 고고학을 합쳐 연구한 첫 고고학자 중 한 명이었다. 훌륭한 발굴가임은 말할 것도 없고, 발견물에 대한 지식을 얻기 위해 작은 역사 자료에서 실마리를 찾으려고 끊임없이 노력했다. 즐거움을 주는 작가이기도 해서 고고학부터 역사학까지 모든 이가 즐길 수 있도록 했다.

---

* 레슬리 하틀리 L. P. Hartley의 소설 『사랑의 메신저 The Go-Between』에 나오는 글귀다.

영국에서 태어난 노엘 흄은 1949년부터 런던의 길드홀 박물관Guildhall Museum(지금의 런던 박물관)에서 일했다. 그리고 런던에서 폭탄에 맞아 훼손된 건물 유적을 조사하며 어렵게 고고학을 공부했다. 인구가 많았던 역사 도시의 건축과 재건축 층의 시기를 아는데 방사성탄소연대측정은 아무런 소용이 없었다. 그래서 노엘 흄은 스스로 17세기와 18세기의 그릇과 와인병을 공부했다. 그렇게하여 이 분야의 전문가가 되었다. 마침내 1957년 버지니아의 콜로니얼 윌리엄스버그Colonial Williamsburg에 있는 생활사박물관의 역사가들은 유리와 토기를 연구하도록 그를 초빙했다. 그 뒤 30년동안 윌리엄스버그의 고고학 프로그램을 이끌었다.

역사 기록은 불완전하다. 1607년 배를 타고 버지니아에 도착한 정착민들에 대한 정보는 별로 알려진 바가 없다. 당시 거주했던 집이라곤 흔히 임시로 나무에 지붕을 얹은 것이어서 버리고떠난 뒤에는 빠르게 무너지고 결국 사라지고 말았다. 첫 정착지는 체서피크 베이Chesapeake Bay의 제임스타운Jamestown이었다. 이곳은 1698년까지 버지니아의 주도였으며, 그 후 가까운 농장 윌리엄스버그Williamsburg가 81년 동안 정부의 중심지가 되었다. 주정부는 1780년에 리치먼드로 이전했다. 이후 윌리엄스버그는 점점 외딴곳이 되었고 결국 사라졌다. 18세기 당시의 소도시는 1926년이 되면 거의 소멸되었다. 훗날 콜로니얼 윌리엄스버그라 불리는복원 사업이 시작되었다. 사업은 오늘날에도 계속되고 있지만,건축가들은 역사 기록뿐 아니라 고고학에 크게 의지하면서 일하고 있다. 눈에 보이지 않지만 귀중한 자료가 땅속에 있음을 깨달은 것이다.

노엘 흄에게 콜로니얼 윌리엄스버그는 완벽한 장소였다. 이전의 조사는 전적으로 건축에 집중되어 있었지만, 노엘 흄은 다른 시각으로 접근했다. 역사적으로 주목받은 사실에서 벗어나 이곳에 살았던 보통 사람들의 삶을 찾으려 했던 것이다. 노엘 흄은 솔직하면서도 완벽주의 기질을 가지고 있었다. 탐정가의 재능과 함께 자기와 유리에 관해 박학다식한 사람이었다. 그런 재능과 지식을 결합하여 이야기꾼으로서 역사고고학에 접근하고자 했다. 그리고 고고학적으로 믿기 어려운 마술 같은 결과를 얻었다.

노엘 흄의 첫 발굴 중 하나는 웨더번스 태번Wetherburn's Tavern이었다. 이곳에서 이미 최첨단이었던 기술을 더욱 발전시켰다. 건축가들은 건물의 평면도를 알고 있었지만, 고고학만이 그 여관 안에서 벌어진 삶을 밝힐 수 있었다. 20만 점이나 되는 유물이 수습되었고, 체리를 채운 와인병 47개가 묻혀 있었다. 12미터 깊이의 우물에서는 동전 같은 유물도 나왔다. 술집에서 벌어진 삶이 드러나기 시작했다.

노엘 흄은 진열장을 갖춘 가게와 집들을 발굴했으며, 역시 결과는 성공적이었다. 정신질환자를 수용했으며, 1885년에 화재로 소실된 이스턴스테이트 병원Eastern State Hospital 역시 발굴했다. 병원은 이제 박물관이 되었다.

제임스 강을 따라 있는 마틴스 헌드레드Martin's Hundred 농장의 일부였던 월스텐홈 타운Wolstenholme Towne에서는 다른 문제가 있었다. 1619년에 시작된 이 작은 식민 시대의 마을은 윌리엄스버그에서 불과 11킬로미터 떨어져 있었다. 정착민은 요새를 만들고 원주민과 스페인 해적에 대응하기 위해 낮은 망루와 목책을 세웠다. 1622년 3월 22일, 지역의 포와탄Powhatan 인디언이 공격해 마을에 불을 질렀다. 생존자들은 불탄 집을 버리고 떠났다. 이곳에 돌아온 사람은 없었으며, 곧 잊히고 말았다.

　조사가 시작되었을 때 역사 기록에서는 아주 기본적인 사실만 알 수 있었다. 법정 기록과 런던버지니아라는 증권회사Virginia Company of London*의 장부에는 별로 중요하지 않은 정착지에 대한 이야기만 남아 있었다. 고고학만이 건물과 주민의 삶을 복원할 수 있었다. 월스텐홈은 바다에 가라앉은 난파선처럼 과거의 한순간에 멈춘 하나의 스냅사진이었다. 노엘 흄은 콜로니얼 윌리엄스버그 발굴 후에 아주 작은 유물에서 역사적 실마리를 찾는 데 일가견이 있었다. 그 점은 월스텐홈에서 더욱 빛났다.

　노엘 흄과 아내 오드리Audrey는 5년에 걸쳐 월스텐홈을 발굴했다. 1976년에 시작해 무덤과 기둥구멍, 쓰레기 구덩이로 얽힌 수수께끼를 풀었다. 유적은 얕았기에 비교적 쉽게 전체 취락을 찾을 수 있었다. 땅 아래에 묻힌 기둥구멍으로 문이 두 개 있는 요새의 윤곽을 추적했다. 망루의 기초는 사각형이었다. 발사대는 서남부 쪽을 지키고 있었다.

　정착민은 내부에서 우물을 팠다. 상점 하나와 집도 확인되었다. 남쪽에는 런던버지니아 회사가 연못, 헛간, 나무로 만든 롱하

---

* 제임스 1세가 버지니아 식민지 통치를 위해 세운 회사다.

우스와 함께 또 다른 목책 뒤에 있었다. 지하 저장고처럼 생겼지만, 그 위에 집의 흔적은 없었다. 처음에 노엘 흄은 당황했다. 그렇지만 발굴이 진행되면서 뉴암스테르담(현재의 뉴욕)에서 쓰인 뉴잉글랜드의 초기 정착민의 집에 대한 서술을 알게 되었다. 집은 땅을 파고 들어간 수혈주거지로, 땅 위에서 지붕을 지탱하는 구조였다. 사람들은 여유가 생기자 땅 위로 올라가 좀 더 오늘날에 가까운 집을 지었다. 그가 그런 집을 발견한 것이었다.

그렇다면 땅을 파서 만든 수혈주거지에서는 누가 살았을까? 발굴에서는 기초 근처에서 비틀어진 짧은 길이의 금이 나왔는데, 주로 신사들과 군대 장교들이 차고 다녔던 장식품의 형태였다. 1621년 버지니아 주에서는 정부 의회의원과 농장주를 제외한 그 누구도 옷에 금을 착용하지 못하는 법이 통과되었다. 마틴스 헌드레드라는 농장의 대표는 마틴 하우드Martin Harwood였는데, 법을 통과시킨 사람 중 한 명이었다. 유물이 그 사람의 옷에서 나왔을까? 유적에서 나온 또 하나의 유물인 포탄은 그 생각을 더욱 설득력 있게 뒷받침한다. 다시 한 번 기록에서 실마리를 얻는다. 하우드는 마틴스 헌드레드에서 대포를 가질 수 있는 유일한 사람이었다.

노엘 흄은 무덤도 발견했다. 무덤 가운데는 공격에서 희생된 사람들도 있었다. 영국의 잔인한 살인을 조사했던 병리학자에 따르면 마틴스 헌드레드 농장에서 나온 두개골 중에는 현대에 와서 아내에게 정원용 삽으로 살해당한 남편의 두개골에서 보이는 것과 동일한 흔적이 나왔다고 한다.

고고학자 윌리엄 켈소William Kelso(1941~)는 노엘 흄으로부터 발굴을 배웠다. 켈소는 몬티첼로Monticello에 있는 토머스 제퍼슨Thomas Jefferson의 농장에서 행한 노예 숙소 조사로 유명해졌다. 1994년 버지니아 주의 유적보호국은 켈소에게 버지니아 최초의 유럽인 정착지였던 제임스타운 섬을 발굴할 것을 요청했다. 켈소는 1607년부터 1624년까지 사용되었던 원래의 제임스포트James Fort를 찾고자 했다.

런던버지니아 회사의 배 세 척은 1607년 4월에 첫 영국인 정착자들을 체서피크 베이에 내려주었다. 새로 들어온 사람들은 80킬로미터 상류의 습지 반도에 요새를 만들었다. 모든 역사가는 이 정착민들이 열병과 적대적이었던 인디언, 그리고 굶주림에 죽고 말았다고 생각했다. 금을 찾으러 왔지만, 실패하고 말았다는 것이다. 원래 그 요새는 삼각형 구조였는데, 많은 사람은 강에 잠기고 말았다고 생각했다. 켈소는 그 생각이 잘못임을 증명했다.

2003년까지 켈소와 조사단은 요새의 윤곽을 확인했다. 그런데 한쪽 모서리만 강에 침식되었을 뿐이었다. 이후 켈소는 요새 안에서 집 몇 채를 발굴했으며, 유물 수천 점과 주민의 인골 몇 구를 수습했다. 인디언은 1608년에 이곳을 공격했다. 두 명의 희생자—어른 한 명과 열다섯 살 소년—가 말뚝 울타리 밖의 얕은 무덤에 누여 있었다.

켈소는 재앙으로 시작했을 취락에 대한 많은 세부 사항을 알아냈다. 역사가들은 늘 정착민이 가난했으리라 생각해왔다. 그러

고고학의 역사

나 고고학자들이 꼭 그렇지만은 않았음을 밝혔다. 작살과 무기, 목공구, 그리고 유리 제작의 흔적도 나왔는데, 독일의 장인이 제임스타운에 들어와 런던에서 되팔 유리그릇을 만들었음이 분명해 보였다.

어떤 건물의 지하 저장고에는 1610년에 새로 임명된 주지사의 명령으로 폐기물을 가득 채운 것이 확인되었다. 저장고에는 놀라울 만큼 많은 아메리카 원주민의 화살촉과 토기가 들어 있었다. 이는 그 지역의 포와탄 인디언과 정착민 사이에 평화로운 접촉이 있었음을 가리키는 것일 수 있다. 다만 그런 평화로운 접촉은 오래가지 못했다.

1608년 제임스타운은 어려움에 빠졌다. 세 번의 식물 성장기를 거치고도 정착민은 굶주렸다. 그렇다면 이 굶주림이 원인이었을까? 켈소와 동료 연구자들은 그렇지 않다고 생각했다. 1998년에 이루어진 그 지역의 사이프러스 나무에 대한 나이테 연구 결과 1606년에서 1612년 사이에 나무의 성장이 크게 둔화했음을 알게 되었다. 이때는 정착민이 막 도착했을 때였다. 800년 만에 예상치 못한 최악의 가뭄이 찾아왔다. 가뭄으로 물이 마르고 인디언과 정착민 모두가 의지했던 곡물도 큰 타격을 받았다. 식량 부족이 두 진영 간의 전쟁을 유발했을 수 있는 것이다. 확실히 가뭄이 잦아들자 관계도 좋아졌다.

윌리엄 켈소의 발견은 제임스타운의 역사를 다시 썼다. 과거에는 게으른 정착민으로 생각되기도 했지만, 사실상 마을을 송두리째 파괴할 만큼 잔혹한 가뭄에 직면해 고된 노동을 했던 사람들이었음이 밝혀졌다. 물론 제임스타운에도 게으른 신사들이 있었겠지만, 그런 이들은 소수였을 것이다. 이곳 삶이 누구에게나 쉬운 것은 아니었다. 가난한 정착민 72명이 요새의 서쪽, 별다른 치장도 없는 소박한 무덤에 묻혔다.

2010년 켈소는 일련의 커다란 기둥구멍을 발견하면서 획기적인 고고학적 성과를 거두었다. 기둥구멍은 식민지의 첫 교회 유적이었다. 이 사각형 건물의 동쪽 끝, 교회에서 가장 신성한 제단 가까운 곳에 무덤 네 개가 있었다. 인골의 상태가 좋지 않아서 네 사람이 어떻게 죽었는지는 잘 알 수 없었다. 다만 열병이나 굶주림이었을 가능성이 높았다.

무덤 하나에는 은으로 장식된 비단 띠가 있었고, 다른 곳에서는 군대 참모와 작은 은으로 된 상자가 나왔다. 부서질 것 같아서 엑스선 장비를 사용해 조사했는데, 상자 안에서 작은 납 캡슐과 뼛조각이 확인되었다. 개신교가 아니라 가톨릭에서 쓰이는 성유해함으로, 성스런 유품을 담는 것이었다. 그런데 제임스타운은 개신교도 정착 마을이어서 가톨릭교도는 별로 없었다.

스미스소니언 연구소의 더글러스 오슬리Douglas Owsley가 뼛조각을 연구했다. 뼈에는 납 성분이 다량 확인되었다. 이는 아마도 당시 사람들이 납으로 윤을 내거나 백랍 그릇으로 먹고 마셨기 때문인 듯했다(당시 백랍, 즉 땜납은 주석과 납의 합금이었으며 사람에게 유독성이 있다). 뼈에는 질소 함량도 많았으며, 죽은 사람이 대부분의 정착민들보다 좋은 식사를 했음을 알 수 있었다. 무덤 하나는 식민지의 첫 목사였던 로버트 헌트Robert Hunt의 것이었다. 페르디난도 웨인

먼Sir Ferdinando Wainman은 아주 강한 허벅지 뼈를 가진 말 타는 기수였다. 웨인먼은 포와 말을 담당했다. 윌리엄 웨스트William West 대위는 신사였으며, 인디언과 싸우다 스물네 살에 죽었다. 은으로 장식된 비단 띠를 두른 사람이었다. 마지막으로 가브리엘 아처Gabriel Archer 대위는 가톨릭교도였으며, 유해함이 나온 무덤의 주인이었다.

우리는 고고학과 생물학 연구를 바탕으로 북아메리카의 첫 영국인 정착민을 알 수 있다. 켈소와 노엘 흄이 탐정이 되어 미국과 유럽의 역사 기록에 트렌치와 실험실에서 얻은 자료를 결합한 결과 잘 알려지지 않은 버지니아 정착민의 삶이 빛을 보았다. 그런 연구에 필요한 지식의 폭은 발굴에 필요한 지식의 폭보다 더 넓다. 예를 들어 요새 안의 건물 몇 채는 영국 동부의 건축 양식을 따르고 있다. 왜일까? 제임스타운에 정착한 최초의 사람들 중에는 링컨셔Lincolnshire에서 온 목사 윌리엄 랙스턴William Laxton이 있었기 때문이다. 고고학과 역사, 과학의 도움으로 우리는 마치 초기 정착민을 지켜보는 듯하다. 이제 훌륭한 유적박물관이 세워져 고고학과 발굴품을 바탕으로 정착민에 대한 매력적인 이야기를 풀어내고 있다.

제임스타운과 월스텐홈 타운에서 버지니아의 초기 정착민의 과거는 생생하게 되살아났다. 고고학자들은 이곳에서 각자의 방식으로 그들의 역사를 써내려간 주인공이었던 사람들을 연구한다. 고고학의 기준에서 보면 그 시간대는 짧은 것이어서, 그림을 메우기 위해서 문헌 기록을 이용할 수 있다.

그보다 훨씬 이른 시기의 개인을 연구하는 일은 사뭇 다르다. 특히 일반인인 경우에 그러하다. 고고학과 현대의 의학이 결합하여 3,000년 전에 살았던 사람들의 삶을 연구하는 사례는 드물다. 그런데 그런 일이 알프스에서 선사시대 사람이 발견되었을 때 실제로 일어났다.

CHAPTER 34

아이스맨과 인골 분석

1991년 9월 독일의 등반가 헬무트 지몬Helmut Simon과 아내 에리카Erika는 이탈리아와 오스트리아의 경계에 있는 하우슬라브요크Hauslabjoch 근처 알프스 산의 약 3,210미터 높이의 골짜기를 지나고 있었다. 부부는 얼음과 녹은 물웅덩이에서 튀어나와 있는 무언가를 보았다. 자세히 보니 사람의 머리와 등, 어깨였으며 얼굴은 물에 처박혀 있었다.

애초에 경찰은 이를 등반 사고의 희생자로 여겼다. 그래서 시신은 지역 검시관(죽음의 원인을 확인하는 사람)의 해부용 탁자 위에서 '시신 91/619'라고 불렸다. 그러나 검시관은 곧 시신이 너무 오래된 것임을 알고 고고학자를 불렀다. 새로이 내린 눈으로 덮인 현장에서 발굴 조사가 시작되었다. 조사자들은 스팀을 불어넣고 헤어드라이어를 사용해 풀로 만들어진 망토와 잎, 풀 무더기, 나뭇조각 등을 수습했다. 짧은 발굴이 끝나면서 복원팀은 이 희생자를 '아이스맨 외치Ötzi the Ice Man'라 이름 붙였다. 그의 도끼와 활, 배낭은 절벽의 튀어나온 부분에 올려져 있었다. 아이스맨은 왼쪽 옆으로 누웠고, 머리는 돌덩어리 위에 있었다. 편안하게 놓인 팔다리를 보면 지친 남자가 잠을 자러 왔다가 몇 시간 만에 그만 얼어 죽고 말았다고 생각할 수도 있었다. 외치는 마치 쇠고기 살덩어리처럼 아주 차가운 저장고 안에서 그대로 보존되었다.

이제부터 복잡한 탐정 이야기가 펼쳐진다. 전문가들이 시신을 방사성탄소연대측정을 한 결과 서기전 3350년에서 서기전 3150년 사이 유럽의 신석기시대 말~청동기시대 초의 연대*로 밝혀졌다. 키가 160센티미터쯤 되는 남자로 약 5,000년 전 죽을 때의 나이는 마흔일곱 살 정도였다고 한다. 외치는 자급자족하는 사람이었고, 생애의 마지막 날들을 이동하며 보냈다. 나무 뼈대의 가죽 배낭을 짊어지고, 플린트로 만든 칼과 나무 자루가 달린 구리 날 도끼를 휴대하고 있었다. 긴 활은 주목으로 만들었고, 노루 가죽으로 만든 화살통에 14개의 화살이 들어 있었다. 불을 피우는 데 필요한 마른 버섯과 황철석, 그리고 여분의 화살을 지니고 있었다.

이 사람의 옷은 산악 지형에 잘 맞게 만들어졌다. 양가죽 살바를 가죽 허리띠로 조여 입었다. 그리고 염소 가죽 레깅스를 허

---

* 원서에는 청동기시대 초라고 서술되어 있는데, 정확히 말하자면 순동시대Chalcolithic, Copper Age 또는 신석기시대 최말기이다.

리띠에 고정시켰다. 외투는 여러 동물의 검은색과 갈색 가죽을 교대로 기워 견고하게 만들었다. 외투 위에는 풀을 짜 만든 망토를 걸쳤다. 19세기까지도 알프스 산맥에서는 그렇게 입었다고 한다. 또한 곰 가죽으로 만든 모자를 쓰고 턱 아래에 묶어 머리를 따뜻하게 했다. 곰 가죽과 사슴 가죽으로 만든 신발에 풀을 집어넣어 발을 보호했으며, 양말을 묶어 풀이 그 자리에서 움직이지 않도록 했다.

키와 나이를 추산하는 일이 뒤따랐다. 그런데 외치는 어디에서 살았을까? 연구팀은 뼈와 장, 치아를 분석하여 그 의문에 답하고자 했다. 치아 에나멜은 이가 나면서 고정된다. 그래서 연구자가 분석한 치아에는 외치가 세 살부터 다섯 살 사이에 먹었던 음식에 들어 있는 화학 성분의 흔적이 남아 있었다. 뼈는 10년에서 20년 주기로 광물성분재보급鑛物成分再補給, 곧 재생된다. 그래서 연구팀은 아이스맨이 어른이 되어 살았던 곳에 대한 정보를 얻었다.

아이스맨은 티롤Tyrol* 남부의 수많은 강 계곡 중 한 곳에서 태어났다. 가장 그럴듯한 후보지는 산맥의 북쪽 아이삭 계곡Eisack Valley이었다. 외치의 뼈를 화학 분석한 결과 어른이 되어 고산지대에 살았음이 드러났다. 과학자들은 외치의 장에서 아주 작은 운모 조각을 찾았고, 그 광물이 음식을 준비하는 데 쓰인 갈돌에서 나온 것이라고 생각했다. 이 아주 작은 광물 알갱이에 대한 포타슘-아르곤 연대측정('챕터 27' 참조) 결과 아이삭 계곡 서쪽에 위치한

* 오스트리아 서부의 인스부르크 근처, 알프스 산맥 북쪽 계곡이다.

빈슈고Vinschgau의 운모 형성층에 속하는 것으로 밝혀졌다. 이로써 외치의 생애가 밝혀졌다. 외치는 어린 시절 내내 저지대에서 지냈으며, 그다음에는 가까운 고산지대에서 살았다. 태어난 곳에서 60킬로미터 이상 벗어나지 않았던 것이다.

아이스맨의 시신에는 의학 정보도 풍부히 담겨 있었다. 뼈 분석에 따르면 외치는 9·15·16세 때 영양실조를 앓았다. 장에서는 편충 알이 나왔는데, 이로 보아 편충 탓에 장내 기생충 문제로 고생했음을 알 수 있다. 옷에서 벼룩 두 마리도 검출되었다. 집 안에서 불을 피우다 보니 연기를 흡입하여 외치의 폐는 오늘날 담배를 많이 피운 사람의 폐처럼 검었다. 손과 손톱은 뭉개져 있고 상처가 있었으며, 끊임없는 노동으로 인해 갈라져 있었다. 외치의 위는 비어 있었는데, 아마도 죽음에 이르렀을 때 배고픔에 허약해져 있었을 것이다.

이처럼 우리는 마치 생존했을 때의 외치를 대면하고 있는 듯 많은 정보를 알고 있다. 그런데 외치는 도대체 높은 산에서 무엇을 하고 있었으며, 어떻게 죽었을까? 원래 연구자들은 외치가 평화롭게, 아마도 나쁜 날씨 탓에 죽었을 거라고 생각했다. 그러나 외치의 왼쪽 어깨에 박혀 있는 화살촉을 발견하고는 생각을 바꾸었다. 손 하나에는 단검으로 베인 상처도 있었다. 마치 가까운 곳에서 싸움을 벌이다 생긴 상처인 듯했다. 여기서 DNA 분석도 한몫을 했다. DNA 표본에 따르면 외치는 적어도 네 명과 싸웠다. 그런 다음 마침내 치명적인 화살을 맞아 피를 흘려 죽은 것이었다. 아마도 외치는 산으로 도망을 쳤을 것이고, 높은 산 위에서 상처 탓에 죽었을 것이다.

아이스맨은 이처럼 놀라울 만큼 완전한 한 사람의 생애를 보여주었다. 여러 나라에서 온 과학자들이 많은 노력을 기울여 이야기의 퍼즐을 맞추었다. 수백 개의 과학 논문이 외치의 몸과 의학적 소견을 실었다. 이런 연구가 가능했던 것은 외치가 높은 알프스 산에서 냉동되어 있었기 때문이다. 추운 기후로 옷과 장비, 무기가 그대로 보존되었다. 우리는 선사시대의 수백만 수렵민과 어민, 농민, 유목민, 로마 병정과 중세 장인들보다 외치에 대해 훨씬 더 많은 사실을 알고 있다. 이로써 외치와 다른 사람들이 살았던 어려운 시기에 대한 생생한 인상을 얻을 수 있었다. 이 평범한 개인에 대해 많은 정보를 알아낸 것은 행운이었다. 이 발견은 우리에게 고고학이 사물이 아니라 사람에 대한 것임을 일깨워주고 있다.

고고학자들은 언제나 사람의 뼈에 매료되어왔다. 우리는 오랫동안 생물인류학자들에 의지하여 과거의 사람들이 어떻게 살았는지에 대해 상세한 정보를 얻었다. 인류학자들이 인골의 성별과 나이를 판정했고, 고된 노동으로 닳은 허리와 오랜 말타기로 굽은 다리뼈를 확인하기도 했다.

최근에는 뼈에 대한 연구에서 더 나아가 과거 사람의 삶을 볼 수 있다. 최신 의학 기술 덕분에 심지어 인골에서도 살과 피를 가진 몸을 복원하는 아주 작은 실마리를 얻을 수 있다. 생물인류학자들은 DNA를 이용해 인간의 이주를 추적한다. 그리고 의료 영상 분석으로 미라를 벗기지 않고도 연구할 수 있다. 뼈 화학 분석으로 어린 시절 어디에서 살았는지, 무엇을 먹었는지를 복원한다. 의학의 발달로 아이스맨이 스스로 자신의 몸에 대해 알았던 것보다 우리가 더 많은 사실을 알고 있다. 잘 보존된 것이든, 아니면 뼈밖에 남지 않은 것이든 오늘날의 고고학에서 선사시대와 고대의 시신은 중요한 주제다.

이렇게 해서 과거의 사람 수천 명이 우리 앞에 온다. 대부분은 인골이지만, 소수는 습지에서 잘 보존된 시신이다. 고대 이집트인과 페루의 미라는 귀족과 평민에 대한 정보의 원천이다. 의학 영상 기법을 이용해 감겨진 붕대를 통과하여 3,000년 전 이집트인들을 괴롭힌 치아 종기를 밝혀내기도 했다. 수개월, 아니 수년 동안 치통을 앓았음이 틀림없다.

희생된 사람들도 가끔 발견되어 폭력적 죽음에 대해 말해준다. 페루 안데스 산 남부의 6,210미터 고지에서 미국의 인류학자 요한 라인하드Johan Reinhard와 페루인 조교 미겔 사라테Miguel Zarate는 약 500년 전에 희생된 열네 살 소녀의 미라를 마주했다. 소녀는 잘 짜서 만든 옷을 입고 가죽 모카신을 신고 있었다. 머리를 스캔해본 결과 머리를 가격당해 숨진 것으로 드러났다. 머리의 상처에서 난 피로 뇌가 한쪽으로 쏠려 있었다.

중세시대에 맨손으로 싸워 생긴 상처는 참혹하다. 나는 예전에 그런 싸움에서 숨진 사람의 뼈를 조사한 적이 있다. 영국 북부의 토튼홀Towton Hall에 있는, 38구의 시신이 매장된 무덤에는 중세시대 전쟁의 야만성에 대한 충격적인 흔적이 남아 있었다. 희생자들은 1461년 3월 29일 눈폭풍이 몰아칠 때, 장미전쟁의 전투에서 혈투 끝에 죽었다. 인골은 모두 열여섯 살에서 쉰 살 사이의 남자였다. 활동적이면서 건강한 사람들이었지만, 소작농에게 예상할 수 있듯이 시신에는 어린 시절부터 고된 노동에 시달린 흔적이 있었다. 긴 활을 당겨서 생긴 팔꿈치 부상이 확인된 인골도 있었다.

대부분의 시신에 머리에 야만적인 가격을 받아 숨진 흔적이 있었지만, 칼에 얼굴이 반으로 갈라진 사례도 나왔다. 근접전에서 적어도 여덟 번에 걸쳐 칼로 베인 뒤 머리에 가격을 받고 죽은 경우도 있었다. 쇠뇌와 화살, 전투용 망치도 잔혹한 상처를 남기며, 대부분은 치명적이다. 몇 사람의 팔에는 공격자의 가격을 막다가 생긴 상처도 있었다. 사람들은 피바다 속에서 죽어갔다. 당시의 삶은 누구에게나 쉽지 않았을 테지만, 비타민 부족으로 생기는 괴혈병과 구루병이 가장 흔했다.

외치를 제외하고 가장 철저하게 연구된 시신은 역사에서 잘 알려진 인물이다. 람세스 2세Rameses II(서기전 1304~서기전 1212)는 이집트의 파라오 중에서 가장 유명하다. 젊은 시절 군에 복무했으며, 100명이 넘는 아들과 그야말로 셀 수 없을 만큼 많은 딸을 두었다. 람세스는 아주 오래 살았다. 대부분의 사람들이 20대와 30대까지밖에 살지 못하던 시절 아흔두 살에 죽음을 맞았다.

파라오는 미라가 되어 '왕가의 계곡'에 묻혔다. 프랑스의 전문가들이 최신 의학 기술로 미라를 분석했다. 전문가들은 방부처리하는 사람들이 말린 후추 열매를 코 안에 집어넣어 좋은 코의 모습을 유지하고 있는 것에 놀랐다. 파라오는 관절염과 고통

스런 치통, 혈액순환 장애 등에 시달렸는데 나이를 생각하면 그리 놀랍지는 않다.

람세스는 파라오로서 호의호식했다. 그러나 이집트의 평민들은 끊임없이 고단한 삶의 연속이었다. 서기전 14세기 파라오 아케나텐의 수도였던 엘아마르나의 공동묘지('챕터 17' 참조)에서 일꾼들의 무덤에 대해 최근 연구가 이루어졌다. 거의 모두가 20대에서 30대에 죽은 사람들이었다. 뼈에는 숨길 수 없는 영양실조의 증거가 남아 있었다. 수년 동안 허리가 부러지도록 일한 탓에 척추가 무너지고, 팔과 다리가 부러지고 만성 관절염도 있었다.

그보다 더 가까운 시기의 지배자들 중에서도 역사 연구와 발굴 삽으로 시신이 확인된 사례가 있다. 영국의 리처드 3세Richard III (1452~1485)는 영국 중부의 레스터셔Leicestershire에서 벌어진 장미전쟁의 마지막 전투에서 훗날 왕이 된 헨리 7세Henry VII라는 경쟁자와 싸우다 죽었다. 리처드에 대해서는 잘 알려진 것이 없었다. 문헌 기록은 기형이라고 언급하고 있지만, 그리 명확하지는 않았다. 나쁜 성정을 비유적으로 표현했을 수도 있는 것이었다.

리처드의 시신은 발가벗겨져 레스터로 옮겨진 뒤 전시되었다고 한다. 그런 다음 아무런 의례도 없이 일종의 수도원에 묻혔다. 수도원이 폐허가 되고 오랜 시간이 흐른 뒤 리처드의 무덤이 알려졌지만, 19세기에 이르러 잊히고 말았다. 오랫동안의 역사 추적을 통해 수도원이 시청 주차장 아래에 있음을 알게 되었고, 2012년에 발굴이 시작되었다. 발굴 첫날, 다리뼈 두 개가 나왔다. 인골은 크기가 작은 무덤 안에 쑤셔 넣어진 상태였다. 등뼈는 S자로 휘어 있었고, 손은 마치 결박된 것처럼 몸 뒤에 놓여 있었다. 서둘러 매장한 것이 분명했다.

인골은 척추가 심하게 휘어 있어 한쪽 어깨가 다른 쪽보다 높은 성인 남자의 것이었다. 머리에는 심한 상처가 있었다. 이것이 리처드 왕의 시신인가? 연구자들은 DNA 분석으로 답을 찾으려 했다. 뼈에서 표본을 채취하여 생존한 후손의 표본과 비교한 결과 인골은 정말 기형인 리처드 3세의 것임이 밝혀졌다. 시신은 레스터 성당에 다시 묻혔다.

오늘날 고고학자들은 의학 기술의 도움으로 불과 한 세대 전만 해도 상상할 수 없었던 상세한 사실을 알아내고 있다. 이미 1900년대 초에도 이집트의 미라를 엑스선 촬영한 의사들이 있었다. 오늘날에는 어디에서 어린 시절을 보냈고, 어디까지 여행했는지 등과 같은 것까지 이야기할 수 있다. 우리는 사람들의 생애를 전기처럼 쓰고 있는 것이다.

CHAPTER 35

모체의 전사-신관

항아리를 둘러싼 그림에 모든 이야기가 담겨 있다. 서기 400년 즈음이다. 모체Moche의 왕이 페루 북쪽 해안의 피라미드 꼭대기 누각 아래에 무릎을 꿇는다. 그늘에 있지만, 늦은 오후 햇살에 금으로 만든 모자가 반짝인다. 오른손에는 사람의 피가 담긴 토기를 들고 있다. 근엄하게 황금과 터키석으로 만든 장신구를 매달고, 갑옷과 무기를 빼앗긴 채 발가벗겨진 죄수들을 내려다본다.

새 모양의 가면을 쓴 신관이 죄수들의 목을 찌르고, 흐르는 피를 그릇에 받는다. 기다리고 있는 다른 신관이 시신을 끌어내 토막 낸다. 왕은 많은 피를 마시면서도 담담한 표정이다. 비워진 그릇은 곧 다시 채워진다. 훗날 왕은 앉아 있는 이곳에 묻힐 것이고, 또 다른 전사-신관이 그 자리를 대신할 것이다.

이 장면은 과거 무덤의 부장품 - 아니면 일상생활에서도 축제에서 전시되는 용도였을 수 있다 - 이었던 여러 종류의 모체 토기에 묘사되어 있다. 사회적 지위를 나타내는 상징인 것도 있다. 전사들이 줄을 지어 뛰고, 사슴과 바다사자를 사냥하고, 행진하는 장면도 그려져 있다. 모체 토기 장인들은 화가이자 조각가였다. 유력자의 초상화가 그려진 화병은 유명하다. 새와 물고기, 라마, 사슴, 심지어 거미가 그려져 있기도 하다. 옥수수와 호박 같은 식물도 잊지 않고 그려놓았으며, 영적인 것들도 있다. 모체와 그 지배자에 대해 우리가 알고 있는 것들 중 상당수는 풍부한 부장품이 있는 무덤뿐 아니라 훌륭한 토기에서도 얻을 수 있다.

모체는 페루의 북쪽 해안을 따라 약 2,000년 전에 있었던 나라다. 해안평야는 지구상에서 가장 건조한 곳들 중 하나였으며, 모체 사람들은 태평양에 풍부한 멸치를 잡으며 살았다. 안데스 산맥에서 흘러 내려오는 계곡에 비옥한 땅이 있어서 세심한 관개 체계를 갖추어 옥수수와 콩 같은 작물을 재배했다.

이렇게 효율적인 농사 덕분에 식량 공급이 원활해지자 몇몇 부유한 가문이 생겨났다. 지배자 가문은 모체 사회의 엘리트가 되었다. 점차 귀족과 평민 사이의 간격은 벌어졌다. 지배자는 흙 벽돌로 더욱더 큰 피라미드와 신전을 만들어 잘 계획된 의례의 무대로 이용했다. 목적은 단 하나, 일반 사람들에게 지배자가 영적 세계와 가까이 결부되어 있음을 보여주는 것이었다.

수 세기 동안 수백 명의 일반인이 모체 강변에 세운 거대한 신전 위에서 고된 일을 했다. 백성들은 노동으로 세금을 지불했는데, 페루의 초기 국가들에서 흔한 방식이었다. 거대한 흙벽돌로 만든 와카 델 솔 Huaca del Sol(태양의 와카) 기단은 태평양 안쪽 내륙의 강 위에 40미터 이상 높이로 솟아 있다. 사용되었을 때, 그리고 홍수가 나기 전과 도굴꾼들이 훼손하지 않았을 때 이 거대한 와카(성스러운 공간)는 열십자 모양으로 북쪽을 보고 있었다. 네 부분으로 만들어져 계단 모양의 효과를 주었다. 정면은 붉은색과 다른 밝은색으로 칠해놓았다. 오늘날 서 있는 피라미드는 이곳에 살았던 모체 지배자의 궁전이자 무덤이었던 거대한 구조물의 흔적일 뿐이다.

두 번째 피라미드, 와카 데 루나 Huaca de Luna(달의 와카)는 여기서 500미터 떨어져 있다. 더 작은 기념물로 기단 세 개가 연결되어 있고, 세 개의 높은 벽돌 벽으로 둘러싸여 있다. 밝은색으로 그려진 벽화에는 반인반수의 신성한 존재가 묘사되어 있다. 전문가들은 이곳을 지배자들이 모체 국가의 주신에 경배하는 곳이었으리라 추측한다.

고고학자 스티브 부르제 Steve Bourget는 어느 외딴 회랑에서 희생된 전사의 인골 70구를 발굴했다. 여러 채색토기에 띠 모양으로 그려진 그림에서처럼 몸은 사지가 갈라져 있었다. 흙으로 만든 조각상에서도 복잡한 상징 부호로 덮인 발가벗은 몸으로 표현된 남자들이 눕혀져 있었다. 이런 희생 의식 가운데 적어도 두 개가 장대비가 쏟아진 시기 – 이 건조한 모체의 지형경관에서는 드물지만 – 에 일어났을 것이다. 희생 의식은 서태평양에서 복잡한 기후변동이 일어나면서 부정기적으로 찾아오는 엘니뇨 동안 벌어졌다. 엘니뇨가 해안에 따뜻한 해수를 공급하면서 멸치잡이는 큰 타격을 받았다. 장대비가 내려 몇 시간 만에 밭이 송두리째 쓸려나갔을지도 모른다.

모체의 지배자는 누구였을까? 채색토기의 장식을 보면 정치 권력은 전쟁의 성공 여부에 달려 있었던 것 같다. 또한 세심하게 계획하여 무대에서 진행된 대중 의례도 중요했다. 여기에 신전과 광장이 중대한 역할을 한다. 그 장면을 상상할 수 있다. 해가 서쪽 으로 질 무렵 목화 옷으로 잘 차려입은 수많은 평민들이 와카 델 솔 아래의 거대한 광장에 모인다. 북을 치고 불을 피워 향냄새를 풍기고 잔잔한 공기 속에 합창 소리가 울려 퍼진다. 눈부신 햇살 이 와카의 정상에 있는 피라미드 정문을 수놓는다. 정적이 흐르 며 작은 문에서 한 사람이 등장한다. 그 사람이 쓴, 황금으로 치장 한 두건이 지는 해에 최면을 거는 듯이 반짝인다. 마침내 해가 지 자 그 사람도 어두운 곳으로, 마치 영적 세계로 돌아가는 듯이 사 라진다.

모체 토기에는 인간 희생 의식과 죄수의 살해 장면이 묘사되 어 있다. 하지만 지배자에 대해서는 별달리 알려주지 않는다. 지 배자를 둘러싼 의례에 대해서는 아무것도 알려져 있지 않다. 심 지어 지배자의 이름도 모른다. 문자가 없었다. 다만 모체 사회를 이끌었던 강력한 신앙에 대해 상상만 할 수 있을 뿐이다. 토기 장 인의 재주 덕분에 몇몇 특징을 들여다볼 수는 있다. 인물이 묘사 된 의례용 그릇은 과거에 살았던 사람들을 묘사하고 있는지도 모 른다. 그릇은 풍부한 부장품이 있는 무덤에서 나오기에, 묻힌 자는 중요한 사람들이었음이 확실하다. 미소를 짓고 있으며, 심지어 웃고 있는 지배자도 있다. 그러나 대부분은 근엄하고 엄숙한 표정이다. 모체의 왕들이 자신의 권위에 절대적인 신념이 있었음을 느낄 수 있다.

이런 실마리로 모체의 왕들에 대해 어렴풋한 인상을 얻을 수 있다. 무덤 중에 도굴꾼과 스페인 군대의 손길을 버텨낸 것은 거의 없다. 스페인 사람들은 황금을 찾아 잔인할 정도로 모체 강의 물을 돌려 와카 델 솔의 일부가 쓸려나갔다. 황금을 조금 찾았다고는 하지만, 와카에서 더 많은 것들이 쓸려나가고 말았다. 그렇게 훼손되었지만, 이른바 '시판의 왕들Lords of Sipán'의 훌륭한 무덤은 20세기 후반의 고고학에서 아주 중요한 발견이었다.

1987년, 무덤 도굴꾼들이 모체 권력의 중심지였던 람바예케 계곡Lambayeque Valley에 있는 시판의 피라미드 깊숙한 곳, 모체 왕의 황금으로 치장된 무덤에 들어갔다. 다행히도 페루의 고고학자이자 모체 전문가인 월터 알바Walter Alva가 곧바로 유적에 갔다. 알바를 비롯한 고고학자와 보존 전문가들은 팀을 구성한 뒤 무덤을 발굴하여 모체 왕국의 미스터리로 가득 찬 지배자들에 대한 그림을 채워나갔다.

2004년이 되기까지 와카의 중심지에서 무덤 14기가 확인되었다. 서기 300년 이전에 축조된 것이었다. 와카 라하다Huaca Rajada로 알려진 무덤방은 두 개의 작은 벽돌 피라미드와 작은 기단으로 구성되어 있었다. 알바의 발굴에서는 시판 왕의 무덤 세 곳이 드러났다. 모두 장식품과 부장품이 풍부했다.

발굴된 첫 번째 왕은 키가 약 150센티미터, 나이는 서른다섯에서 마흔다섯 살 정도였다. 벽돌로 된 무덤방 안에서 의례용 복식을 입고 있었는데, 양옆과 머리 쪽으로 단단한 긴 의자들이 놓여 있었다. 문상객들은 수백 개의 잘 만들어진 토기를 그 의자들 위에 빽빽하게 놓아두었다. 그런 다음 왕을 무덤방 가운데의 널빤지로 만든 관에 안치하고 뚜껑은 구리 띠로 둘렀다. 주둥이가 달린 그릇들도 머리와 발 쪽에 놓았다. 왕은 예복을 차려입고, 머리에 두건과 황금 가면을 쓰고, 가슴 장신구와 귀걸이 등 가장 좋은 보석으로 치장하고 누웠다. 모체의 중요한 곡물이었던 땅콩 모양의 금과 은구슬로 만들어진 목걸이 두 개도 걸고 있었다.

　　혼자가 아니었다. 나무줄기로 만든 다섯 개의 관에는 어른들의 시신이 있었다. 세 명은 여자였는데, 아내나 첩이었을 것이고 아마도 먼저 사망했을 것으로 보인다. 남자 둘 중 하나는 무기를 들고 있어 전사였을 것으로 보인다. 세 번째 남자는 무덤을 바라보는 자리에 다리를 교차시켜 앉았다. 전사들의 발은 잘려 있었다. 아마도 도망치지 못하게 하기 위함이었을 것이다. 개 한 마리와 라마 두 마리도 무덤 안에 누여놓았다. 관을 안치한 다음 그 위에 기둥이 낮은 지붕을 얹었다. 그리고 모든 것을 채워 넣었다.

　　두 번째 무덤은 1988년에 첫 번째 왕의 무덤 근처에서 발견되었다. 이 무덤의 주인공은 첫 번째 왕과 동시대인이었다. 상징 예물로는 희생 의식 그릇과, 달 숭배와 관련된 유물들이 있었다. 아마도 신관이었을 수도 있다.

　　세 번째 무덤은 그보다 조금 이른 시기이지만, 장식품과 옷을 보면 그 주인이 첫 번째 왕과 동급인 높은 지위의 사람이었음을 알 수 있다. DNA 분석 결과 둘은 모계에서 서로 관계되어 있음이 밝혀졌다. 젊은 여성 한 명과 왕의 경호원으로 생각되는 발이 잘린 전사 한 명을 무덤 안에 누여놓았다.

최상의 지위에 있는 사람들은 잘 만들어진 비슷한 예복을 입고 의례용 물품과 함께 영원으로 갔다. 이 사람들은 정확히 어떤 존재였을까? 의례용 방울과 정교한 코와 귀 장식품, 구리 샌들과 훌륭한 목걸이를 보면 분명 강력한 권위를 가진 사람들이었음을 알 수 있다.

추정을 위해 이용할 수 있는 정보가 너무 없었다. 모체 그릇에 있는 그림만으로 추정할 수 있을 뿐이었다. 고고학자 크리스토퍼 도넌Christopher Donnan은 그릇을 회전판 위에서 돌려가며 사진을 찍었다. 그럼으로써 장면을 묘사한 그림을 펼쳐볼 수 있었다. 두 남자가 싸우는 장면과 한 명을 무찌르고 포로로 잡는 모습 등 수백 개의 장면이 그려져 있다. 각각에서 승자는 적의 옷을 벗기고 무기를 한데 꾸리고, 목에 밧줄을 감는다. 그런 다음 묶인 죄수를 포획자 앞에서 걷도록 한다. 다른 장면에서는, 때로 피라미드 꼭대기에 앉아 있는 것으로 묘사된 아주 중요한 인물 앞에 포로들을 줄지어 세웠다. 그리고 포로의 목을 자른다. 신관과 수행자들, 의례를 주관하는 사람은 흐르는 피를 받아 마신다.

이런 의례에서 가장 중요한 사람은, 시판의 왕이 그러하듯이, 초승달 모양의 두건이 달린 깔때기 모자를 쓰고 둥그런 귀걸이와 초승달 모양의 코 장식품을 단 사람이다. 도넌은 이와 같이 모체 사회에서 가장 중요한 의례를 주관하며 최상의 지위에 있던 사람을 전사-신관warrior-priests이라 불렀다. 그리고 이 전사-신관의 예복은 세대와 세대를 이어서도 별다른 변화가 없음을 지적했다. 무덤에 부장된 모든 유물에는 의미가 있다. 예를 들면 오른쪽에 금을, 왼쪽에 은을 두었는데, 이는 해와 달, 낮과 밤을 대조시킨 것이다. 무덤의 부장품으로 판단하건대 시판의 왕은 영적인 힘을 가졌다고 믿어졌다. 아주 공격적이었고 경쟁적인 전사였음이 틀림없다. 끊임없이 희생자를 찾아 습격과 정복 전쟁을 일으켰을 것이다.

모체 왕의 무덤은 황금 유물이 풍부하여 도굴꾼들의 손길을 피한 것이 별로 없다. 그래서 시판의 무덤을 제외하면 전사-신관에 대해 우리가 알고 있는 지식이 별로 없다. 헤케테페케 강 Jequetepeque River 하구와 가까운 곳에 32미터 높이로 서 있는 도스 카베사스Dos Cabezas 피라미드에서는 높은 지위의 무덤 3기가 확인되었다. 무덤은 서기 450년에서 550년 사이에 만들어졌다고 한다. 그 세 사람은 키가 놀랍도록 컸는데, 각각 거의 2미터였다. 생물인류학자들은 얇고 긴 팔다리뼈를 자라게 하는 마르판Marfan 증후군이라는 유전병에 시달렸으리라 추정하기도 했다.

이 가운데 가장 중요한 인물은 금빛으로 빛나는 구리 박쥐로 장식된 두건을 쓰고 있었다. 비슷하게 장식한 코 장식품도 있었다. 박쥐는 분명 모체 의례에서 중요한 역할을 했다. 채색토기에도 등장하고, 인간 희생과 피를 마시는 의례 장면에서도 보인다. 죽은 사람은 전사-신관이었을지도 모른다. 어쩌면 금속 장인일 수도 있는데, 모체 사회에서 장인은 존경을 받는 직업이었다.

　모체의 전사-신관 같은 지도자들은 사람들에게 자신이 강력한 영적 힘과 특수한 관계를 가지고 있음을 확인시키는 능력이야말로 지배력을 유지하는 데 가장 중요하다는 것을 알고 있었다. 잘 만들어진 예복과 장식품, 세심하게 무대에서 준비된 대중 의례와 의식, 끝없는 찬송을 통해 그렇게 보이도록 했던 것이다. 그 과정에서 인간 희생은 그러한 메시지를 강화시키는 역할을 했다.

　지배자와 피지배자의 관계를 고고학적으로 풀어내려면 아주 조심스럽게 야외조사를 진행해야 한다. 아주 작은 것이라도 찾아내려는 자세로 발견물을 극도로 세심하게 보존하는 열정이 필요한 작업인 것이다. 장식 귀걸이 같은 작은 유물에서도 해와 달, 낮과 밤의 영적인 대조가 드러나 있다. 이것은 모체 신앙에서 아주 중요한 부분이었다. 전사-신관들은 자신에게 권력을 준 영적 세계와 특수한 관계를 가지고 있다고 생각했다. 이런 복잡한 세계를 이해하기 위해 고고학자들은 아주 작은 실마리를 퍼즐 조각처럼 맞춘다. 알바와 동료 연구자들 덕분에 우리는 오랫동안 잊힌 모체의 지배자들-이집트의 파라오 투탕카멘에 버금가는 부를 가진 사람들이었다-에 대한 흥미로운 그림을 얻었다.

CHAPTER 36

우주로 가는 지하 통로

멕시코 고원지대의 멕시코시티 북쪽 48킬로미터, 테오티우아
칸Teotihuacán에 태양의 피라미드Pyramid of the Sun가 솟아 있다.* 71미
터 높이의 거대한 구조물은 신이 존재하는 듯한 느낌을 갖게 한다.
그것이 바로 피라미드를 만든 사람이 의도한 바이다. 테오티우아
칸 사람들은 드넓은 신성한 경관의 중심에서 살았다. 도시 자체
는 21제곱킬로미터에 이르며, 분지와 주변 산지를 압도했다. 서
기 100년, 적어도 8만 명의 사람들이 이곳에 살았다. 서기 200년
부터 750년까지 테오티우아칸의 인구는 15만 명이 넘도록 증가
했다. 중국이나 서아시아의 가장 큰 도시들만큼이나 그 규모가

---

* 테오티우아칸은 해발 2,300미터의 멕시코 고원에 있었던 고대 문명 유적지로, 아메리카 대륙에서 가장
크고 높은 피라미드가 있다.

대단했다.

고고학자들은 유적에서 100년 가까운 세월 동안 연구해왔다. 그러면서 테오티우아칸이 영적 세계를 본떠 만든 인공 산과 산록, 동굴, 개방 공간으로 이루어진 거대한 상징적 경관임을 알게 되었다. 800년이 넘는 시간 동안 테오티우아칸 사람들은 피라미드 600개와 작업장 500개, 거대한 시장, 2,000개의 공동주택 단지와 개방 공간, 광장을 만들었다.

어느 시점에 도시의 지배자들은 도시의 대부분을 재건축하기로 결정했다. 표준화한 벽을 세운 거주 단지를 조성해 밀집된 도시 지역을 재건설하고자 했다. 그런 단지들 중에는 장인들과 공방이 자리 잡은 곳도, 군부대의 숙소로 쓰인 곳도 있었다. 와하카 계곡Oaxaca Valley과 멕시코 만 해안의 저지대 베라쿠르스Veracruz에서 온 이방인들은 서로 이웃하며 살았다. 고고학자들은 그들이 살았던 공간을 독특한 토기 양식으로 확인할 수 있었다.

모든 것이 바둑판 모양의 구획을 따랐다. 도로는 모두 직각으로 교차하도록 설계했다. 넓은 도로가 도시를 북에서 남으로 나누고 있는데, 스페인 정복기 이후 '죽은 자들의 도로Avenue of the Dead'라 불렸다.

거대한 해와 달의 피라미드들이 이 도로의 북쪽 끝을 압도하고 있다. 서기 150년부터 325년까지 도시의 지배자는 태양의 피라미드를 현재의 형태로 개축했다. 달의 피라미드를 더 키우고 죽은 자들의 도로를 남쪽으로 1.6킬로미터 이상 확장하여 도시의 새로운 정치 및 종교 중심지인 시우다델라Ciudadela까지 포괄하도

고고학의 역사

록 만들었다. 그런데 최근까지도 이 인상 깊은 구조물에 대해서는 잘 알려진 것이 없었다. 2003년 멕시코시티의 국립인류학역사연구소는 시우다델라 신전들을 조사하고 보존하는 장기 프로젝트를 야심 차게 시작했다. 최근 이 프로젝트에서 놀라운 발견이 이루어졌다.

시우다델라 복합단지는 광대하며 높은 벽과 커다란 구획 공간을 가지고 있다. 벽으로 둘러친 이 공간은 10만 명이 모여 대중의식을 치를 수 있을 정도다. 중앙아메리카 문명에서는 흔히 날개 달린 뱀 모양의 신인 케찰코아틀Quetzalcoatl의 신전이 성벽 안에 개방된 공간을 바라보며 서 있다. 신전은 여섯 개 층을 가진 계단식 피라미드다. 거대한 계단을 따라 올라가게 되어 있고, 계단이 작은 테라스 역할을 한다. 날개 달린 뱀의 머리와 뱀같이 생긴 동물(아마도 전쟁의 뱀)이 테라스의 앞면에 장식되어 있다. 머리 형상의 열 아래에 날개 달린 뱀의 형상을 한 부조가 물을 묘사한 것과 함께 등장한다. 신전 전체는 파란색으로 칠했으며, 바닷조개를 조각하여 장식했다. 이러한 색과 머리 등의 장식이 의미하는 바는 잘 알려져 있지 않지만, 창조되는 순간의 우주 – 잔잔한 대양 – 를 상징할 가능성이 있다.

발굴조사단은 아무것도 모르는 상태에서 비와 높은 지하수위, 그리고 수많은 관광객 탓에 심각하게 훼손된 이 신전에 대한 조사에 착수했다. 2004년 세계기념물기금World Monuments Fund은 이 독특한 구조물의 보존을 위해 재원과 기술적 지원을 제공했다.

멕시코의 고고학자들은 날개 달린 뱀의 신전 옆에 있는 거대한 광장을 발굴하면서 서기 200년까지 원래 농토였던 곳에 지어진 몇 개의 구조물 흔적을 확인했다. 최초의 종교 복합단지를 구성한 것들이었다. 그중에 한 곳은 길이가 120미터를 넘고, 제의적 성격을 띤 구기 경기(고대의 의례 경기로, 패한 사람들이 희생되기도 했다)가 열리는 경기장 역할을 했다. 케찰코아틀의 신전을 세운 사람들은 이 건물을 부수고 시우다델라를 오늘의 형상으로 건축했던 것이다.

시우다델라의 신전 앞 개방 공간에는 물을 끌어와 반사되도록 설계했다. 그곳은 물거울 같은 역할을 하면서 세계와 인간의 창조 이전에 존재했던 잔잔한 바다에 대한 상징을 담고 있는 것이다. 고대의 기원 신화에 따르면 시간이 시작되었을 때 신성한 산이 이 잔잔한 바다에서 솟았다고 한다. 이 모두는 시우다델라가 천지창조의 신화가 재현되는 의례를 위해 만들어졌음을 시사한다.

2003년에 폭우가 내리면서 케찰코아틀 신전 기단의 계단 앞 땅이 꺼지면서 깊은 구덩이가 드러났다. 그리하여 조사가 시작되었고, 수년 동안 고고학자들은 신전 아래를 처음으로 발굴하게 되었다. 세르히오 고메스 차베스Sergio Gómez Chávez라는 학자가 밧줄에 매달려 작은 공간을 뚫고 들어갔다. 그리고 거의 14미터 아래에서 단단한 기초와 지하 통로를 발견했다. 동쪽으로는 날개 달린 뱀의 신전으로, 서쪽으로는 거대한 광장의 중심부로 향해 있었다. 통로는 대부분 흙과 깨진 돌덩어리로 채워져 있었다. 테오티우아칸 사람들이 집어넣은 것이었다.

지하 통로를 조사하려면 조심스런 계획이 필요했다. 차베스를 비롯한 연구자들은 2004·2005·2010년, 지하로 들어가기 전 지표에서 지표투과레이더를 이용해 지하 통로의 배치를 확인했다. 그 결과 지하 통로는 100미터에서 120미터 정도였으며, 동쪽 끝은 날개 달린 뱀의 신전 중심부에 있었다. 레이더 이미지에 따르면 지하 통로 중간에 큰 방이 있고, 동쪽 끝에는 더 큰 방이 있었다. 이를 바탕으로 지하 탐사 계획을 세울 수 있었다.

조사는 세심하고 용의주도한 일련의 가정에 토대를 두었다.

첫째, 연구자들은 테오티우아칸이 그곳 주민들의 우주관, 곧 신이 만든 하늘과 땅, 그리고 지하 세계의 세 단계로 이루어진 우주를 본뜬 것이라고 생각했다. 평면의 차원은 동서남북을 상징했으며, 모서리는 세상의 구석을 가리킨다고 보았다.

둘째, 조사단은 날개 달린 뱀의 신전은 태초에 잔잔한 바다에서 솟아오른 신성한 창조의 산을 상징한다고 보았다. 신전은 신성한 지점, 곧 세상의 중심에 서 있다. 여기서 우주의 여러 층과 소통할 수 있다는 것이다.

셋째, 신성한 산 아래에 있다고 생각되는 신성한 동굴은 지하 세계로 들어가는 공간이라 보았다. 이곳에는 신과 우주를 유지하는 창조의 힘이 살고 있다. 차베스가 레이더로 일부를 조사했던 지하 통로는 이 지하 세계에 대한 상징이다. 고대 우주론(우주의 기원에 대한 신앙과 신화)에 따르면 지하 세계는 나름의 신성한 지형경관을 가지고 있다.

마지막으로, 사람들은 지하 통로를 자주 찾았지만, 이는 오로지 의례에 관계된 사람들이 영향력을 높이기 위해 방문했던 것으로 생각했다. 이곳은 사람들이 의례 행위를 수행함으로써 영적인 힘을 얻는 장소였다. 그렇다면 의례용품이나 선물을 주고받았던 사람들의 유해도 통로에 있을지 모른다.

지하 통로 발굴은 2006년에 시작되어 오늘날까지도 계속되고 있다. 차베스는 통로로 들어가는 주 출입구라고 생각했던 100제곱미터 정도의 구역에서 조사를 시작했다. 거기서 5제곱미터 넓이의 구덩이를 약 2미터 깊이로 파 들어갔다. 이를 통해 피라미드로 향하는 통로에 접근할 수 있었다.

좁은 통로에 유물과 돌덩어리가 차 있었기에 계획대로 발굴하기가 쉽지 않았다. 차베스는 다시 한 번 리모트센싱 기술을 이용했다. 그런 다음 고도로 정확한 측정 장비인 레이저 스캐너를 사용해 다음 단계의 발굴을 계획했다. 첫 시도에서 37미터의 통로를 찾았다. 2011년에 또다시 스캔하자 73미터까지 늘어났다. 이런 측정으로 분명 피라미드로 향하는 긴 지하 통로가 있음을 확인했던 것이다. 그러나 정확히 얼마나 긴 통로인지는 아직도 불분명하다.

차베스는 다음으로, 원격조종을 할 수 있고 비디오카메라가 달린 작은 로봇을 사용했다. 로봇은 통로의 37미터 깊이까지 들어가 안정성과 조사 조건 등을 점검하면서 이전에 레이저 스캔한 통로의 발굴 계획을 보완했다. 2013년, 더욱 발전된 적외선카메라와 초소형 레이저 스캐너가 달린 로봇이 이전에는 접근할 수 없었던 마지막 통로 30미터 깊이까지 들어갔다. 결코 쉬운 일이 아니었다. 고대 아즈텍 사람들은 공물을 남겨두기 위해 그 지하 통로를 자주 찾았다. 사람들은 길을 찾아 들어가야 했으며, 부분적으로 통로를 가로막고 있는 스무 개 이상의 두꺼운 벽을 부수기도 했다. 마침내 전체 공간이 유물로 가득 찼다. 차베스를 비롯한 고고학 조사단은 1,800년 만에 처음으로 그 통로에 들어간 사람들이었다.

2013년이 되자 발굴은 통로 65미터 깊이까지 확장되었다. 두 개의 측실도 드러났다. 벽과 천장은 금속광물의 가루로 마무리되어 별이 반짝이는 밤, 또는 반짝이며 흐르는 물과도 같이 보였다. 측실 하나에는 400개가 넘는 금속 공이 있었다. 그 유물은 아직도 완전한 수수께끼다. 두 개의 측실을 넘어 통로는 점점 깊어져 2미터 아래로 더 들어가고, 동쪽으로 35미터가 이어졌다. 끝에는 방 세 개가 있어 각각 북쪽과 남쪽, 동쪽을 향하고 있었다.

발굴에서 7만 5,000점이 넘는 유물이 나왔다. 현재 통로 103미터가 지하 17미터까지 확인되었다. 수천 점의 공물 중에는 사문암과 터키석, 옥과 흑요석, 액체 수은도 있었다. 토기 수백 점과 황철석(금으로 착각하기도 하는 반짝이는 광물)으로 만든 거울이 바닷조개와 나란히 놓여 있었다. 고무공과 목걸이, 나무로 만들어진 물건들, 사람의 피부 조각과 함께 특이한 토기 수십 개가 발굴되었다.

이런 발견물이 의미하는 바는 무엇일까? 차베스를 비롯한 연구자들은 시우다델라가 신성한 우주의 지리와 신의 조화를 재창조한 것이라고 주장했다. 날개 달린 뱀의 피라미드는 우주의 다양한 층과 지역을 이어주는 역할을 하는 신성한 산을 상징한다. 신전 아래의 지하 통로와 동굴은 지표의 공간을 축축하고, 춥고, 어두운 지하 세계로 전환시킨다. 지배자들이 지배를 위한 영적인 능력을 얻는 공간이 바로 이곳이다. 피라미드 아래의 통로는 도시의 지배자들을 지하 세계로 안내해준다. 지표 아래로 사라진다는 것은 알려지지 않은 세계를 방문할 수 있음을 뜻하며, 이로써 영적인 영역의 힘과 소통하는 능력을 얻는다. 시우다델라는 그 위대한 도시에 사는 모든 사람이 연중 중요한 의례 행사에서 대중 의식에 참여한 곳이었다. 바로 이곳에 지하 세계로 들어가는 입구를 배치했던 것이다.

현재도 계속되고 있는 시우다델라 프로젝트는 진귀한 유물만 찾아 성급하게 파 들어가는 조사가 아니라 지하 통로에서 나온 유물의 의미에 대한 체계적이고 조심스러운 분석 작업이다. 모든 것은 의례적 의미를 지니고 있다. 물이 많은 지하 세계의 환경을 재창조하기 위해 자연의 지하수위 아래로 통로를 파는 방식까지도 포함되어 있다. 통로의 마지막 30미터는 더욱 깊어서 늘 물이 차 있다. 신성한 창조의 바다를 상징하기 위해서이다.

테오티우아칸의 조사는 100년 전에 시작되었지만, 도시의 규모가 너무 커서 고고학자들은 겨우 수박 겉핥기 정도에 머물러 있다. 현재는 시우다델라뿐 아니라 해와 달의 피라미드 아래에 있는 지하 통로에 주목하고 있다. 거기서 희생자들뿐 아니라 추가로 지하 통로와 풍부한 공물들을 찾는다면 역사상 가장 위대한 도시 중 하나의 복잡한 상징을 해독할 수 있을 것이다.

CHAPTER 37

차탈회위크

박물관 전시장의 반신상이 앞을 똑바로 보며 나를 응시한다. 머리가 두 개인 것도 있는데, 아마도 남편과 아내일 것이다. 전시실을 돌아다니며, 테두리를 검게 칠한 눈이 나를 따라다닌다는 느낌을 받는다. 어느 조각상에 가능한 한 가까이 다가가 바다달팽이 껍질로 된 눈을 쳐다본다. 검은 역청(도로 포장에 쓰는 타르)으로 만든 눈동자는 내 영혼 깊은 곳까지 들어와 타는 것 같다. 나는 서기전 8000년 즈음 구덩이 안에 다른 30개의 인물상과 같이 묻힌 이 인물의 힘에 최면이 걸렸다.

나로서는 고대 신앙의 힘에 끌린 드문 순간이었다. 프랑스의 동굴과 스페인의 알타미라 등 빙하시대의 동굴벽화('챕터 14' 참조)를 마주했을 때, 이집트의 '왕가의 계곡'에 있는 파라오 무덤에서 완전한 어둠 속에 5분 동안 홀로 있었을 때, 그리고 토기에 채색되어 있는 고대 마야의 창조 전설을 추적했을 때도 그러했다. 그러나 요르단의 아인가잘Ain Ghazal에서 나온 인물상과 보낸 시간만큼 강렬했던 적은 별로 없었다. 조각상은 잔가지 다발로 흙의 형체를 잡고 옷과 머리, 문신을 그려 넣은 것이었다. 나는 나 자신이 선조 앞에 서 있다는 것을 느꼈다.

서아시아의 다른 초기 농경민처럼 아인가잘 사람들도 선조의 머리를 장식하여 집 바닥 아래에 묻어두었다. 캐슬린 케넌은 예리코에 있는 서기전 7000년의 집 아래에서 회칠된 두개골을 발굴했다.('챕터 30' 참조) 아인가잘 사람들은 조상의 모형을 만들어 집의 성소에 세워두었다. 박물관에 전시된 그러한 모형들을 들여다보는 것만으로도 선조가 나를 응시하며, 후손을 지켜보고 있다는 느낌을 받는다. 서아시아의 초기 마을에 살았던 사람들에 대해 더 많은 것이 알려지면서 선조에 대한 존경이 사회에서 강력한 힘을 가졌다는 증거가 더 많이 나오고 있다. 왜 이전 세대의 조상들을 그토록 생각했을까?

우리는 지금까지 지속되고 있는 여러 전통 사회에서 조상이 땅의 수호자로 인식되곤 한다는 것을 알고 있다. 수확물이 늘어나고 삶이 이전처럼 계속되도록 조상이 도와준다는 것이다. 과거에도 분명히 똑같았을 것이다. 조상에 대한 깊은 존경이야말로 농경이 시작된 – 아마도 그보다 훨씬 더 이른 선사시대부터 – 이후 인간의 믿음 중 일부를 차지했을 것이다. 예리코의 두개골과 아인가잘의 인물상은 수확에 의존하는 사회에서 조상에 대한 의례가 사회의 일부였음을 말해주고 있다. 작물 실패, 굶주림, 영양실조는 이전 세대나 이후 세대에 똑같이 혹독한 현실이었다. 삶의 연속성에 대한 염려야말로 초기 농경 사회에서 중심적인 자리를 차지했고, 거기서 선조들이 중요한 이유를 찾을 수 있다. 오늘날 전통 사회에서 유지되고 있는 선조에 대한 믿음은 입에서 입으로, 세대를 거쳐 전해지는 이야기나 노래로 지금의 세대까지 이어져왔다. 그런데 최초의 농경민과 같은 훨씬 이전 시기에 형성된 사회의 믿음은 어떠했을까? 그 이야기를 찾으려면 고고학과 과거의 물적 잔재에 의지하는 수밖에 없다. 다행히도 차탈회위크Çatalhöyük라는 터키의 초기 농경 마을에서 오랫동안 세심하게 진행된 발굴을 토대로 선조들의 힘에 대해 많은 사실을 알 수 있다.

영국의 고고학자 제임스 멜라트James Mellaart(1925~2012)는 차탈회위크 유적을 발견했다. 캐슬린 케넌과 함께 예리코를 조사하면서 발굴을 배운 멜라트는 그곳을 처음 보았을 때 선사시대의 마을임을 알아차렸다. 1950년대 말에는 터키 중부의 코냐Konya 평야에서 청동기시대 유적을 찾아 지표조사를 했다. 그리고 차탈회위크에서 두 개의 마운드를 찾았는데, 큰 것은 20미터 높이였다.

멜라트는 1961년부터 1963년까지 차탈회위크를 발굴하면서 서기전 6000년, 또는 서기전 5500년 즈음의 열세 개 점유층을 가진 마을을 찾았다. 전성기에는 이 마을에 8,000명 정도가 살았을 것이라고 한다. 발굴에서는 150개 이상의 방과 건물이 드러났다. 아주 밀집된 공간이었다. 집들은 출입문이 없을 만큼 서로 밀집되어 지붕을 통해서만 드나들 수 있었다.

방에는 진흙으로 만든 황소 머리와 회칠한 부조, 벽화가 그려진 성소가 있었다. 작은 여성 조각상들도 있었다. 멜라트는 이곳 사람들이 다산의 상징인 모신을 숭배했다고 생각했다. 심지어 어느 벽화는 현대의 터키 양탄자의 고대 원형이라 할 직물에 바탕을 두고 있다고 보았다. 그러나 여러 가지로 논란이 많았던 탓에 멜라트는 조사를 중단해야 했고, 발굴지도 닫았다.

멜라트의 발굴은 학계에 상당한 충격을 주었다. 차탈회위크는 13만 제곱미터의 넓이였고, 당시의 대다수 마을보다 열 배는 컸다. 수많은 의문이 풀리지 않았지만, 터키 당국은 1993년까지 새로운 발굴 허가를 내주지 않았다. 이후 또 다른 영국의 고고학자 이안 호더Ian Hodder(1948~)*가 야심 찬 장기 조사 프로젝트를 시작하여 지금에까지 이르고 있다. 그의 세심한 발굴 계획과 팀워크 덕분에 조상들은 이제 감춰진 그늘에서 모습을 드러내고 있다.

경험이 많으면서 상상력이 풍부한 호더는 차탈회위크 발굴에 필요한 시야와 재능을 가진 몇 안 되는 고고학자였다. 호더는 고고학자뿐 아니라 관련된 모든 학문의 전문가들이 참여하는 발굴 조사를 계획했다. 모든 이가 각자의 정보와 연구 노트를 자유롭게 공유했다. 처음부터 조사단은 유적을 관광 명소로 만들고 싶어 하는 터키 정부의 담당자들과도 밀접하게 연계하여 작업했다.

호더는 시작부터 차탈회위크 프로젝트를 사람과 관련된 발굴로 생각했다. 과거는, 크고 작은 집단의 구성원인 여러 사람들

---

* 이안 호더는 발굴을 시작할 때 케임브리지 대학 교수였으나 1999년에 미국 스탠퍼드 대학으로 옮겨 현재까지 재직하고 있다. 그리고 오랫동안 이어온 이곳의 발굴을 2018년에 마무리했다.

이 만들어낸 것이라는 생각을 가졌던 것이다. 오늘날의 우리와도 같이 과거의 사람들은 서로, 그리고 사회, 선조와 상호 작용했다. 호더는 차탈회위크가 그런 상호작용을 보여줄 잠재력을 가진 유적임을 알고 있었다. 오랫동안 잊힌 조상들에 대한 믿음은 발굴로 드러난 물적 자료의 형태로 우리에게 전해질 것이었다. 성소들, 신전들, 그리고 모든 곳으로부터.

호더는 세 가지의 기본 원칙을 제시했다. 첫째, 생태(생명체와 환경의 관계), 기술, 혹은 사람들이 식량을 얻은 방식만으로는 과거를 볼 수 없다. 둘째, 가령 소수 종족이나 여성, 이름 없는 사람들, 대체로 문자 지식이 없는 일반인 같은, 그동안 제대로 주목받지 못한 과거 사회의 양상에 집중한다. 셋째, 고고학 조사가 대중에게 갖는 의미를 항상 고려한다. 그동안 여러 고고학자가 이 세 가지 원칙 중 일부, 또는 전부에 대해 목소리를 내기도 했다. 그러나 누구도 처음부터 세 가지 모두를 천명하지는 않았다.

물론 모든 것은 발굴에 달려 있었다. 조사단은 초기에 두 가지의 기본적인 질문, 즉 차탈회위크는 언제 형성되었고, 최초의 마을은 어떤 모습이었는지에 집중했다. 그리고 서기전 7400년 즈음 저습지에서 가까운 작은 마을로 시작했던 동쪽 마운드에 발굴 구덩이를 파 바닥까지 들어갔다. 동물 뼈와 씨앗으로 사람들이 농경민이었음을 알 수 있었다. 이 사람들은 주변에서 물고기와 물오리, 그리고 동물을 잡기도 했다.

이 작은 마을은 비옥한 토양과 풍부한 물, 그리고 농작물과 가축 덕분에 1,000년 동안 번성했다. 차탈회위크에서는 애초에 몇백 명만 살았다. 그런데 가축이 더 중요해지면서 인구가 3,500명에서 8,000명까지 증가했다. 이 무렵은, 멜라트의 발굴에서 드러났듯이, 집이 빽빽이 들어찬 작은 소도시의 모습이었다. 마을은 이제 주변에도 잘 알려진 중요한 공간이 되었다.

가까이 용암이 흘렀던 지점에서 별다른 노력을 기울이지 않고도 흑요석을 얻을 수 있다는 행운도 있었다. 빛이 나는 흑요석은 석기를 만드는 데 이상적인 돌이었다. 차탈회위크의 주민은 흑요석 덩이를 표준 크기로 적당히 손질한 뒤 마을로 운반해와 작고 날카로운 날을 가진 도구로 만들었는데, 시리아를 넘어서까지 광범위한 흑요석 교역망이 있었다.

차탈회위크는 번성했다. 마을 사람들이 1,400년 동안, 서기전 6000년 즈음 주거가 끝날 때까지 적어도 열여덟 차례에 걸쳐 집을 재건축한 흔적이 있었다. 호더를 비롯한 조사단은 진정으로 사람들과 그들의 '목소리'에 집중할 수 있었다. 이를 위해 166개 이상의 집을 발굴했는데, 단일 가옥이 아니라 같은 지점에 연쇄적으로 지어진 일련의 집들이었다.

마을에는 편평한 지붕을 가진 집들이 빼곡하게 들어찼고 좁은 통로만 있었다. 같은 집단의 사람들이 동일한 지점에서 집을 재건축하며 세대를 이었다. 이는 이웃 간에, 그리고 이전 시기에 이곳에 살았던 사람들과 강한 친족관계가 있었음을 암시하는 것이었다. 공동체를 하나로 엮은 힘은 개인과 가족들, 그리고 가까이 혹은 멀리 살았던 친척들 사이의 혈족관계였다. 이렇게 살아 있는 사람들과 선조들도 연결되었다. 이것이 바로 차탈회위크에서 친족 유대가 그토록 중요했던 이유였다.

소도시에 살았던 주민은 신전이나 의례 중심지 같은 거대한 공공건물을 만들지 않았다. 모든 일이 집 안에서 일어났다. 먹고 자고, 도구를 만들거나 모든 종류의 의례 활동이 집 안에서 이루어졌다. 죽은 사람을 묘지에 묻지도 않았다. 일상생활과 영적 믿음은 서로 얽혀 있었다. 우리는 이 같은 사실을 많은 집의 벽에 사람들과 표범, 독수리 같은 동물이 그려져 있는 것을 보고 알 수 있다. 마치 동물과 사람의 조상들이 산 사람이 살아가는 모습을 지켜보고 있는 듯하다. 많은 집들에 야생 황소의 머리뼈와 죽은 사람을 묻는 매장소가 있었다. 때로 죽은 사람의 머리를 분리하여 얼굴에 회칠을 반복했다. 그러곤 머리를 진열해놓고 세대와 세대를 이어 전해주었다. 이런 모든 것은 일상생활에 의미를 부여하는 복잡한 신화의 세계에 대해 말해주고 있다.

사람이 살지 않았던 집 몇 채로부터 그 의미를 더 찾을 수 있다. 죽은 사람이 그곳에 머물렀다. 집에는 평균 다섯에서 여덟 개의 무덤이 있었다. 그러나 특별한 집들 안의 어떤 무덤에서는 40년 정도에 걸쳐 62구의 인골이 쌓여 있기도 했다. 집 안에서는 신성한 야생 황소의 두개골과 진흙으로 황소 머리를 본뜬 것도 나왔다. 벽에는 황소를 그리고, 머리 없는 사람들과 새 사냥감도 묘사했는데, 분명 의례 활동과 관계있는 것들이었다.

주거용이 아니었던 집은 각각 그곳을 건축하고 관리했던 사람들의 역사를 가지고 있었다. 때로 사람들은 바닥을 파 이전 세대가 남겨놓은 훌륭한 황소 머리뼈를 들어내기도 했다. 이전 시기의 무덤에서 치아를 꺼내 후대의 무덤에 놓는 관습도 있었다. 호더는 이런 집을 '역사 가옥'이라 불렀다. 사람들이 그들의 조상과 역사와 소통할 수 있는 공간으로서 이전부터 내려오는 익숙한 의례를 했던 곳이었을 것이다. 역사 가옥에서는 야생 황소와 관련된 축제 의식이 벌어졌을지도 모른다. 이 위험한 동물은 고대 서아시아의 광범위한 농경 사회에서 거대한 영적 힘을 가졌다.

사람들은 죽은 사람들 위에서 살면서, 그리고 조상의 두개골 같은 신체의 일부를 재활용하면서 역사를 만들고 유지했다. 사람과 동물 모두의 조상들은 죽은 사람과 집, 살아 있는 사람들을 보호했다. 벽화에 묘사된 위험한 동물과 머리 없는 사람, 새 사냥감은 죽음 전과 후의 삶의 연속성을 강화시켰다.

차탈회위크의 농민들은 변화하는 계절에 따라 봄과 씨뿌리기(탄생), 여름(성장), 가을(수확), 겨울(죽음)의 일정에 따라 살았다. 이것은 인간 삶의 궁극적 실체였으며, 왜 사람들이 조상을 숭배하고 존중했는지에 대한 이유이다. 언젠가 자신들도 조상이 된다는 사실도 알고 있었다. 여성과, 아마도 다산을 상징하는 여신이 존숭을 받은 이유가 여기에 있다. 여신이 생명을 다시 태어나게 하기 때문이다.

차탈회위크 프로젝트는 고고학만의 것이 아니다. 호더는 발굴 결과와 수십 명의 전문가가 수행한 조사를 통해 조상과 깊이 연관된 공동체의 복잡한 역사를 일구어냈다. 복잡한 관계들과 긴장이 얽힌 공간이었다. 우리는 시끌벅적한 목소리가 많았던 과거의 공동체를 들여다보고 있는 것이다.

또 다른 목소리도 있다. 바로 현재의 지역민이다. 차탈회위크는 지역민의 역사이기도 하다. 그것만이 아니었다. 그 지역의 많은 농민이 발굴에 참여했다. 이제 고고학 박물관이 되어 여러 나라에서 온 관광객이 찾는 곳이 되었다. 호더를 비롯한 연구자들은 가까운 마을에 사는 사람들에게 발굴 이야기를 해주었다. 그리고 터키 고고학자들의 도움을 받아 박물관 안내자와 경비요원을 훈련시켰다. 호더는 한 유적 경비요원의 생애를 이야기로 쓰기도 했다.

많은 곳에서 온 고고학자들이 지역 경관의 일부가 되었다. 이것이 우리가 말하는 '연관의 고고학engaged archaeology'이다. 과거뿐 아니라 현대 세계와 연관을 맺는 고고학인 것이다. 고고학 조사와 발견된 것을 보호하는 일은 별개가 아니라 함께 가야 하는 일이다.

고고학자는 유적과 관련된 사람들을 흔히 이해당사자라고 부른다. 차탈회위크에서 이해당사자에는 주변 공동체의 사람들도 들어 있었다. 또한 유적에서 일하는 외국 및 터키의 고고학자들도 있으며, 박물관을 돌보는 사람들도 포함된다. 관광객도 이해당사자다. 왜냐하면 차탈회위크는 인류 공동의 문화유산이기 때문이다. 그리고 이해당사자 이야기를 할 때 조상도 잊지 말아야 한다.

CHAPTER 38

경관고고학과 스톤헨지

　호고가이자 법률가, 의사인 윌리엄 스터클리William Stukeley (1687~1765)는 잉글랜드 남부에서 스톤헨지라 불리는 큰 돌을 둥그렇게 세운 구조물(환상열석)에 사로잡혀 있었다. 스터클리는 터무니없기도, 기발하기도, 장난스럽기도 했다. 삶을 즐기는 태도를 지녔으면서도 과거에 대한 호기심은 채울 수 없었다. 1723년, 스터클리와 후원자 윈첼시 경Lord Winchelsea은 스톤헨지 삼석대trilithons (두 개의 돌을 세우고 그 위에 다리처럼 세 번째 돌을 얹은 구조)들의 위에 올랐다. 그리고 그중 하나에서 저녁을 먹었다. 스터클리는 훗날 '흔들리지 않는 머리'와 '날렵한 발걸음'을 가진 누군가가 이 위에서 미뉴에트를 출 공간을 찾으리라 말했다.

　이런 모든 터무니없는 행동에도 불구하고, 스터클리는 과거의 사람들에 관심을 가진 진지한 학자였다. 스톤헨지를 그저 경이로운 것일 뿐 아니라 폭넓은 경관 안에 있는 신성한 공간으로 생각했다. 이 환상열석에 대한 첫 조사를 끝내고선 가까운 곳에서 봉분 몇 기를 파기도 했다. 그러나 가장 중요한 일은 그곳을 걸어 다녔다는 것이었다.

스터클리는 꿰뚫어보는 눈으로 오랫동안 잊혔던 흙으로 만든 구조물(토루)을 찾았다. 그중에는 그 스스로 '애비뉴avenue'라 불렀던 둑과 도랑으로 두드러진 유구도 있었다. 200년 뒤의 항공사진에 따르면 이 유적은 에임즈버리Amesbury라는 소도시 근처의 에이번 강River Avon까지 3킬로미터를 뻗어 있었다. 또한 스터클리는 경주장이라 생각했던 도랑 두 개('커서스Cursus*'라 불렀다)를 찾기도 했는데, 동쪽 끝에는 관람석 같은 것이 있었다.

윌리엄 스터클리의 야외조사는 그 지각력과 정확도에서 놀라웠다. 이전에 스톤헨지를 찾았던 사람들은 그저 몇 마디로 묘사했을 뿐이었다. 스터클리는 시골을 거닐면서 – 오늘날의 고고학에서 기본적인 방법이기도 하다 – 과거 경관에 대한 체계적 연구를 했던 것이다.

고고학자는 오랫동안 힘들고 많은 돈이 드는 발굴을 하지 않고 유적을 연구하고 싶어 하는 꿈을 갖고 있다. 보통 '리모트센싱'이라고 알려진 '비발굴고고학non-intrusive archaeology'은 땅을 파지 않고 유적과 주변을 연구한다. 다시 말해 유적을 파괴하지 않

---

* 영국과 아일랜드에서 대규모의 선사시대 도랑(수혈) 유구를 일컫는 말이다.

는 연구법인 것이다. 리모트센싱은 항공사진에서 시작되었는데, 제1차 세계대전 이후 중요한 고고학의 방법이 되었다. 오늘날 우리는 구글어스, 위성사진, 항공레이더와 지표투과레이더 같은 기법으로 지표 아래를 들여다보기도 한다. 그렇게 전체 경관을 조사할 수 있는 것이다.

현재 고고학에서 잘 알려진 학자들 중에는 더 이상 땅을 파려 하지 않는 사람도 있다. 발굴은 실제로 고고학 유적을 파괴하는 것임도 잘 알고 있다. 물론 특정 질문에 답하기 위해, 그리고 연대측정 증거를 얻기 위해서라도 선택적 발굴이 필요하다. 그러나 오늘날의 발굴은 더 작은 규모로, 느린 속도로 세심한 계획 아래 이루어지고 있다. 1920년대와 1930년대에 우르에서 레너드 울리가 발굴했던 방법과는 전혀 다른 것이다.

우리는 방사성탄소연대측정과 제한적인 발굴 덕분에 스톤헨지에 대해 스터클리보다 훨씬 더 많은 사실을 알고 있다. 이 거대한 환상열석은 서기전 2500년 즈음에 세워졌다. 물론 그보다 적어도 1,000년 전부터 의례 활동이 있기는 했다. 그러나 우리는 언제나 주변 경관보다 환상열석 자체에 더 많은 관심을 가져왔다. 이제 리모트센싱 기법으로 스톤헨지와 주변에 대해 많은 사실이 새로이 밝혀졌다.

빈센트 개프니Vincent Gaffney는 북해에 수장되어 있는 빙하시대의 경관인 도거랜드('챕터 40' 참조)에 대한 연구를 개척한 리모트센싱 전문가다. 2010년, 4년에 걸친 스톤헨지 연구를 시작했고 자기탐지기magnetometer와 지표투과레이더를 이용해 지표 아래 유적의

3차원 이미지를 만들어내고 있다. 조사단은 사륜 오토바이와 소형 트랙터에 최신 장비를 싣고 스톤헨지 주변의 14제곱킬로미터 면적에 대해 세부 지도를 그렸다. 이 프로젝트로 지금까지 알려지지 않았던 15개의 환상열석과 봉분, 도랑과 구덩이를 찾았다. 이로써 스톤헨지가 산 자와 죽은 자가 머물렀던 잘 조성된 경관임이 드러났던 것이다.

개프니는 스터클리가 커서스라 부른 유구도 조사했다. 스톤헨지 북쪽에 있으며 동에서 서로 3킬로미터가 넘는 긴 도랑 유구다. 경주장이라는 스터클리의 생각과 전혀 다르게 이 긴 도랑 유구는 아마도 스톤헨지 건설이 시작되기 몇백 년 전에 있었던 신성한 보도步道였을 것이다. 개프니를 비롯한 조사자들은 도랑에서 몇 개의 공터도 발견했다. 아마도 북쪽과 남쪽에서 들어온 사람들이 동서 축으로 향하는 통로 역할을 했으리라 생각되고 있다.

개프니의 지표조사에서 확인된 모든 수수께끼 같은 유구는 발굴 조사를 기다리고 있다. 많은 유구들은 하지와 동지, 곧 해가 가장 긴 날과 가장 짧은 날의 일출 지점에 도열해 있다. 이렇게 스톤헨지의 경관은 강한 영적 의미를 갖고 있다. 환상열석과 땅을 파 도랑을 만든 사람들에게 어떤 의미가 있었는지, 스톤헨지라는 극적인 구조물이 어떤 감흥을 불러일으켰는지는 상상의 영역일지도 모른다. 그러나 이제 우리가 대답할 수 있게 된 문제들도 있다.

스톤헨지를 세웠던 농경민들은 거친 환경에서 살았으며, 그 삶은 머물다 지나가는 계절이 지배했다. 씨를 뿌리고, 가꾸고, 수확하는 영속되는 순환 – 상징적 삶과 죽음의 순환 – 은 좋은 시절과 그렇지 않은 시절을 거치며 끝없이 되풀이했다. 이것이야말로 스톤헨지 경관에서 사람의 삶을 지배했던 실체였다. 터키의 차탈회위크('챕터 37' 참조)를 포함해 크고 작은 다른 많은 공동체도 마찬가지였다. 다행히 스톤헨지에서 동북쪽으로 3킬로미터쯤에 있는, 흙으로 만든 거대한 유구(토루)인 더링턴 월스Durrington Walls 발굴에서는 과거 이곳에서 벌어졌던 복합 의례의 일단이 드러났다.

더링턴 월스는 거대한 원형 토루이며, 보통 '헨지'라고 알려져 있다. 과거에는 높이가 3미터를 넘었고 안쪽으로 3미터의 도랑이 있었다. 토루는 17만 제곱미터의 면적에 걸쳐 있었지만, 오늘날 지표에서는 별로 드러나 있지 않다. 그 옆 남쪽에는 우드헨지Woodhenge라 알려진 통나무 원형 구조물이 자리 잡고 있었다. 스톤헨지 크기의 통나무 원형 구조물이 토루 안에서 북쪽과 남쪽(노스서클과 사우스서클이라 불린다)에 서 있다.

서기전 2525년에서 서기전 2470년 사이에 토루가 세워지기 전, 여기서는 유럽에서 가장 큰 취락 중 하나가 번성했다. 이곳에선 4,000명이나 되는 사람들이 살았으며, 나뭇가지로 세우고 진흙을 바른 집 1,000채 정도가 있었다. 이곳 주민들이 더링턴 월스와 스톤헨지를 세웠을지도 모른다. 스톤헨지 주변엔 건축자로 생각되는 사람들의 마을이 발견되지 않았던 것이다.

최근까지도 모든 사람이 이 두 유적이 서로 다른 시기에 만들어졌으며, 더링턴 월스가 몇백 년 더 빠를 거라고 생각했다. 하지만 새로이 방사성탄소연대를 측정한 결과 두 유적은 같은 시기의 것임이 밝혀졌다. 그렇다면 왜 스톤헨지는 돌로 만들어졌고, 더링턴 월스와 우드헨지는 통나무로 건축되었을까? 스톤헨지 삼석대의 가로대는 통나무 구조물에서 보이는 것과 비슷한 연결 부위를 가지고 있는데, 이는 축조자가 목수였음을 시사하고 있다.

마이클 파커 피어슨Michael Parker Pearson은 아주 폭넓은 경험을 가진 영국의 고고학자였다. 세계 여러 지역에서 조사한 경험이 있었는데, 마다가스카르에서는 그 지역의 고고학자 라밀리소니나Ramilisonina와 함께 여러 무덤과 돌로 만든 구조물을 답사했다. 파커 피어슨은 에이브버리와 스톤헨지를 발굴했으며, 라밀리소니나에게 유적 방문을 주선해주었다. 유적을 한번 둘러본 라밀리소니나는 돌로 만든 스톤헨지는 조상, 곧 죽은 자들을 위한 공간이고, 나무로 세운 더링턴 월스는 산 자들을 위한 공간이라고 선언했다. 과연 그것이 사실일까? 스톤헨지와 주변 봉분에는 화장 무덤이 있었지만 더링턴 월스에서는 그런 것들이 발견되지 않았다.

파커 피어슨이 이끄는 조사단은 엄청난 양의 자료를 다루면서 폭넓은 시각으로 보고자 했다. 예를 들어 왜 스톤헨지의 유명한 '청석'은 이 환상열석에서 290킬로미터나 떨어진 프레슬리힐스Preseli Hills에서 옮겨와야 했을까? 그보다 더 중요한 질문도 있다. 왜 스톤헨지를 가까운 강에서 2킬로미터나 떨어진 황량한 언덕 위에 세웠을까? 왜 그토록 힘들게 돌을 운반하고 통나무를 흉내내어 깎았을까?

협업만이 복잡한 문제를 풀기 위한 길이다. 파커 피어슨을 비롯한 사람들은 재능 있는 연구자로 장기간의 스톤헨지 리버사이드 프로젝트를 발족시켰다. 조사의 모든 단계는 세심한 논의를 거쳤다. 야외에서, 맥줏집에서, 실험실에서 예민한 문제들을 철저히 논의했다. 이를 바탕으로 세심히 계획하여 일련의 발굴과 지표조사를 실시하고, 아주 작은 유물까지도 분석 작업에 들어갔다. 더링턴 월스에서는 발굴자들이 폭이 100미터인 포장도로의 흔적을 찾았는데, 길을 따라 나란한 둑이 토루의 남쪽 출입구에서 에이번 강까지 나 있었다. 길은 남쪽 원형 구조물의 출입구에 닿아 있었다. 그렇다면 이것이 어떻게 더 넓은 스톤헨지 경관과 결부되어 있는가?

조사단의 일원이었던 크리스토퍼 틸리Christopher Tilley는 '현상학'을 토대로 선사시대의 경관을 조사하는 새로운 접근법을 개척했다. 과거 사람들의 방식대로 지리경관을 둘러보는 것이다. 지표투과레이더와 지도, 다른 지표조사 장치도 훌륭했지만 경관에는 그보다 더 많은 것이 담겨 있었다. 시작을 위해 조사자는 현대의 길과 들, 울타리와 오솔길을 무시해야 한다. 과거의 사람들은 어떻게 자연경관을 이용해 스톤헨지에 다가갔을까? 틸리는 과거의 길과 유구를 걸어보고, 에이번 강까지 가는 길을 조사했다. 당시는 강과 내에서 나무배를 타고 먼 거리까지 교역을 하는 사회였을 것이다.

틸리가 조사하는 동안 파커 피어슨을 비롯한 조사단은 더링턴 월스를 발굴했다. 트렌치를 설정하고 표토를 걷어내며 백악층을 드러냈다. 백악으로 바닥을 다진 집은 25제곱미터 정도의 넓이였다. 손으로 정성을 들여 발굴하자 진흙을 바른 벽이 서 있던 기둥 자리가 드러났다. 벽과 백악 바닥 모서리 사이에서는 침대와 저장고의 기초였던 얕은 구덩이가 나타났다. 집터 5기의 바닥에서 나온 흙은 실험실에서 정밀한 체로 걸러냈다.

더링턴 월스는 스톤헨지를 보지 않고선 이해할 수 없다. 우리는 스톤헨지에 대해 더 많은 것을 알고 있다. 오랫동안 스톤헨지는 무덤 공간의 역할을 했다. 사람들은 하지와 동지 축을 따른 자연의 지리적 구조의 끝에 스톤헨지를 세웠다. 스톤헨지의 첫 번째 형태는 서기전 3000년 즈음에 만들어졌다. 삼석대와 사르센석(사암의 일종)이 세워진 두 번째 단계의 건축은 서기전 2500년 즈음에 이루어졌는데, 이때 더링턴 월스에서도 통나무로 원형 구조물이 세워졌다. 사람들은 마을 안에 구조물을 세우고 먼 곳에서 무리를 이끌고 와서 여름과 겨울 축제를 벌였다.

아마도 스톤헨지는 죽은 자들의 공간이었고, 더링턴 월스는 산 자들의 공간이었을 것이다. 우리는 이 두 유적의 배치를 통해 이 사실을 추정할 수 있다. 주변 경관은 거대한 천문대와도 같다. 한여름에 스톤헨지는 일출 때 떠오르는 태양을 향해 정렬해 있다. 더링턴 월스의 길과 유적의 남쪽 원형 구조물은 한여름의 일몰 때 지평선 아래로 내려가는 태양과 정렬해 있다.

스톤헨지 리버사이드 프로젝트는 세심하게 가설과 연구 목표를 정하고 밀접하게 작업한 훌륭한 협업의 사례다. 조사단에는 광범위한 분야의 전문 지식을 가진 전문가들이 참여했는데, 몇몇은 고고학과 거의 관련이 없었다. 조사단은 위험 부담을 안고 용감하게 문제를 제기했으며, 지식이 누적적 – 지식은 점점 쌓여간다 – 이라는 사실을 보여주었다. 그리하여 이 프로젝트는 미래에 스톤헨지를 면밀히 이해하는 데 필요한 청사진을 제시했던 것이다.

많은 점에서, 스톤헨지 경관에서 연구하는 고고학자들은 고고학의 미래를 보여준다. 이제는 그저 개별적으로 유적을 발굴하는 대신 유적을 더 폭넓은 경관의 일부로 생각한다. 다시 1720년대에 스톤헨지에서 윌리엄 스터클리가 했던 자리로 돌아온 것이다.

CHAPTER 39

보이지 않는 곳에 빛을 비추다

스톤헨지에서 이루어진 조사로 과거를 연구하는 데 리모트 센싱이 중요한 역할을 한다는 점이 잘 드러났다. 앞으로 얼마 지나지 않아 스톤헨지 환상열석 주변의 신성한 경관에 대해 더 잘 이해하게 될 것이다. 이로써 이전에 보지 못했던 훨씬 더 큰 규모의 고고학 조사를 진행할 수 있었다. 그러나 스톤헨지와 더링턴 월스는 지구 반대편에서 이루어진 또 다른 리모트센싱 프로젝트에 비하면 작은 규모일 뿐이었다.

캄보디아에서 덥고 습한 날에 처음으로 앙코르와트Angkor Wat를 보았을 때 나는 그 규모에 숨조차 쉬기 힘들었다. 빽빽한 밀림 안 유적에서 발을 헛디뎠다. 위를 보니 탑들의 꼭대기가 하늘로 치솟아 있다. 땅거미가 질 무렵 기울어가는 햇살이 화려하게 장식된 앙코르와트 상부를 수놓는다. 거대한 성소는 아름답고 경이로우며 눈부시고 거의 상상할 수 없는 규모다. 나는 그저 이것을 만든 이름 없는 건축가의 비전에 경탄할 뿐이었다. 앙코르와트는 세계의 위대한 고고학적 불가사의 중 하나다. 역사적 뿌리는 1,000년 이상 거슬러 올라간다. 그러나 유적은 밀림 안에 있어서 주변 경관이 거의 보이지 않는다. 현재까지는 그러하다.

이곳에서 이루어진 리모트센싱을 알아보기 전에 먼저 그 배경을 살펴보자. 앙코르와트는 메콩 강과 톤레사프Tonle Sap라 불리는 거대한 호수 가까이에 있다. 이 호수는 아주 특별하다. 메콩 강은 8월과 10월 사이에 범람하는데, 그때 호수는 길이가 160킬로미터, 깊이는 16미터까지 불어난다. 그리고 메콩 강의 물이 가라앉고 호수의 수위도 내려가면 얕은 물에서 수백 마리의 메기와 다른 물고기가 잡힌다.

벼농사에 이상적인 비옥한 토양과 지구상에서 가장 풍부한 홍수 어업으로 조성된 아주 생산적인 환경에서 농민들은 수천 년을 이어서 살아왔다. 저수지와 운하를 만들고 관리하여 농경지 수천만 제곱미터에 물을 댄 크메르 문명은 서기 802년부터 1430년까지 부유함을 유지했다.

톤레사프와 그 주변 지역은 그곳을 두고 다투었던 수많은 왕국을 먹여 살렸지만, 그 역사는 거의 알려져 있지 않다. 그런데 야심만만한 크메르 왕들이 나타나 강력하고 더 안정적인 제국을 만들었다. 그리고 스스로를 신성한 지배자라 여겼으며, 그 영광을 기념하기 위해 엄청난 비용을 들여 성소를 지었다. 앙코르와트와 몇 개의 눈부신 궁전과 성소는 이곳 경관을 압도한다. 앙코르와트와 인접한 앙코르톰Angkor Thom도 아주 크다. 규모에서 고대 이집트 신전과, 캐더우드와 스티븐스가 외부 세계에 소개했던 온두라스 코판의 마야 중심지('챕터 6' 참조)를 압도한다.

크메르 제국의 지도자들은 신성한 왕권과 사치, 그리고 부에 대한 숭배를 만들어냈다. 수천 명의 평민들의 노동을 포함하여 모든 것은 왕을 위한 것이었다. 서기 1113년에 수리야바르만 2세Suryavarman II는 앙코르와트를 짓기 시작했다.

이 놀라운 건축물의 곳곳에는 크메르 신화의 요소가 들어 있다. 크메르의 우주론에 따르면 세상은 잠부디파Jambudvipa라는 대륙 하나로 이루어져 있고 가운데에는 메루Meru 산이 솟아 있다고 한다. 앙코르와트의 중심에 있는 탑은 메루 산 정상을 본떠 주변 경관에서 60미터 정도 솟아 있으며, 다른 네 개의 탑은 더 낮은 산정을 상징한다. 여기에 장엄한 성벽은 대륙 주변을 도는 산의 범위를 나타내며, 성벽 주변의 해자는 신화에 나타나는 바다를 뜻한다.

앙코르와트는 수리야바르만 2세가 죽은 뒤 오래가지 못했다. 정치적 지각변동을 겪으며 곧 버려지고 만 것이다. 그 후 서기 1151년 권좌에 오른 수리야바르만 7세는 힌두교도가 아니라 불교신자였다. 왕은 앙코르와트와 가까운 곳에 앙코르톰을 세웠는데, 성소일 뿐 아니라 도읍지 역할도 했다.

우리는 앙코르와트에 쉽게 사로잡힌다. 앙코르와트는 지구상에서 가장 놀라운 고고학 유적 중 하나이며, 고고학자의 악몽

중 하나이기도 하다. 유적은 너무나 크고 정교하게 만들어져 있어서 아직도 전체 규모를 알지 못한다. 규모가 크고 복잡하여 전통적인 발굴 방법으로는 제대로 연구할 수 없는 것이다.

수리야바르만의 성소는 한 변의 길이가 각각 1,500미터, 1,200미터에 이르고 넓은 해자로 둘러싸여 있다. 중심지만도 길이 215미터, 너비 186미터에 이른다. 해자 위에 있는 길 1,500미터를 걸어 유적에 다가갈 수 있다. 또한 신화에 나오는 머리가 여러 개인 뱀들로 장식된 낮은 벽이 보호하고 있으며 광장들, 회랑들, 방들이 3단계로 중앙의 탑을 둘러싸고 있다. 왕 앞에 관리들이 열을 지어 있는 모습이 벽에 새겨져 있다. 정복을 기념하는 전투 장면도 묘사되어 있다. 아름다운 여인들이 춤을 추며 파라다이스에서 영속의 삶을 약속하는 듯하다.

천문대와 왕릉, 신전 등 앙코르와트의 모든 것은 심오한 우주론적이고 종교적인 상징을 담고 있으며, 모두가 거대한 규모로 조성되어 있다. 그 거대한 규모와 복잡한 구조는 장관을 자아내는데, 보는 이를 압도하여 주변 경관을 잊게 만든다. 심지어 과거의 고고학자들조차 그러했다.

리모트센싱 기술을 도입하기 전의 조사는 막다른 길에 봉착해 있었다. 위성을 이용한 리모트센싱 기술을 훈련받은 오늘날의 조사자들은 주변 경관에 대한 질문을 던진다. 앙코르와트가 75만 명 정도의 사람들이 들어찬, 인구밀도가 높은 환경의 중심지였음은 이미 알려져 있었다. 그러나 주변 경관이 밀림으로 덮여 있어 직선적 시선을 필요로 하는 조사자들에게 우림과 두터운 식생을 도표로 만드는 일은 어려웠다. 도끼와 마체테(날이 넓은 긴 칼)로 무장한 일꾼들을 동원하여 나무를 베어내지 않고선 할 수 있는 일이 별로 없었다. 다행히 조사자들은 LIDAR 기술로 눈을 돌렸다.

LIDAR*란 원래 1960년대에 대기과학에서 개발되었던 레이저 탐지 기술의 한 형태다. 장비에서 나오는 빛이 주변 대상 물체에서 반사되어 나오는 현상을 이용한 것으로, 물체에서 반사되는 시간을 측정하여 그 물체까지의 거리를 정확히 계산한다. 이렇게 LIDAR는 아주 정확하고도 고해상도의 3차원 자료를 수집한다. 장비를 이용해 수백만 개의 점을 만들어내 컴퓨터가 그것을 3차원 공간에 전환시키는 것이다.

고고학자의 시각에서 보면 LIDAR는 전통적인 야외 지표조사보다 비용이 낮은 방법이다. 심지어 지표에서 아주 세밀한 구조물을 기록하는 데 사용될 수도 있다. 이런 첨단 기술은 앙코르와트 같은 밀림경관에 있는 대규모의 유적을 항공 조사하는 사례에 잘 들어맞는다. 장비에서 초당 60만 개의 펄스가 나와 나뭇잎과 다른 식생을 통과하여 지표에 전달된다. 그렇게 두터운 밀림에서도 집과 신전, 그리고 다른 구조물들을 기록할 수 있다. 이제 우림은 더 이상 비밀스런 곳이 아니다.

2012년 이전에도 고고학자 크리스토프 포티어Christophe Pottier, 롤랜드 플레처Roland Fletcher, 데이미언 에번스Damian Evans가 일련의 작은 규모의 지표투과레이더를 이용해 지표조사 결과와 결합시켜

---

* 'Light Detection and Ranging'의 줄임말이다. 빛을 감지하는 레이저를 이용해 지도를 그리는 전자장비를 말하며, 최근에는 자율주행차 개발에도 이용되고 있다.

보았다. 그랬더니 놀랍게도 과거에 앙코르와트는 밀림에 덮여 있지 않았다. 75만 명 정도로 추산되는 주민이 사는, 적어도 1,000제곱킬로미터 면적의 거대한 도시 한가운데에 있었던 것이다. 고고학자들은 운하와 저수지, 낮은 둑으로 둘러싸인 수천 개의 논, 언덕에 묻힌 집과 수백 개의 작은 성소 등의 흔적을 찾았다. 그러나 이렇게 새로운 고고학 지식을 얻었음에도 앙코르와트 지역 자체는 두터운 밀림에 덮여 있어 걸어서 지표조사를 하기란 거의 불가능했다.

2012년, 조사가 더 이상 진전되지 않는 데에 불만을 가진 조사단은 두터운 밀림을 '꿰뚫어'볼 수 있을까 기대하며 LIDAR 기술로 눈을 돌렸다. 에번스는 앙코르와트를 담당하는 캄보디아의 정부 기구와 협력했다. 그러는 한편으로 오스트레일리아, 유럽, 캄보디아, 미국의 전문가로 구성된 조사단은 지표투과레이더 작업에 나섰다. 그 결과는 앙코르와트 땅에서 세심한 계획으로 타깃을 정해 발굴한 결과와 결합되었다. 이로써 조사에서 전체 도시의 경관이 드러났다.

앙코르와트는 12세기에 크메르 제국의 신전 도시이자 수도였다는 전통적인 생각이 100년 이상 유지되어왔다. 거대한 성벽 안에 밀도가 높은 도시 인구가 살았으며, 특히 지배자의 궁 안에 집중되어 있었으리라 여겼다. 멀리 떨어진 마을들도 밀림 속 농경지의 일부였다고 생각했다. 그러나 이제 새로운 기술을 이용해 밀림을 사실상 '들어내자' 신전 부근의 도시 지역뿐 아니라 앙코르와트와 성벽의 지도를 제대로 그릴 수 있게 되었다.

고고학의 역사

조사 결과 새로이 발견된 사실은 놀라웠다. 그동안 고고학자들이 생각했던 것보다 신전들이 훨씬 더 컸고 정교하게 만들어져 있었다. 앙코르와트에서는 앙코르톰이 건설되기 100년 전에 바둑판식 도로가 잘 구획되어 거대한 성소 두 개를 넘어서 먼 곳에 있는 앙코르의 신전들까지 모두 연결되어 있었다. 도로와 운하망은 더 넓은 앙코르 지역의 교외까지도 뻗어 있었다. 그런 곳에 대부분의 사람들이 살았다.

고고학자들은 오랫동안 고대 도시가 수메르의 우르나 아테네처럼 작지만 인구밀도가 높은 곳이었으리라 생각해왔다. 그러나 고든 윌리의 초기 마야 경관에 대한 연구, 그리고 앙코르에서 새로이 밝혀진 사실에 따르면 열대우림 지역에서 성벽이 없는 도시들이 넓게 뻗어 있었던 것이다. 전통적으로 성벽으로 둘러싸인 공간을 가리키는 '도시'라는 말에는 우리의 생각보다 훨씬 더 많은 의미가 담겨 있다.

앙코르와트를 연구하는 사람들은 엘리트가 이곳에서, 가장 신성한 공간의 그늘에서 살았을 것이라고 생각했다. 그러나 LIDAR를 이용한 지표조사 결과는 그런 생각과 어긋났다. 대신전은 복잡하게 서로 연결된 경관의 일부였고, 그 경관은 레이저 스캐너가 등장하기 전에는 거의 보이지 않았다. 에번스와 플레처가 LIDAR 조사 결과를 들여다보는 동안 지표조사를 맡은 연구자들은 레이더를 이용하는 동시에 세심한 발굴로 신전 근처에서 얼마나 많은 사람이 살았는지, 또 누구였는지를 파악하고자 했다. 그리고 이곳 주민들이 빠르게 부식되고 마는 재료로 지어진 소박한 집에서 살았음을 알고 흥미로워했다. 이제 조사단은 이곳 주민이 부유한 엘리트가 아니라 신관이나 무용수, 관리 등 신전과 관련된 사람들이었을 거라고 생각한다.

다시 한 번 리모트센싱 기술로 더욱 철저한 개관을 얻을 수 있었다. 지표투과레이더와 LIDAR, 토양 분석, 지표조사와 선택적 발굴이 결합되어 성벽 안에서 300개의 작은 저수지가 구획되어 있음이 밝혀졌다. 이전에는 불과 몇 개밖에 되지 않는 것으로 생각했지만, 훨씬 많은 유구가 알려진 것이다. 새로이 확인된 저수지와 서기 1295~1296년에 중국에서 온 방문자가 남긴 기록을 이용하여 앙코르와트의 성안에서만 4,000명 정도가 살았다고 추산한다.

신전을 운영하는 데 얼마나 많은 사람이 필요했을까? 조사단은 크메르 명문을 근거로 관리의 수를 2만 5,000명 정도로 추산한다. 그러나 대부분은 성 밖에서, 아마도 신전에서 멀지 않은 곳에 살았을 것이다. 명문에는 식량과 다른 물품을 조달하는 사람들이 다섯 배 정도 있었다고 기록되어 있다. 그런 사람들 거의 모두가 분명히 교외에 살았을 것이다.

리모트센싱 기술을 이용한 결과 전혀 예기치 않았던 앙코르와트의 물류 규모도 추정할 수 있었다. LIDAR와 이전의 리모트센싱 방법으로 앙코르의 주 신전들은 운하들, 연못들, 저수지들을 잇는 거대한 연결망의 중심에 자리 잡고 있었음이 밝혀졌다. 이들이 세 개의 작은 강으로부터 도시를 지나 톤레사프에 이르기까지 물을 확보하여 저장하고 분배했던 것이다. 웨스트바라이West

고고학의 역사

Baray라 불리는 저수지 하나만도 길이 8킬로미터에 너비가 2킬로미터에 이른다.

이제 야외조사가들이 드론을 이용하면서 LIDAR의 비용은 점점 낮아지고 있다. 이로써 한 세대 전에는 상상할 수 없었던 방식으로 고대 도시를 둘러싸고 있던 경관을 볼 수 있다.[*] 작은 규모에 빽빽하게 들어찼던지, 아니면 넓게 확산되어 있었던지, 과거의 도시들은 주변 공동체와 농토의 지리경관에 의존했다. 데이미언 에번스와 롤랜드 플레처 등은 크메르 문명에 대한 우리의 생각을 완전히 바꿔놓았다.

이제 LIDAR는 모든 곳에 이용되면서 과테말라의 엘미라도르El Mirador 같은 고대 마야 중심지의 흩어져 있는 취락 유형을 밝히는 데도 쓰인다. 또한 미국 메릴랜드 주의 아나폴리스Annapolis 근처에서 식민지 시기의 농장 규모를 파악하는 데도 이용되었다.

그동안 고고학자의 상징은 흙손이었다. 이제 얼마 지나지 않아 열기구 풍선이나 드론, 위성으로 작동하는 다양한 리모트센싱 장비 역시 흙손만큼 고고학에 널리 쓰일 것이다.

---

[*] 최근 보도에 따르면 최신 레이더를 장착한 항공기를 이용해 과테말라 밀림에서 수십 개의 마야 도시와 수만 개의 유적을 찾았다고 한다.(《내셔널지오그래픽National Geographic》, 2008년 2월 1일)

CHAPTER 40

고고학의 오늘과 내일

　산등성이 몇 개와 낮은 언덕에 냇물과 강이 흐르는 습지경관을 떠올려보자. 9,000년 전으로 거슬러 올라가 쪽배 한 척이 높은 갈대밭 사이로 좁은 물길 위를 지난다. 바람이 세차게 불고 공중에서 가랑비를 뿌리지만 검은 물은 잔잔하다. 한 여인이 조용히 노를 젓고, 남편은 앞에 서서 미늘 달린 작살을 던질 준비를 한다. 번갯불처럼 작살을 찌르자 강꼬치가 수면 위로 튀어 오른다. 놀란 새들이 소리를 내며 날아오른다. 어부는 곧 잡은 물고기를 배에 올려놓고 아내는 재빨리 몽둥이로 내리친다. 다시 수면은 잔잔해지고 고기잡이가 이어진다.

　이 이야기는 지어낸 것이지만, 결코 상상 속의 경관만은 아니다. 바로 영국과 유럽 대륙 사이에 차갑고도 거칠게 뻗어 있는 북해의 바닥에서 나온 고고학 및 기후 증거에 바탕을 둔 이야기인 것이다. 그러나 9,000년 전 세계의 해수면이 오늘날보다 훨씬 낮았을 때 이곳은 육지였다.

오늘날 지질학자들이 도거랜드Doggerland라 부르는 이곳은 해수면보다 겨우 몇 미터 높을 뿐이었다. 그래서 대부분 습지였으며, 이곳에 살았던 사람들은 많은 시간을 배에서 보냈을 것이다. 우리는 리모트센싱을 통해 세부적인 자연경관까지도 추정할 수 있다. 그러나 얕은 바다의 바닥에서 건져 올린 뼈작살 같은 우연한 발견으로 얻는 약간의 지식 말고는 이곳 주민에 대해 아는 사실은 거의 없다. 주민은 수렵과 어로를 했을 것이고, 농경은 여전히 시작되지 않은 상태임도 알고 있다. 또한 사람들은 지속적으로 변화하는 환경에서 살았음도 알고 있다. 불과 몇 센티미터만 해수면이 상승하면 한 세대도 지나지 않아 나루터와 야영지가 물에 잠겼을 것이다.

빙하시대가 끝나고 지구온난화가 닥치면서 도거랜드는 마침내 서기전 5500년 즈음 바다에 잠겼다. 고고학 덕분에 우리는 사람들이 크고 작은 기후변동에 어떻게 적응했는지, 그리고 가뭄을 맞아 도거랜드에 사는 작은 사냥꾼 무리가 어떤 위기를 맞았는지, 아니면 어떻게 기후변동으로 고대 문명이 사라질 위기에 처했는지 등 더 많은 것을 알고 있다. 우리는 현재 지구온난화의 시기에 살고 있다. 다만 이 변화는 주로 1860년대 이후 인간의 활동으로 생긴 변화다. 고고학자들은 장기간의 역사적 시각에서 기후변동에 대해 이야기하고 있으며, 이는 오늘날을 이해하는 데도 도움이 된다.

우리가 좋아하든 그렇지 않든, 우리는 허리케인이나 가뭄 같은 극단적인 기후 사건이 더 빈번해지고 있다는 사실을 깨달아야 한다. 우리는 오래전에 사라진 도거랜드의 주민과 같지만, 이것은 전 지구적 규모에서 그러하다. 해수면 상승을 맞아 작은 수렵민 무리는 이동했다. 그러나 오늘날 커다란 도시에 사는 인구는 그럴 수 없다.

100만 명이 사는 도시가 나타나기 훨씬 전의 초기 문명들 역시 기후변동에 취약했다. 고대 이집트 문명은 서기전 2100년 가뭄에 이어 나일 강 홍수가 일어나지 않자 거의 사라질 뻔했다. 다행히 파라오들은 영리하게도 광범위한 농업 관개 체계와 곡물 저장 시설에 신경을 쏟았다. 그렇게 문명은 2,000년이 넘는 시간 동안 이어졌다.

그동안 위대한 마야 도시들은 부분적으로 커다란 가뭄 탓에 사회적 무질서와 혼란에 빠졌다. 문명이 기후변동에 취약하다는 사실은 고고학에서 결코 새로운 일이 아니다. 이렇게, 그리고 다른 많은 방식으로 고고학은 우리 자신에 대해, 그리고 오늘날 우리가 도전을 어떻게 마주할 것인지에 대해 많은 것을 말해준다. 많은 도전이 사실 새로운 것도 아니다.

고고학은 늘 사람들에 대한 것이었다. 변한 것은 사람이 아니라 우리가 연구 자료로 삼는 증거의 층일 뿐이다. 고고학은 순수한 발굴자로 시작했으며 놀라운 발견물이나, 때로 지식을 얻고자 했다. 대부분의 경우 문명을 선호했다. 오늘날 우리는 인류의 기원부터 산업혁명과 제1차 세계대전 참호에 이르기까지 모든 것에 관심을 갖고 있다. 물론 우리는 여전히 조각상과 건물지, 또는 황제의 테라코타 군대를 발굴하고 있다. 실험실에서 토기 조각이나 동물 뼈를 연구하기도 하며, 마야 지배자들의 종교 신앙에 대해 토론하기도 한다. 고고학은 LIDAR와 같은 새로운 기술을 이용하면서 변모하고 있다. 그런 기술로 깊은 열대림에서도 전체 경관과 유적을 파악할 수 있다.('챕터 39' 참조) 우리는 갈수록 전문화해서 때로 고고학이 사람들에 대한 것임을 잊어버리는 경향도 있다.

이제 굉장한 장식품이 나오는 고분 같은 진정으로 '경이로운' 발견은 드물어졌다. 불행히도 고고학의 진귀한 기록관은 우리 눈앞에서 점점 사라지고 있다. 세계 도처에서 고고학 유적은 농토 개간이나 산업 발달과 도굴의 위협에 시달리고 있다.

이런 사실을 의식하지 않고 고고학 유적과 과거 사회의 유산에 매료된 관광객 수천 명의 발길에 피라미드와 고대 앙코르와트 유적의 돌 기단은 손상되고 있다. 그와 동시에 이라크와 시리아의 IS 같은 테러 조직과 범죄 조직이 의도적으로 고대 팔미라와 니네베를 폭약으로 파괴하고, 파괴된 박물관에서 훔친 유물을 내다팔기도 한다.

다행히 영웅담도 있다. 역사를 중시하고 스스로 과거에 대한 이해당사자임을 인식하고 있는 공동체도 있다. 몇몇 나라에서 고고학자들은 금속탐지기를 이용하는 비전문가들과 협력하기도 한다. 이로써 앵글로색슨이나 바이킹 시대의 금으로 만든 유물

같은 놀라운 발견이 이루어지기도 했다.

　많은 기업들도 개발계획에 따라 훼손될 위협에 처한 유적을 구제하는 데 도움을 준다. 런던을 가로지르는 지하철을 건설하는 크로스레일Crossrail 프로젝트에서는 처음부터 고고학자와 터널 공사자의 협력을 계획했다. 그리하여 100킬로미터 노선의 40개 지점에서 1만 점이 넘는 유물을 수습했다. 런던의 주요 터미널인 리버풀가역Liverpool Street Station 지하에서는 놀랍게도 3,000구 정도의 인골이 발견되었다. 그중 42구가 1665년 흑사병으로 인한 단일 매장 유구에서 나온 것이었다. 런던 사람 수십만 명이 동쪽에서부터 유럽을 휩쓸고 온 이 역병에 죽어갔다. 불과 며칠, 경우에 따라 몇 시간 만에 전염병에 걸려 죽기도 했다. 검은 발진이 나타나면서 도로에서 쓰러졌다. 당시 죽음을 몰고 온 질병이 무엇인지, 어디에서 왔는지를 아는 사람은 없었다.

　질병의 정확한 성격은 여전히 불분명했다. 크로스레일 연구자들은 리버풀 가 희생자들의 치아 에나멜에서 DNA 샘플을 채취하여 분석했다. 그 결과 쥐가 옮기는 선페스트 전염병과 관련된 박테리아의 흔적이 나왔다. DNA 분석으로 그토록 많은 런던 사람들을 죽음으로 내몬 질병이 무엇인지 최종 판단을 내릴 수 있었던 것이다.

　크로스레일 프로젝트는 사라진 런던의 역사 몇백 년을 되살렸다. 산업 활동으로 다른 곳에서도 유적이 드러났으며 기업의 자금 후원으로 발굴이 이루어져 과거의 극적인 순간이 드러나기도 한다. 예를 들어 약 3,000년 전 영국 동부의 소택지 피터버러

Peterborough 근처의 머스트팜Must Farm 습지에 있던 작은 마을에 불이 났다. 작은 울타리를 치고 습지에 기둥을 박아 세운 마을은 불길에 휩싸였다. 마을 사람들은 살림살이를 놓아두고 달아났다. 몇 분 만에 다섯 채의 집이 물속으로 내려앉았다.

이때 고고학자의 장점이 잘 드러난다. 오랫동안 잊힌 재앙이 한순간에 얼어붙어 있을 때, 습지에서 거의 완벽하게 보존되어 있을 때, 모든 살림살이가 훼손되지 않은 상태로 집이 무너져 있을 때가 그러하다. 지역의 벽돌 제조업자의 도움 덕분에 이 놀랍고도 비극적인 이야기의 조각을 하나하나 꿰맞출 수 있었다.

유적이 저습지에 있어서 고고학자는 물기가 많은 진흙과 고운 토사를 체질했다. 거의 완벽하게 보존되어 있어서 조사자들이 마치 그곳을 걷는 듯이 느낄 정도였다. 지붕이 무너진 흔적 아래에는 윗가지를 엮은 벽의 일부가 그대로 남아 있었다. 살림살이도 바닥의 화덕 주변에 그대로 놓여 있었고, 심지어 토기 안에 음식물도 그대로 있었다. 서까래에 걸어놓았던 양고기의 흔적도 나왔다.

집에 살았던 사람들은 청동 촉을 매단 창(두 개는 나무 자루가 온전히 달려 있었다)뿐 아니라 훌륭한 청동 도끼와 검도 가지고 있었다. 진흙에는 라임나무 껍질로 만든 직물도 그대로 보존되어 있었는데, 사람의 머리털보다 더 가는 섬유도 있었다. 공동체는 배를 타고 많은 시간을 보냈는데, 가까운 곳에서 적어도 여덟 척의 쪽배가 발견되었다. 머스트팜 유적은 영국의 폼페이였던 것이다.

최근 오랫동안 잊힌 자연재해를 알려주는 극적인 발견도 이루어졌다. 중앙아메리카 엘살바도르의 마야 마을인 세렌Cerén은 서기 580년 즈음에 화산 폭발로 묻혔다. 사람들은 저녁식사를 마쳤지만 잠자리에 들지 않은 상태였다. 집과 살림살이를 버리고 살기 위해 달아났다.

미국의 고고학자 페이슨 시츠Payson Sheets가 이끄는 조사단은 이곳에서 1976년 이래로 조사를 계속했다. 집 2기와 공공건물들, 그리고 저장 창고 3기가 확인되었다. 보존 상태가 매우 훌륭해 콩이 그대로 남아 있는 토기와 잠자리 매트, 정원 도구가 불에 타 있거나 화산재 안에 형체가 그대로 남아 있었다. 폭발로 들판도 묻혀 어린 옥수수와 구아바*를 포함한 과실나무도 나왔다.

헤르쿨라네움과 폼페이처럼 세렌과 머스트팜도 과거의 사람들을 가까이 볼 수 있는 몇 안 되는 유적이다. 그런 곳에서 행해지는 모든 연구와 이로부터 나오는 모든 이야기가 바로 고고학이 말하고자 하는 바다.

고고학은 발견에 대한 것이다. 그러나 오늘날의 발견은 50년 전과 다른 의미를 지니고 있다. 우리는 지금까지 존 오브리와 윌리엄 스터클리, 존 프레어 같은 초기의 호고가에서 시작해 고고학의 역사를 추적해왔다. 그런 다음 유물을 찾아 유럽의 봉분을 팠던 초기의 발굴가들을 살펴보았다. 폼페이와 헤르쿨라네움에서는 극적인 발견이 있었다. 나폴레옹 보나파르트가 이끌었던 학자들은 1800년에 고대 이집트를 매력적인 곳으로 만들었다. 장

---

* 누런 껍질에 분홍빛 과육을 가진 아메리카의 열대 과일.

프랑수아 샹폴리옹은 1822년에 상형문자를 해독했고, 그렇게 이집트학이 시작되었다.

그리고 폴 에밀 보타, 오스틴 헨리 레이어드, 프레더릭 캐더우드, 존 로이드 스티븐스, 하인리히 슐리만 같은 탐험가들을 살펴보았다. 이런 용감무쌍한 사람들이 활동하던 시절에 고고학자들은 알려지지 않았던 고대 문명을 밝혀냈다. 그리고 19세기 초에 크리스티안 위르겐센 톰센과 옌스 보르소에가 삼시대체계를 도입하여 선사시대의 편년 순서를 파악했다.

1870년대에 독일의 고고학자들이 올림피아와 바빌론에서 정밀한 발굴 조사를 실시하면서 모험과 유물만 수집하던 시대는 끝이 났다. 고고학에서 아마추어적인 행태는 점점 사라져갔다. 1900년에 대부분의 고고학자는 남자였다. 그러나 학문에서도 몇몇 여성이 등장했는데, 거트루드 벨과 해리엇 보이드 호스 같은 사람이었다. 20세기 초는 전문화가 확대되었고, 진정으로 눈부신 발견이 이루어진 시기였다. 그중에서 1922년에 전혀 교란되지 않은 투탕카멘의 무덤이 열렸다. 이라크 우르에서의 레너드 울리의 조사는 아마도 고전적인 발굴의 마지막 사례일 것이다. 울리가 우르에서 왕릉을 발굴한 것은 투탕카멘 발굴과 비견할 만한 일이었다. 1930년대가 되면 더욱 많은 수의 전문 고고학자가 대학에서 고고학을 가르쳤다.

느리지만 분명하게 고고학은 유럽과 서아시아에만 국한되지 않고 전 세계적인 학문이 되었다. 거트루드 케이튼톰슨의 그레이트 짐바브웨 발굴은 초기 아프리카 국가를 보는 세계의 눈을 열어주었다. 페코스 푸에블로 발굴은 미국 서남부의 고고학(그리고 넓게는 북아메리카 고고학)을 학문적 토대 위에 올려놓았다.

우리는 선사시대에 느리게 일어난 진전을 추적해왔다. 최초의 농경에 대한 논쟁과 리키 가족이 동아프리카에서 최초의 인간을 찾으려 애썼던 일도 살펴보았다. 고고학은 오늘날 국제적인 연구 조사의 성격이 강해져 단순히 유적을 찾고 연대를 아는 것을 넘어 장기간의 느리면서도 꾸준한 프로젝트를 기획하여 지속가능성과 같은 이슈를 다루고 있다.

발굴은 이제 더 이상 과거처럼 매력적이지 않다. 리모트센싱 기술은 땅을 파지 않고 땅속을 들여다본다는 고고학자의 꿈을 실현시키고 있다. 고고학은 여전히 흥미롭다. 아주 고도의 최신 기술을 사용하면서도 파라오와 관련된 의학 지식을 해명하고, 인골의 치아 에나멜 표본을 분석해 사람들이 어디에서 태어나 성장했는지도 파악한다. 고고학은 우리가 왜 비슷한 생김새인지, 서로 다른지도 설명하는 데 도움을 준다. 고고학은 우리가 적응하는 방식도 설명해준다. 고고학은 과거를 거슬러 올라감으로써 미래를 내다보는 데 도움을 준다. 해마다 새로운 발견이 이루어지고 기술적으로도 진전하여 더 쉽게 과거의 사람들을 어깨너머로 볼 수 있게 - 그리고 때론 과거의 사람들과 대화할 수 있게 - 되었다.

어느 흐린 날에 영국의 2,000년 정도 된 언덕 위의 성채에 서 있었던 생각이 난다. 나는 눈을 감고 서기 43년에 로마 부대와 지역 주민 사이에 벌어진 전투를 떠올렸다. 공격자들이 소리치고, 칼이 방패에 부딪히고, 부상자들이 울부짖는 상황을 상상했다.

고고학의 역사

잠깐 동안 나는 목격자가 되었다. 그런 다음 상상은 점점 사라지고, 쌀쌀한 날씨에 몸을 떨었다.

과거는 우리 모두의 곁에 있다. 고고학자만이 아니라 우리 모두가 경험하고 즐길 수 있다. 그러니 만약 다음에 고고학 유적을 찾게 된다면 마음껏 상상의 날개를 펼치기 바란다.

고고학의 역사는 인류의 역사다. 학문으로서 고고학의 시작과 발달은 인류 역사의 깊이와 내용을 더해주는 과정이었다. 고고학이라는 학문은 그렇게 자리를 잡았고, 인류의 역사를 이해하는데 점점 더 크고 다양한 역할을 해왔다. 이 책은 고고학의 역사라는 창을 통해 엄청나게 깊고 다양한 인류의 역사를 이야기해준다.

지은이 브라이언 페이건은 한국 독자들에게도 낯익은 고고학자이자 저술가다. 여러 책이 우리말로 번역, 소개되어 있다. 페이건은 1936년 영국에서 태어나 케임브리지 대학에서 학사와 박사 학위를 받았다. 아프리카에서 고고학 조사를 하다가 1967년부터 미국 캘리포니아 대학 산타바버라 캠퍼스에서 재직했으며, 2003년에 은퇴했다. 1972년 『고고학 개론 *In the Beginning*』이라는 개설서를 시작으로 인류의 선사시대와 고고학 개론 등 대학의 교재도 출간했고, 여러 책이 최근까지도 판을 거듭하고 있다. 1975년에는 19세기의 무자비한 이집트 문명 유적과 유물 약탈을 담은 『나일 강의 도굴꾼 *The Rape of the Nile*』이라는 책을 냈으며, 이후 고고학사에서 고대 문명, 유적 발굴, 그리고 기후변동에 이르기까지 고고학을 매개로 대중이 읽을 수 있는 수많은 저술을 출간했다.

페이건은 어린 시절 부모님을 따라 스톤헨지에 갔을 때 처음으로 과거의 잊힌 사람들의 흔적을 경험하면서 고고학이라는 학문에 다가섰다고 한다. 이 책 곳곳에 자신의 경험, 그리고 유적 방문과 자신의 감정과 시각을 담아 독자는 더욱 생생하게 고고학의 과거와 현재를 느낄 수 있다. 이렇게 페이건은 고고학이 사람의 이야기였음을 강조한다. 가끔 인간을 떠나 지나치게 유물 그 자체에 매달리기도 했으나 고고학은 과거든, 현재든 사람을 떠나 있지 않았다는 것이다. 그래서 페이건은 고고학을 매개로 이해하기 쉬운 이야기를 쓰는 데 생애를 바쳤을 것이다.

고고학은 땅속에 묻힌 미지의 과거를 찾아 매력적인 여행을 떠나는 학문이다. 「인디아나 존스」 같은 영화가 대중에게 그런 이미지를 준다. 그런데 사실 오늘날 고고학자의 일상은 고되고 단조롭게 마련이다. 현장에서는 뜨거운 햇볕을 맞으며 종일 먼지를 뒤집어쓰고, 실험실에 돌아와서는 하염없이 토기 조각을 맞추고 눈이 뚫어져라 세심한 부위까지 유물을 관찰하고 그린다. 세상이 놀랄 엄청난 발견은 아주 드물고, 실제 황금으로 치장한 고대의 왕릉을 발굴해본 고고학자도 거의 없다. 발굴이란 사실 고고학자가 경험하는 자료 수집의 수단일 뿐이다. 황금 유물이나 석기 조각이나 과거 인간 행위에 대한 정보를 담고 있는 물적 증거인 것은 마찬가지다. 오늘날 찬란한 과거의 유물만 찾아 발굴에 나서는 고고학자는 없다. 고고학자는 과거에 대한 정보를 찾기 위해, 어떤 특정한 질문에 답하기 위해 현장에 나선다. 그런 지난한 연구 과정 속에서 과거 인간 행위에 대해, 역사에 대해 놀라운 발견이 이루어지기도 한다.

고고학자가 오랫동안 힘들게 맞추는 토기 조각은 마치 과거 인간 행위나 역사의 퍼즐을 맞추는 것과 같다. 1988년, 옮긴이는 대학 시절 몽촌토성에서 발굴 조사에 참여한 적이 있다. 그해 겨울 이선복 교수를 따라 주암댐 수몰지구에서 구석기 유적을 발굴하고 학교에 돌아왔을 때, 박순발 연구원(충남대학교 교수. 〈동아일보〉 2016년 3월 2일자 기사 참조)을 비롯한 조사단은 박물관에서 합숙을 하며 몽촌토성에서 나온 유물을 정리하고 있었다. 지난한 과정을 거쳐 토기 조각을 맞추자 조사단 앞에 나타난 것은 다름 아닌 입이 벌어지고 긴 목이 달린 커다란 항아리(광구장경사이호廣口長頸四耳壺), 곧 고구려 토기였다. 발굴 과정에서는 생각지 못했지만, 돌아와 토기 조각이라는 퍼즐을 맞추면서 몽촌토성을 점령했던 고구려의 역사가 우리 앞에 나타난 것이다. 그렇게 고고학의 역사는 우리의 역사다.

페이건은 고고학이 학문으로 발돋움하던 때부터 지금까지 중요한 발굴이나 사건, 그리고 인물을 중심으로 40개 주제를 선정, 19세기의 소박한 고고학 행위에서 시작해 오늘날 과학적 학문 분야로 발돋움하기까지의 역사를 알기 쉽게 이야기한다. 이집트와 메소포타미아에서 보물 찾기와도 같은 땅굴 파기에서 시작하여 오늘날 과학적 조사와 분석법에 이르기까지 관련된 유적과 사람들의 이야기를 담고 있다. 독자는 존 스티븐스가 밀림을 헤치고 탐험하여 마야 문명 유적을 찾아 베스트셀러를 쓴 것, 우연히 발견된 주먹도끼와 코끼리 화석을 두고 벌어진 논란 끝에 드디어 인류의 역사가 성서의 기록을 넘어선 것, 알타미라 동굴벽화 앞에 선 아버지와 딸의 모습, 박물관 유물 전시를 고민하며 선사시대 편년을 만들어낸 크리스티안 톰센, 누구나 잘 아는 투탕카멘 왕릉 앞에서 긴장하며 기다리는 발굴가들, 다윈의 생각을 믿으며 아프리카에서 초기 인류를 찾아 발굴에 나선 리키 부부, 유물이 아니라 선사시대 사람들의 삶을 찾아 취락고고학을 개척하는 고든 윌리, 테오티우아칸 신전과 도시를 연결해놓은 지하세계가 밝혀진 것, 그리고 오늘날 항공사진과 지표투과레이더를 이용한 유적 조사에 이르기까지 풍성한 고고학 이야기를 읽다 보면 자연스럽게 고고학의 시작과 성장, 현대 고고학의 발달을 이해할 수 있다.

200여 년 전 나폴레옹의 군대가 이집트를 원정할 때 고고학이라는 학문은 아직 태어나지도 않은 상태라 해야겠다. 미지의 세계, 미지의 과거를 대하며 그로부터 고대 문명을 난도질하는 도굴이 시작된다. 유럽인들은 너도나도 보물 사냥에 나섰다. 도굴은 이집트와 메소포타미아에서만 있었던 일은 아니다. 우리나라에서도 일제강점기에 수없이 많은 유적이 도굴당하고, 지금도 수많은 유물의 소재를 모르고 있다. 설사 소재를 안다 해도 출토 맥락을 모른다면 아무리 진귀한 보물이라도 학문적 가치는 현저히 떨어진다. 그러나 고고학은 이런 부끄러운 일과 절연하면서 학문으로 발돋움한다. 고고학은 19세기 전반 호고적 취미, 보물사냥을 극복하고 학문으로 성장했다. 그러면서 고고학은 이집트와 바빌론, 크레타 섬, 그리고 마야 등지에서 미지의 고대 문명을 확인하고 문자를 해독함으로써 찬란한 고대 문명의 역사를 밝혀냈다. 이로써 고고학이 주도하여 미술사학, 문헌사학과 협력하는 전통을 확립했다.

고고학이라는 학문은 과거를 돌아보고자 하는 호기심, 미지의 세계를 찾고자 하는 탐험으로 시작했지만, 층위 발굴과 유물 형식분류와 편년, 그리고 방사성탄소연대측정법과 같은 여러 분야의 도움과 협력으로 과거에 상상할 수 없었던 엄청난 깊이의 인류 역사를 밝혀냈다. 매머드 같은 멸종동물의 뼈와 함께 나온 주먹도끼를 두고 벌어진 논란, 이런 논란을 딛고 선사시대가 우리 앞에 등장한다. 인류의 역사는 성서에 기록된 6,000년이 아니라 300만 년, 아니 그보다 더 오랜 기원을 가지고 진화한 것임이 밝혀진다. 선사시대는 그 어떤 문헌 기록도 없는 시대이기에 오직 물적 잔재, 곧 유적과 유물로만 연구할 수 있었다. 이제 드디어 유물과 유적을 대상으로 인류의 과거를 연구하는 고고학의 길이 열렸다. 그리고 석기시대, 청동기시대, 철기시대라는 삼시대체계(크리스티안 톰센과 옌스 보르소에)와 분류·분석 방법론(오스카 몬텔리우스)도 갖춘다. 19세기에는 아직도 거칠고 성급한 발굴이 대세였지만 칼렙시우스와 피트리버스, 페트리가 등장하여 체계적인 발굴조사법을 발전시킨다. 미국에서도 사이러스 토머스, 막스 울, 앨프리드 키더 같은 고고학자의 노력으로 층위 발굴과 편년 체계가 확립된다. 이런 토대 위에서 고든 차일드와 그레이엄 클라크, 루이스와 메리 리키, 고든 윌리 같은 대가들이 활약하며 고고학의 저변이 넓어지고, 엄격한 학문 체계가 완성되었다.

이 책에서도 개괄했듯이, 고고학은 수많은 인종적 편견과 싸우며 학문으로 발전했다. 아프리카와 아메리카 원주민은 미개하다는 인식을 허물 물적 증거도 제시해왔다.('챕터 12·22' 참조) 미지의 세계에 대한 편견에 맞서왔던 것이다. 그렇게 보면 고고학의 역사란 당대 지성사의 맥락과 뗄 수 없다. 사람은 보고 싶은 것만 보려 한다. 새로운 증거가 쌓이면 어쩔 수 없이 인정하지만, 이미 늦다. 페르드가 주먹도끼와 멸종동물의 뼈가 공반한다고 했지만, 당대의 학자들은 신뢰하지 않았다. 뒤부아가 자바에서 초기 인류의 뼈를 찾았지만, 멸시와 조롱이 뒤따랐다. 스페인에서는 사우투올라와 딸 마리아가 알타미라에서 구석기시대의 동굴벽화를 찾았지만, 아무도 믿지 않았다. 사우투올라도, 뒤부아도 죽은 뒤에야 진실이 인정받았다.

페이건이 강조하는 것은 고고학이 물건이 아니라 과거의 사람에 대한 학문이라는 점이다. 고고학은 유물에 대한 학문이라는 전통이 강조되어왔다. 초기에 몬텔리우스와 페트리 등 연구자가 등장하면서 놀라울 정도로 엄격하고 체계적인 유물 분류와 분석이 이루어지고 상세한 편년 체계가 갖추어졌다. 그런 뒤 20세기 중반 이후 고고학 이론의 발달로 유물 뒤의 사람들이 아니라 유물과 사람들 뒤의 체계를 강조하는 경향도 있었던 것이다. 그러나 고고학은 여전히 사람들의 이야기다. 폐허, 쓰레기, 유기물은 모두 사라지고 토기 조각과 돌 조각만 남은 유적일지라도 거기서 가장 그럴듯한 이야기를 구성해내는 것이 고고학이다. 다만 가장 학문적인 근거를 가지고 유적에 살았던 사람들의 이야기를 만들어내는 일이 중요하다. 고고학 이론이나 분석 체계는 그런 이야기를 엄격한 학문적 체계로 뒷받침하기 위한 것이다.

그럼에도 브라이언 페이건은 이론의 역할이나 발달, 그와 관련된 논쟁은 다루지 않고 있다. 특히 20세기 중·후반 고고학은 다양한 이론적 시각이 등장하면서 학문 체계가 크게 발전했다. 이 책에서 언급되어 있지 않지만, 미국의 루이스 빈포드Lewis Binford, 켄트 플래너리Kent Flannery, 그리고 영국의 데이비드 클라크David Clarke를 비롯한 연구자들은 경험과 직관을 강조하는 전통에 반기를 들고, 과학적이고 엄격한 접근법을 발전시키고자 애썼다. 빈포드 등이 개척한 신고고학(과정고고학)에 수많은 젊은 학자들이 동조했으며, 이로써 학계는 크게 변모했다. 과정고고학 역시 행위고고학, 다윈진화고고학 등이 발전하면서 이론적 시각에서 다양화의 과정을 겪었다. 더불어 차탈회위크 유적을 발굴한 이안 호더를 비롯한 연구자들은 탈과정고고학을 제창해 많은 동의를 얻기도 했다. 로버트 더넬Robert Dunnell과 마이클 쉬퍼Michael Schiffer는 각각 다윈진화고고학과 행위고고학을 개발하고 발전시켰다. 최근 고고학은 이론적 논란보다 실용적 측면에서 여러 접근과 이론을 결합하여 더 설득력 있는 과거의 이야기를 만들어내고 있다. 고고학이 학문으로 출발할 때나 지금이나 고고학을 크게 변모시킨 것은 새로운 이론과 방법론의 개발이었던 것이다.

이 책은 누구나 고고학의 역사를 쉽게 이해할 수 있도록 주로 중요한 사건과 흥미로운 발굴, 인물 위주로 살피고 있다. 그러면서 사회정치사의 맥락에서 비판적으로 보고 해석하려는 시각으로 접근하지는 않았다. 아마도 그런 시각은 더 깊은 학문적 영역이기에 이 책에 담지 못한 것 같다. 고고학은 과거 인간 행위의 물적 잔재를 연구 대상으로 삼지만, 유적과 유물은 아무런 말을 하지 않는다. 그로부터 과거 인간 행위와 문화, 그리고 역사의 전개를 알아내기 위해서는 상당한 이론적 정교함과 방법론적 엄격함이 필요한 것이다. 톰센과 몬텔리우스, 페트리 같은 초기 연구자들이 그런 업적을 남겼고, 20세기 후반 이후 현대 고고학에서는 갈수록 이론의 역할이 중요해지고 있다. 이론사의 전개와 고고학사의 지성사 및 사회정치적 맥락에 대해 더 깊은 지식을 얻고자 한다면 브루스 트리거Bruce Trigger가 쓴 『고고학사』 같은 책을 참고하기 바란다. 덧붙여 책 뒷부분에 정리한 '참고문헌'은 옮긴이가 각주에 제시한 문헌, 그리고 고고학과 고고학사를 이해하는 데 도움이 될 만한 책이므로 참고하기 바란다.

옮긴이는 그동안 여러 고고학 책을 우리말로 옮긴 경험이 있다. 그중 다수는 학술서로서 일반인이 손에 들기에 분량도, 내용도 쉽지 않았던 것이 사실이다. 그런 아쉬움을 갖고 있던 차에 2015년 4월 샌프란시스코에서 열린 미국고고학회Society for American Archaeology의 연례 학술대회에서 지은이 브라이언 페이건을 만났다. 그리고 머지않은 장래에 페이건의 책을 우리말로 번역해 출간하면 좋겠다는 대화를 나눴다. 이제 그 말을 지키게 되어 참으로 다행스럽게 생각한다. 본디 이 책은 머리말 없이 바로 본문으로 들어가는 형식, 곧 '챕터 1'이 머리말 역할을 하는 형식을 취하고 있다. 하지만 옮긴이의 부탁에 지은이는 선뜻 '한국어판 서문'까지 써주었다.

또한 이 책의 번역을 제안해주고 원고를 읽고 가다듬어준 '소소의책'에도 고마움을 전한다. 번역문은 경희대학교 대학원의 정동희, 그리고 권소진 학생이 꼼꼼히 읽고 수정 제안을 해주었다. 이런 도움 덕분에 좀 더 읽기 편한 책이 되었다고 믿는다. 마지막으로 연구년을 이용해 조용히 작업할 수 있게 해준 경희대학교와 가족 모두에게도 고마움을 전한다.

2019년 4월
성춘택

| 참고문헌 |

- 고스든, 크리스 (성춘택 옮김), 2001. 『인류학과 고고학』, 사군자.

- 김장석·황재훈·김준규·오용제·안승모·성춘택·최종택·이창희, 2018. 「한국 방사성 탄소연대 이상연대치의 선별과 검증」, 『한국고고학보』 107: 124-165.

- 렌프류, 콜린·폴 반 (이희준 옮김), 2006. 『현대 고고학의 이해』, 사회평론.

- 마이든, 스티븐 (성춘택 옮김), 2019. 『빙하 이후: 수렵채집에서 농경으로, 20,000~5000 BC』, 사회평론.

- 성춘택, 2014. 「세계 고고학사 다시 보기」, 『한국매장문화재 조사연구방법론』 9, 국립 문화재연구소 편, pp. 7-48. 국립문화재연구소.

- 이선복, 2004. 『벼락도끼와 돌도끼: 고고자료에 대한 전통적 인식 연구』, 서울대학교 출판부.

- 이희준, 1986. 「相對年代決定法의 綜合考察」, 『영남고고학』 2: 1-29.

- 존스, 시안 (한건수·이준정 옮김), 2008. 『민족주의와 고고학』, 사회평론.

- 존슨, 매튜 (김종일 옮김), 2009. 『고고학이론: 입문』, 고고.

- 최몽룡·최성락(편), 2005. 『인물로 본 고고학사』, 한울아카데미.

- 켈리, 로버트 (성춘택 옮김), 2014. 『수렵채집 사회: 고고학과 인류학』, 사회평론.

- 트리거, 브루스 (성춘택 옮김), 2019. 『고고학사』, 사회평론아카데미.

- 페이건, 브라이언 (이희준 옮김), 2008. 『Discovery!』, 사회평론.

- 페이건, 브라이언·크리스토퍼 스카레 (이청규 옮김), 2015.『고대 문명의 이해』, 사회 평론.

- 프라이스, 더글러스 (이희준 옮김), 2013.『고고학의 방법과 실제』, 사회평론.

———

- 동아일보, 2016. 03. 02. 석달간 맞춘 토기 조각… 몽촌토성의 비밀을 밝히다. http://news.donga.com/3/all/20160302/76767224/1

———

- Grayson, Donald, 1983. *The Establishment of Human Antiquity*. New York: Academic Press.

- Johnson, Matthew, 2019. *Archaeological Theory: An Introduction*. Wiley.

- O'Brien, Michael, Lee Lyman, and Michael Schiffer, 2005. *Archaeology as a Process: Processualism and Its Progeny*. Salt Lake City: Univ. of Utah Press.

- Willey, Gordon, and Jeremy Sabloff, 1993. *A History of American Archaeology*, 3rd ed. W H Freeman & Co.

- National Geographic, 2018년 2월 1일, Exclusive: Laser Scans Reveal Maya "Megalopolis" Below Guatemalan Jungle, https://www.nationalgeographic.com/news/2018/02/maya-laser-lidar-guatemala-pacunam/

고고학의 역사

초판 1쇄 발행 | 2019년 10월 18일
초판 3쇄 발행 | 2023년 11월 10일

지은이 | 브라이언 페이건
옮긴이 | 성춘택
펴낸이 | 박남숙

펴낸곳 | 소소의책
출판등록 | 2017년 5월 10일 제2017-000117호
주소 | 03961 서울특별시 마포구 방울내로9길 24 301호(망원동)
전화 | 02-324-7488
팩스 | 02-324-7489
이메일 | sosopub@sosokorea.com

ISBN 979-11-88941-32-2 03900
책값은 뒤표지에 있습니다.

이 도서의 국립중앙도서관 출판예정도서목록(CIP)은 서지정보유통지원시스템 홈페이지(http://seoji.nl.go.kr)와
국가자료공동목록시스템(http://www.nl.go.kr/kolisnet)에서 이용하실 수 있습니다. (CIP제어번호 : CIP2019036776)